21世纪教师教育系列教材·学科教学论系列

新理念
小学音乐教学论

（第二版）

吴跃跃　主编

图书在版编目（CIP）数据

新理念小学音乐教学论/吴跃跃主编. —2 版. —北京：北京大学出版社，2021.10
21 世纪教师教育系列教材·学科教学论系列
ISBN 978-7-301-32449-3

Ⅰ.①新…　Ⅱ.①吴…　Ⅲ.①小学–音乐课–教学研究–师范大学–教材　Ⅳ.①G623.712

中国版本图书馆 CIP 数据核字（2021）第 176694 号

书　　名	新理念小学音乐教学论（第二版） XINLINIAN XIAOXUE YINYUE JIAOXUELUN（DI-ER BAN）
著作责任者	吴跃跃　主　编
策 划 编 辑	陈　静
责 任 编 辑	陈　静
标 准 书 号	ISBN 978-7-301-32449-3
出 版 发 行	北京大学出版社
地　　址	北京市海淀区成府路 205 号　100871
网　　址	http://www.pup.cn　新浪微博：@北京大学出版社
微信公众号	通识书苑（微信号：sartspku）　科学元典（微信号：kexueyuandian）
电子邮箱	编辑部 jyzx@pup.cn　总编室 zpup@pup.cn
电　　话	邮购部 010-62752015　发行部 010-62750672　编辑部 010-62707542
印 刷 者	河北滦县鑫华书刊印刷厂
经 销 者	新华书店
	787 毫米×1092 毫米　16 开本　19 印张　330 千字 2015 年 11 月第 1 版 2021 年 10 月第 2 版　2023 年 12 月第 3 次印刷
定　　价	69.00 元

未经许可，不得以任何方式复制或抄袭本书之部分或全部内容。
版权所有，侵权必究
举报电话：010-62752024　电子邮箱：fd@pup.cn
图书如有印装质量问题，请与出版部联系，电话：010-62756370

主编简介

吴跃跃,二级教授、湖南师范大学硕士生导师。

现任中国音乐家协会音乐教育学学会副会长、中国教育学会音乐教育分会音乐教育学学术委员会副会长、教育部学位与研究生教育发展中心论文评审专家、全国艺术科学规划项目评审专家库成员、湖南省二胡专业委员会副会长。

曾任加拿大不列颠哥伦比亚大学客座教授,第29届世界音乐教育大会论文评选国际评委,长沙师范学院校长助理兼音乐舞蹈学院院长,湖南省第一师范学院音乐系特聘系主任,广西艺术学院、江西赣南师范学院客座教授。

主持完成了省部级科研课题6项、厅局级和校级科研课题6项。在研省部级科研课题2项。参与完成全国教育科学"十五"规划教育部重点课题1项(任子课题负责人)。参与完成教育部课题2项。在国家A类核心期刊、CSSCI来源期刊及省级以上学术刊物发表论文70余篇。已出版《新理念小学音乐教学法》《音乐教育协同理论与素质培养》等9部作品。

2010年获"全国教育改革优秀教师"荣誉称号,2012年获"全国教育硕士优秀教师"荣誉称号。2014年获第三届湖南省教育科学研究优秀成果二等奖。

第二版前言

《新理念小学音乐教学法》自 2015 年出版以来,得到了广大小学音乐教师和音乐教育研究者的好评,被全国许多高校音乐教育专业作为教材使用。

应广大读者的要求,我们将本书进行改版修订,并更名为《新理念小学音乐教学论》,其目的是为了进一步加强本教材的理论性和实践性。

在第二版的整体结构中,我们除了对原有的各个章节进行修改之外,还增加了如下三个方面的内容。

第一,增加了第七章"小学音乐教学的有效性研究",采用理论阐述与大量课例加点评的形式对小学音乐教学的系列问题进行探讨。这将更便于教师的教学和学生的学习,对于小学音乐教师来说也更具有指导性和针对性。

第二,在第六章"小学音乐课的教学设计与教学计划"中增加了新的教案,以帮助教师、学生更加深入地了解小学音乐教材,拓展教学思路。

第三,在附录部分增加了美国《艺术教育国家标准》(节选),拓宽了教育视野。

希望本书能继续得到各大高校及广大同人的支持和关注。

吴跃跃

2020 年 7 月 16 日

目　　录

绪　论 …………………………………………………………………………… (1)

第一章　小学音乐教育的哲学基础 …………………………………………… (1)
　　第一节　小学音乐教育的基本性质 ………………………………………… (1)
　　第二节　小学音乐教育的基本特征 ………………………………………… (5)
　　第三节　小学音乐教育的基本功能 ………………………………………… (8)
　　第四节　小学音乐教育的课程目标 ………………………………………… (11)

第二章　新课程标准的基本理念 ……………………………………………… (15)
　　第一节　以音乐审美为核心　以兴趣爱好为动力 ………………………… (15)
　　第二节　强调音乐实践　鼓励音乐创造 …………………………………… (23)
　　第三节　突出音乐特点　关注学科综合 …………………………………… (25)
　　第四节　弘扬民族音乐　理解音乐文化多样性 …………………………… (28)
　　第五节　面向全体学生　注重个性发展 …………………………………… (29)

第三章　小学音乐教学的基本原则 …………………………………………… (33)
　　第一节　审美性与协同性并举原则 ………………………………………… (33)
　　第二节　情感性与创新性相结合原则 ……………………………………… (35)
　　第三节　民族性与多元化相结合原则 ……………………………………… (36)
　　第四节　面向全体与成功性原则 …………………………………………… (37)

第五节　趣味性与律动性相结合原则 …………………………………………（38）
第六节　音乐课堂教学与音乐课外活动相结合原则 …………………………（38）

第四章　小学音乐教学过程与教学方法 ………………………………………（40）
第一节　小学音乐教学过程 ………………………………………………（40）
第二节　小学音乐教学方法 ………………………………………………（43）

第五章　小学音乐教学领域与教学研究 ………………………………………（47）
第一节　感受与欣赏 ………………………………………………………（47）
第二节　音乐表现 …………………………………………………………（62）
第三节　音乐创造 …………………………………………………………（77）
第四节　音乐与相关文化 …………………………………………………（81）

第六章　小学音乐课的教学设计与教学计划 …………………………………（88）
第一节　小学生音乐学习的心理特征 ……………………………………（88）
第二节　小学音乐课的教学设计 …………………………………………（91）
第三节　小学音乐课的教学计划 …………………………………………（95）

第七章　小学音乐教学的有效性研究 …………………………………………（113）
第一节　创设教学情境 ……………………………………………………（113）
第二节　强调情感体验 ……………………………………………………（128）
第三节　注重探究学习 ……………………………………………………（139）
第四节　重视合作交流 ……………………………………………………（146）
第五节　加强综合实践 ……………………………………………………（150）

第八章　小学音乐课外活动 ……………………………………………………（164）
第一节　小学音乐课外活动的意义 ………………………………………（164）
第二节　小学音乐课外活动的组织与训练 ………………………………（164）

第九章　音乐教学评价 ……………………………………………………（169）
第一节　音乐教学评价的目的、功能与意义 ……………………………（169）
第二节　音乐教学评价的形式与方法 ……………………………………（173）
第三节　音乐教学评价的内容与要求 ……………………………………（182）

第十章　小学音乐教师 ……………………………………………………（196）
第一节　小学音乐教师的角色转变 ………………………………………（196）
第二节　小学音乐教师的素质结构 ………………………………………（211）
第三节　小学音乐教师的科研论文写作 …………………………………（218）

第十一章　国外著名音乐教学体系介绍 …………………………………（225）
第一节　奥尔夫教学法 ……………………………………………………（225）
第二节　柯达伊教学法 ……………………………………………………（231）
第三节　曼哈顿维尔音乐课程方案 ………………………………………（235）
第四节　达尔克罗兹体态律动学 …………………………………………（240）

附录一：《义务教育音乐课程标准》(2011年版) ……………………………（245）
附录二：美国《艺术教育国家标准》(节选) …………………………………（267）
主要参考文献 …………………………………………………………………（283）
后　记 …………………………………………………………………………（285）

绪　　论

音乐教学论是音乐学科教育学中的一个重要组成部分,在音乐教学实践和音乐教学理论研究过程中,它又可以是一门独立的学科。本书之所以起名为《新理念小学音乐教学论》,原因有二:其一,本书以2011年版《义务教育音乐课程标准》提出的音乐教育新理念、新思想为指导,力求在各个章节中全面贯彻、体现其系统理论和具体要求;其二,在全书的写作过程中,始终结合我国音乐课程改革的最新动态和素质教育的基本精神,特别是针对2001年《全日制义务教育音乐课程标准》(实验稿)出台后10年的试行过程中,音乐教育界在理论和实践两个层面出现的某些误解和偏差,从音乐教育基本哲学、音乐教学领域、音乐教学内容标准、音乐教学形式、音乐教学方法和音乐教学设计等各个方面进行了认真研究和反思。

本书主要研究小学音乐教育基本理论和教育实践,其主要内容是:第一章,小学音乐教育的哲学基础;第二章,21世纪音乐新课程的基本理念;第三章,小学音乐教学的基本原则;第四章,小学音乐教学过程与教学方法;第五章,小学音乐教学领域与教学研究;第六章,小学音乐课的教学设计与教学计划;第七章,小学音乐教学的有效性研究;第八章,小学音乐课外活动;第九章,音乐教学评价;第十章,小学音乐教师;第十一章,国外著名音乐教学体系介绍。

小学音乐教学论课程是高等师范院校音乐学院(音乐系)的重要必修课,其基本任务有四个方面:

(1) 掌握音乐教育的基础知识和基本理论,了解小学音乐教育的性质、目标和要求,热爱音乐教育事业,树立起从事音乐教育的职业道德观和责任感。

(2) 掌握小学音乐教学的基本原则和基本方法,了解小学音乐教学的基本过程和教学内容,为进行教育实习和今后从事音乐教育工作打下扎实的基础。

(3) 学习、了解国外著名音乐教学体系和教学方法,拓宽音乐教育视野。

(4) 将所学的专业知识和专业技能技巧融会贯通,使其成为一种综合能力,即从事小学音乐教育的能力。

音乐教学论课程与其他课程相比较,最大的特点是在教学过程中要求学生转换角色,即要求学生站在教师的角度来研究教师怎样"教"和学生怎样"学"。其基本要求是:

1. 理论联系实际

音乐教学论是一门实践性很强的课程,教学中所讲的理论必须与实际和具体的教学方法相结合,这样才能使学生理解得透,学得活。

2. 重视学生实践

在教学中,要让学生结合所学的音乐教育基本理论、教学方法进行课堂教学实践。例如,在讲述某一种教学方法时,不仅要教师进行示范,而且要让学生学习操作或上讲台进行实践,以逐步提高他们的动手能力和实际操作能力。教师应该为学生提供多种形式的教学实践机会。例如:分解实践形式,即让学生就课堂教学中的某一教学环节或某一教学方法进行教学实践(一般10分钟左右);微型实践形式,即让学生相对完整地就课堂教学的主要环节进行全程实践(一般20分钟左右);仿真实践形式,即让学生根据教案完整地上一节45分钟的课,课堂礼仪和教学过程完全模拟小学音乐课堂教学;说课形式,即要学生把自己的教案和教学思路在规定的时间内,用清晰、简洁、生动的语言陈述清楚(一般8分钟左右),要求说教材、说教法、说学法、说特色。

3. 组织相互评价

在组织学生上讲台进行实践的过程中,应该要求他们对每一位实践者的教学进行评价,最后教师进行点评。评价可采取自评、互评、他评的形式。通过评价不仅可以帮助实践者找出自己的优点和不足,而且可以使全体学生从中受益,以使他们逐步积累教学经验。

4. 研究小学音乐教材

本课程教学的主要目的就是要培养学生具有小学音乐教学的能力。所以,在教学中一定要让学生熟悉、研究小学音乐教材,学会如何使用教材,如何整合教学内容,选择教学形式和教学方法,营造教学高潮。要引导学生对教材的特点、结构、体系等进行全面、细致地分析研究,明确每一单元和每一课时的教学目标、教学重点及教学难点,同时提出解决难点的方法。教师要有目的地组织学生依据小学音乐教材撰写教案、制作课件并进行教学实践。

第一章　小学音乐教育的哲学基础

　　小学音乐教育是基础音乐教育的重要阶段,对帮助小学生树立正确的音乐审美观、丰富情感、获得音乐能力具有重要作用。但是,它的基本性质如何?相对于其他学科教学而言,它具有哪些基本特征和功能?它的课程目标是什么?许多即将成为小学音乐教师的人,甚至是在职的小学音乐教师对此并不是很清楚。因此,很有必要就这些问题进行探讨。

第一节　小学音乐教育的基本性质

一、审美性

　　《义务教育音乐课程标准(2011年版)》(以下简称"新《标准》")指出:"'以美育人'的教育思想与我国的教育、文化传统一脉相承,是培养德智体美全面发展的社会主义建设者和接班人的教育方针的有机组成部分。通过音乐教育培养和提高学生感受美、表现美、鉴赏美、创造美的能力,陶冶情操,发展个性,启迪智慧,丰富和发展形象思维,激发创新意识和创造能力,全面提升学生的素质。"由此可见,音乐教育属于审美教育的范畴,审美性是它最具学科特色的性质之一。在音乐审美教育中,重点是培养学生的爱美之心。

　　也许会有人说,爱美之心人皆有之,不需要去培养。但事实上并非如此,因为存在一个美的标准的问题。如果一个人分不清美、丑,甚至把丑的东西当作美的事物来对待,那他所爱的就不是美。爱美心理的培养不仅仅关系到审美观的问题,还关系到道德观、人生观和价值观等问题。在对学生进行爱美心理教育的过程中,主要要解决两个问题:一是对美的认识和鉴赏;二是对美的追求和创造。

　　首先,我们来谈谈对美的认识和鉴赏问题。什么是美?美就是人类社会实践活动、自由创造的形象体现。所谓自由创造的"自由",不是随便、任意的意思,而是在认识到客观必然性、规律性的基础上,能动地去改造世界,以实现人类的目的和要求。这种自由包含了创造,是人在创造中对自身的一种解放。

美的形态主要分为四种,即社会美、自然美、艺术美和形式美。

社会美主要包括人的美、劳动产品的美、劳动环境的美和生活环境的美,等等。通常我们所说的仪表美、语言美、行为美、心灵美,就是指人的美(这里面包含了道德观、人生观、价值观等因素)。

自然美包括两种情况:一种是经过劳动改造的自然景物,如美丽的田野;另一种是未经改造的自然景物,如蓝天、大海、森林等。

艺术美是美的集中表现,它是对人类生活、社会实践和自然中的美的能动反映,因而它是美的高级形态。艺术美来源于生活、实践,但并不等于生活、实践,它在再现社会现实的同时,注入了艺术家对现实的感情、态度、评价,表达出一种观念和思想,是客观与主观、再现与表现、改造与创造的有机统一。艺术美是艺术家在生活的基础上,创造性劳动的结果,它能在精神上、思想上给人以巨大的影响,成为鼓舞人们改造世界、追求新生活的强大精神动力。

形式美是指自然、生活、艺术中各种形式因素(如色彩、线条、形体、声音等)及其有规律的组合所具有的美。换言之,形式美是人们在接触某一事物时,抛开事物的内容,而直接在事物的形式上所感受到的美感。如人的身材、形象给人的美感;各种色彩给人的美感(红色使人感到热烈兴奋,黄色象征着华贵,绿色使人感到安静,白色象征着纯洁)。形式美与艺术美是密切相关的,因为艺术美离不开完美的艺术形式,而创造完美的艺术形式必须运用形式美的有关法则。

以上美的四种形态在音乐教育中都会涉及,但重点是艺术美。作为音乐来讲,它的艺术美主要体现为:优美动人的旋律,生动的音乐形象,丰富多彩的音色组合,深远的意境和神韵。

那么,在音乐教学中怎样指导学生去鉴赏美呢?

第一,要让学生掌握音乐审美的基本知识和方法。例如:了解音乐语言的内部结构和音乐语言的特殊性,掌握音乐语言的基本规律等。

第二,帮助学生建立正确的音乐审美观,即引导学生认识什么样的音乐才能称之为"美"。这个问题很难用几句话来说清楚,但针对小学生来讲,美的音乐应当具有如下特征中的第一条,再加上其他任意一条:① 旋律优美动人,意境深远感人,而不是声嘶力竭的叫喊,令人作呕的发泄;② 能使人精神振奋,有益于学生的学习和身心健康,而不是使人精神颓废,感觉麻木;③ 符合各个年龄阶段学生的心理特征,反映当代学生的理想、愿望和思想品德;④ 体现广大人民的利益,能表达广大人民的心声,抒发人民对祖国、对党的热爱之情。

接下来,我们来谈谈对美的追求和创造。前面我们介绍了美的四种形态,从中我们不难看出,教育学生追求美和创造美,不仅仅是一个艺术美和形式美的问题,而且还关系到社会美和自然美。换一句话说,在协同教育中,不仅仅要教学生怎样去欣赏音乐、表现音乐和创造音乐本身的艺术美和形式美,而且还要教学生理解和引申音乐作品中深层次的思想内涵,领悟和拓展音乐作品中用语言无法表达的精神境界和神韵,使学生对美的追求和创造从音乐延伸至文学、美术、环境、仪表、外貌、行为和心灵等各个方面,从而达到陶冶情操、净化心灵的目的。

音乐教育的审美性决定了音乐教育在实施的过程中,必须以审美为核心。从教学内容的确定,到教学形式、教学方法的选择;从教师的语言表达,到作品的范唱、范奏;从师生的衣着仪表,到教学环境的布置,都应当体现审美的特点,使学生在美的熏陶和愉悦之中,感受人生的真谛,成为道德美好、情操高尚、心灵纯洁的人。

二、人文性

新《标准》首次明确提出音乐课程的性质具有"人文性",指出:"音乐是文化的重要组成部分,是人类宝贵的精神文化遗产和智慧结晶。无论从文化中的音乐,还是从音乐中的文化视角出发,音乐课程中的艺术作品和音乐活动,皆注入了不同文化身份的创作者、表演者、传播者和参与者的思想情感和文化主张,是不同国家、不同民族、不同时代文化发展脉络以及民族性格、民族情感和民族精神的展现,具有鲜明而深刻的人文性。"并将2001年《全日制义务教育音乐课程标准(实验稿)》(以下简称"2001年《标准》")中"弘扬民族音乐""理解多元文化"两条基本理念合二为一,更改为"弘扬民族音乐、理解音乐文化多样性"。这不仅更加凸显了音乐教育中人文性的特点和重要性,而且表明了应该在尊重各个国家、各个民族的文化和审美哲学的基础上,学习和评价不同的民族音乐。因此,不管是民族音乐教育还是多元音乐教育,都应该凸显其音乐的人文性。

在音乐课教学中,无论是音乐欣赏还是音乐表现,都应该在感受、理解、分析音乐语言的基础上,引导学生从历史的、文化的、精神的层面去理解、学习。

三、多元性

音乐教育的多元性主要表现在如下三个方面：

1. 音乐教育中包含了丰富的横向学科知识

作为一种社会现象，音乐与人类文明历史的发展有着千丝万缕的联系。无论是社会科学、人文科学，还是自然科学，我们都可以在音乐中感受到它们的存在。具体来说，音乐教育与政治、语文、历史、地理、宗教、伦理，甚至数学、物理、化学等课程之间，都存在着内在的必然联系。这是音乐教育多元性的客观因素之一。

音乐教育的这一特点决定了它不仅具有审美的功能，而且具有辅德、益智、健体等作用。这是我们研究音乐教育在素质教育中的地位与作用以及如何发挥音乐教育在素质教育中的作用的重要基础。

2. 音乐教育自身是一个多元性的系统结构

音乐教育自身多元性的系统结构主要体现在两个方面：一是知识传授的多元性。小学音乐教材的内容有：歌唱、器乐、音乐欣赏、识谱、表现与创作等，这些科目都有各自不同的理论知识。二是能力培养的多元性。在音乐教育中，既有音乐能力的培养，也有一般能力的培养。音乐能力的培养，如演唱能力、演奏能力、识谱能力、音乐感受能力、音乐欣赏能力、音乐表现能力、音乐创作能力等。一般能力的培养，如注意力、观察力、记忆力、想象力、思维能力、创造力等。

3. 音乐教育中体现了真、善、美的和谐统一

美是人类自由创造的形象体现，而自由创造又是合目的性、合规律性的统一体。合乎规律性是真，合乎目的性是善。法国思想家狄德罗（D. Diderot，1713—1784）说："真善美是些十分相近的品质，在前面两种品质之上加上一些难得而出色的情状，真就显得美，善也显得美。"应该说，美的内涵之中必然包含真、善。音乐教育是审美教育，因此，它体现了真、善、美的和谐统一。例如：人民音乐家冼星海创作的《黄河大合唱》，以中华民族的母亲河——黄河——为背景，通过《黄河船夫曲》《黄河颂》《黄河之水天上来》《黄水谣》《河边对口曲》《黄河怨》《保卫黄河》《怒吼吧，黄河》八个乐章，用叙述和浓缩的艺术手法，真实而生动地再现了日本帝国主义侵略中国并给中国人民带来深重的灾难这一段历史，反映了当时的中国人民不甘为奴隶，誓死保卫国家的坚定决心。作品的内部结构具有很强的逻辑性和因果关系，符合人们的思维方式和事物发展的规律，这是真；作品对于

当时的抗战具有强烈的号召性和鼓舞作用,实现了作者想要达到的目的,这是善;作者用高超的艺术手法,通过优美抒情、令人震撼的旋律,把真善融入其中,这就是美。

以上三个方面可以说明,音乐教育具有知识面广、综合性强等特点,是其他任何学科都不能替代的特殊学科。

四、工具性

人类音乐文化有着几千年的光辉历史,许多古老的音乐珍品之所以能够流传至今,其中最大的功劳属于音乐教育。从远古的口传心授,到利用乐谱教学,再到现代化的电化教学,音乐教育以各种手段来传授、传承音乐文化信息。从这种意义上讲,音乐教育具有工具性。也就是说,音乐教育是传递音乐文化信息的工具。

音乐教育的工具性还体现在,它可以成为为一定阶级利益服务的工具。西周的姬旦、春秋时期的孔子都非常重视音乐教育,他们认为音乐教育可以培养统治阶级的接班人,可以成为统治人民的工具。在抗日战争时期,音乐教育曾经是反映人民心声,鼓舞人民抗日救亡的有力工具。改革开放初期,我国大量引进和吸收西方的科学、技术、文化,西方的某些政治家曾扬言,要通过音乐这条途径使中国年轻的一代逐渐接受西方的文化和思想。

音乐教育的工具性说明它具有鲜明的阶级性和思想性。因此,在音乐教育中,我们要把艺术性与思想性有机地结合起来,要让学生学习最优秀的、有益身心健康的音乐作品,要重视音乐对学生思想意识的潜在作用。正如匈牙利音乐教育家柯达伊(Kodaly Zoltan,1882—1967)所说:"我们一定要考虑到儿童纯洁的心灵是神圣的,我们所灌输给他们的东西一定要经受得住任何考验。如果播种下坏的东西,我们就将毒害他们的心灵,直至终生。"

第二节　小学音乐教育的基本特征

一、以情感体验和形象思维作为审美的主要途径

情感是人对客观事物的态度的体验,是人的需要是否获得满足的反映。人的需要是多种多样的,按需要的起源,可以分为生理需要和社会需要;按需要所指向的对象,可以

分为物质需要和精神需要。通常来说,需要获得满足就会产生积极的情感;需要得不到满足就会引起消极的情感。可以说,在日常生活和工作中,情感体验一般与个人的利益是密切相关的,它带有直接的功利性。但是,在音乐审美教育中,大部分情况下,情感体验并不与个人的利益有直接的联系,例如:我们在欣赏乐曲《江河水》时,那哭泣的音调,那时而凄凉时而悲愤的旋律,使我们从内心深处深深感受到一种痛不欲生的情感,这时,我们的心情是沉重的、同情的,甚至会流下伤心的眼泪。很明显,我们在欣赏作品时,并没有遭遇作品中主人公的不幸,但为什么会有与主人公一样的情感体验呢?这是因为音乐作用于人的听觉神经,而引起人的联想、想象等一系列心理活动,这时的情感体验是由审美主体(人)的审美观、价值观、道德观、世界观来决定的。所以,从这个角度来说,音乐教育中的情感体验是超功利的,音乐教育中培养的情感是一种高尚的情感,它可以使人的思想达到更高境界。

音乐审美教育中,除了有情感体验之外,还会有形象思维,两者是密切相关的。当我们体验到作品的某种情感时,会在脑海里产生一定的"形象"——某种特定的场景或人物,当然,有时也可能是先有形象思维,然后才有情感体验,但这并不是我们现在所要讨论的问题。而我们所要讨论的问题是,这种"形象"不是指绘画、摄影、雕塑、舞蹈、戏剧等视觉意义上的形象,而是指听觉意义上的形象。视觉意义上的形象具有客观性和审美时的共性,即大家所看到的是同一幅画或同一件艺术作品,而听觉意义上的形象存在于每一个人的脑海里,具有很强的主观性和审美个性,它可能是某一事物的典型形象,也可能是某一具体形象的再现,还可能是各种形象的综合体。总之,它是由审美主体(人)的生活经历、文化程度、艺术修养所决定的。应该说,音乐审美中的情感体验和形象思维都具有不确定性、主观性、抽象性和创造性。

可见,在音乐审美教育中,情感体验和形象思维是我们理解音乐,感受和评判音乐美的主要途径,没有它们,音乐审美将无法进行。同时,我们要认识到,这种情感体验和形象思维具有一定的抽象性、可塑性和审美主体之间的差异性,这一问题将在第五章中进一步阐述。

二、以技能技巧的传授作为审美的工具

在音乐教育中,不仅要培养学生感受音乐、鉴赏音乐的能力,而且要培养学生表现音乐、创造音乐的能力,因此,光有理论知识的传授是不够的,还必须传授一定的技能技巧。

例如：歌唱的演唱姿势,发声的方法,咬字、吐字的处理;器乐的演奏姿势,演奏方法,弓法、指法及常用技巧的掌握,识谱能力训练,等等。这些技能技巧的传授,是进行审美教育的基本要求,也是艺术教育学科不同于其他教育学科的个性特征之一。

技能技巧的传授必须在大量的实践中才能进行。音乐教师要有意识、有目的地让学生多参与音乐实践活动,把音乐理论知识的讲解与技能技巧的培养结合起来,不断提高学生的音乐表现能力和创造能力。

值得注意的是,音乐技能技巧的传授是为音乐审美教育服务的。这句话有两层含义：第一,进行音乐审美教育需要一定的技能技巧,但技能技巧的传授必须与美感经验、美感表现相结合,坚决反对枯燥乏味的纯技术训练;第二,音乐审美教育是目的,技能技巧传授是实现目的的工具,两者是主次关系。有些音乐教师在这个问题上没有认识清楚,他们把技能技巧的传授作为衡量音乐教育质量的标准,其中最突出的现象就是把识谱教学当成音乐教育的主要内容,把音乐课变成了背概念、记口诀的公式化教学课,这就完全失去了音乐教育的意义。

三、使人在愉悦和游戏之中接受教育

音乐给人的愉悦感实际上是通过听觉产生的一种"审美趣味评断"(康德语)。它是审美经验积淀、综合的心理反应,是一种美感享受。音乐的愉悦性本身就是一种美的体现。当它以特有的艺术魅力给你带来愉悦的时候,也在滋润着你的心灵,使你在不知不觉中受到陶冶和教育,真可谓"润物细无声"。这种"寓教于乐"的教学形式使音乐教育具有强大的生命力。

小学生大都具有好动好玩的特点,特别是低年级的学生在这方面表现得更为突出。因此,小学音乐教学应该让学生从座位上解放出来,让他们在游戏之中,在轻松愉快的气氛之中,自觉地、积极主动地学习音乐。要做到这一点,教师不仅要有意识地把知识性、思想性融入愉悦性之中,而且要认识到,愉悦是有层次的,有听觉官能的愉悦,有情感体验的愉悦,也有理性分析的愉悦。不同层次的愉悦给人带来的教益是有别的。对于小学生来说,能激发他们学习兴趣的是听觉官能的愉悦。但是,我们的音乐教学不能只停留在这个层次上。教师要善于引导学生学会感受体验作品的情感,同时,培养他们对音乐的乐句、乐段及各音乐要素作出正确的反应,逐步提高他们的音乐素养。

第三节　小学音乐教育的基本功能

一、审美教育功能

音乐的本质是美的，它的美独具魅力，使无数人为之倾倒。《论语》中记载："子在齐闻《韶》，三月不知肉味。曰：'不图为乐之至于斯也。'"这是孔子听乐后的感受。而法国作家巴尔扎克（Balzac，1799—1850）认为"只有音乐的力量使我们返回我们的本真，然而其他的艺术却只能给我们一些有限的快乐"。音乐教育是针对音乐本质的教育，它是一种以音乐为内容，以音乐的情感体验、形象思维为有效途径，并结合一些教学手段和教学方法，培养人们认识美、欣赏美、表现美、创造美的能力的教学实践活动。所以，审美教育功能是音乐教育最本质最核心的功能。

具体来说，音乐教育的审美教育功能主要体现在两个方面。

（1）通过恰当的方法和途径向人们展示音乐的美。古希腊哲学家柏拉图（Plato，前427—前347）曾说过："节奏与乐调有最强烈的力量浸入心灵的最深处。如果教育的方式适合，它们就会拿美来浸润心灵，使它也就因而美化。如果没有这种合适的教育，心灵也就因而丑化。"所以说，音乐美的传播很大程度上取决于音乐教育。

（2）通过审美教育培养人们欣赏美、表现美、创造美的能力，丰富人的情感，美化人的心灵。马克思（K. H. Marx，1818—1883）曾经说过："只有音乐才能激起人的音乐感。对于没有音乐感的耳朵说来，最美的音乐也毫无意义，不是对象。""有音乐感的耳朵"是欣赏音乐美的前提条件。但它并不是每个人都天生具有的，而是更多地依赖于后天的培养。音乐教育正承载了这样的任务。

二、文化传承功能

音乐是人类文明的一种，它会随着时代的发展和历史的变迁而产生、发展、沉淀、消逝。而音乐教育为音乐的延续和发展提供了可能性，也正是由于音乐教育，一些传统音乐文化和表演技艺才得以保存和流传。从最初的口传心授到后来正规的学校教育和广泛的社会教育、家庭教育，音乐教育的形式不断地发展和完善，它的传承功能也随之丰富和深化。具体说来，音乐教育有传递、选择、改造和创新音乐文化的功能。

在音乐教育传承文化的整个过程中,音乐教师具有关键性的作用。音乐教师应做到如下三点。

(1)选择优秀的音乐作品作为教学内容。这些音乐作品应该既是音乐文化中的精品,又要符合学生的心理特征;既要涵盖世界各地的优秀作品,又要突出本民族的音乐特色。这样才能使学生主动地、全面地、科学地学习音乐文化。同时,教师应该引导学生在课余生活中选择恰当的音乐作品进行欣赏和学习。

(2)引导学生正确地、富有个性和创造性地欣赏和表现音乐作品,只有把握好音乐作品的本质和精髓,人类历史中的音乐文化才能得以很好地传递。

(3)鼓励学生根据自己的理解和所处的时代背景对音乐作品进行加工和再创造,在吸收历史音乐文化的同时充分发挥自己的创造能力。

值得一提的是,在音乐文化的传承过程中,本国的和本民族的音乐应得到足够重视,因为每个民族在传承自己的音乐文化方面都有得天独厚的优势,如果这一优势得到很好的发挥,世界音乐文化就会越来越丰富多彩,趋于多元化。反之,世界音乐文化就会越来越中和,趋于一元化。

三、协同教育功能

音乐与社会科学、人文科学、自然科学有着广泛而密切的联系,所以,音乐教育在进行以审美为核心的教育活动时,必然会与语文、政治、历史、地理、美术、体育、数学、物理、化学等课程产生联系,这为音乐教育与其他学科教育协同开展提供了条件。具体来讲,音乐教育在进行审美教育的同时,可以与思想素质教育、文化素质教育、心理素质教育、身体素质教育、劳动素质教育协同教育。根据协同学的原理,当系统内的各个子系统的关联运动占主导地位时,各个子系统就会自动地服从于整体,产生协同效应,形成整个系统的整体功能和联合作用,这时的整体功能大于各个部分功能之和。显而易见,音乐教育与素质教育的各个子系统协同教育,会促进、加强各个子系统的关联运动,以形成协同效应,优化素质教育系统的整体结构和整体功能,使整体功能大于各部分之和。我们应该充分重视和发挥音乐教育的这种特殊作用和功能,使学生在美的体验、感悟和创造中,得到更全面的综合素质教育。

美国心理学家霍华德·加德纳(H. Gardner, 1943—)在《多元智能》一书中提出的多元智能理论,从另一个角度证实了音乐教育的协同教育功能。该理论指出人类至少存在七种智能,除了语言智能和数学逻辑智能之外,还有音乐智能、身体运动智能、空间智能、人际关系智能和自我认识智能。这些智能之间是相互联系、和谐统一的。各智能要相互促进、均衡发展,人的潜能才能最大限度地被开发。

音乐教育可以培养人们的注意力、记忆力、观察力、想象力、思维能力、创造力等多种能力,从而促进其他智能的发展。例如,音乐旋律与体态律动的结合可以培养协调性,对身体运动智能的发展有一定促进作用;合唱、合奏等集体协作活动可以培养人们的合作意识,发展人际关系智能。在音乐教学过程中,教师要注意音乐知识和其他文化知识的协同,有意识地培养学生的综合能力。

四、社会交往功能

社会交往是指在一定的历史条件下,人与人之间相互往来,进行物质、精神、情感方面交流的社会活动。由于音乐教育涉及不同年龄层次、不同社会阶层的人,所以具有社会交往功能。音乐教育的社会交往功能体现在三个方面。

(1) 音乐教育是一种富有强烈艺术感染力的教育形式,它可以把高度发展的社会理性转化为生动、直观的感性形式,起到净化心灵、陶冶情操、完善人格的作用。自从远古时期,音乐教育的道德教化功能就被人们重视并加以运用。《尚书·舜典》中记载:"帝曰:'夔,命汝典乐,教胄子……八音克谐,无相夺伦,神人以和。'"这段文字出现在舜治理天下的策略之中,可见当时舜就已经注意到音乐的教化功能,而且将音乐作为巩固政权的一种手段,最终目的是要达到"神人以和"的境界。

(2) 音乐教育可以帮助人们在参与音乐活动中,相互交流思想和感情,增进友谊,达到促进社会和谐发展的目的。

(3) 音乐教育活动可以培养人们的群体意识、合作精神和人际交往能力。

五、娱乐健体功能

音乐教育可以帮助人们认识和欣赏美的音乐,引导人们追求高品质的、美的音乐作品,从而提高人们的文化品位和生活质量。所以说,音乐教育可以怡情养性,对于引导人们积极健康地生活、形成良好的社会风气有着积极作用。

具体来说,音乐教育的娱乐健体功能主要表现在以下三个方面。

（1）通过音乐娱乐活动促进身体健康。音乐娱乐活动可以直接给人们带来快乐，这种快乐对于人的身体健康具有积极的促进作用。

（2）通过调整人的情绪对身体健康起到保护作用。众所周知，情绪直接影响到人的身体健康。假如一个人的情绪很不好，他的身体很有可能就会出现毛病。心理学、生理学的实验证明，音乐可以对人的情绪直接产生作用，美的音乐能使听者变得冷静、平和、理智，使紧张的脑细胞活动得到缓解；旋律优美、节奏平衡的音乐，通过调整人的情绪，能激发人体内的激素、酶、乙酸胆碱等物质的分泌，这些物质有助于内分泌系统、自主神经系统良性运转。音乐调整人的情绪主要通过缓解、释放、交流三种途径。缓解就是用安谧、甜美的情感体验去缓解焦躁、低落的情绪。释放就是用音乐表现的形式释放压抑的心情。交流就是以音乐为媒介进行人与人之间或人与音乐之间的情感交流，使人的情绪得到转化或改善。

（3）通过"动"促进身体健康。在广播体操和艺术体操等体育运动中，常常伴有节奏明快的音乐，这实际上是两种运动的协同形式，在体育运动中，音乐运动（旋律与节奏的流动）为其增强韵律感，激发运动者的激情，促进身体动作的协调一致，以提高锻炼的效率。此外，在音乐学习中还有许多内容与身体运动有直接的关系。例如，歌唱时的呼吸本身就是一种运动形式，音乐教学中的体态律动也是一种全身运动。

第四节　小学音乐教育的课程目标

一、课程总目标

新《标准》对于基础音乐教育阶段的课程总目标做出了明确规定："学生通过音乐课程学习和参与丰富多样的艺术实践活动，探究、发现、领略音乐的艺术魅力，培养学生对音乐的持久兴趣，涵养美感，和谐身心，陶冶情操，健全人格。学习并掌握必要的音乐基础知识和基本技能，拓展文化视野，发展音乐听觉与欣赏能力、表现能力和创造能力，形成基本的音乐素养。丰富情感体验，培养良好的审美情趣和积极乐观的生活态度，促进身心的健康发展。"这一课程总目标涵盖了小学和初中阶段的音乐课程教学要求，并从如下三个维度进行表述。

(一) 情感·态度·价值观

1. 丰富情感体验,培养对生活的积极乐观态度

音乐学习可以丰富学生的情感体验,使其情感世界受到潜移默化的感染和熏陶,建立起对人类、对自然、对一切美好事物的关爱之情,进而培养对生活的积极乐观态度和对美好未来的向往与追求。

2. 培养音乐兴趣,树立终身学习的愿望

通过各种有效的途径和方式引导学生走进音乐,在亲身参与音乐活动的过程中喜爱音乐,掌握音乐的基本知识和基本技能,逐步养成欣赏音乐的良好习惯,为终身喜爱音乐奠定基础。

3. 提高音乐审美能力,陶冶高尚情操

通过训练学生对音乐作品的情绪、格调、人文内涵进行感受和理解,培养学生的音乐欣赏能力,养成健康向上的审美情趣,使其在真善美的艺术世界里受到高尚情操的陶冶。

4. 培养爱国主义情感,增强集体主义精神

通过音乐作品中所表现的对祖国山河、人民、历史、文化和社会发展的赞美和歌颂,培养学生的爱国主义情感;在音乐实践活动中,培养学生良好的行为习惯和宽容理解、互相尊重、共同合作的意识,增强集体主义精神。

5. 尊重艺术,理解世界文化的多样性

尊重艺术家的创造劳动,尊重艺术作品,养成良好的欣赏音乐艺术的习惯。通过系统地学习母语音乐文化和不同民族、不同国家、不同时代的作品,感知音乐中的民族风格和情感,了解不同民族的音乐传统,热爱中华民族音乐文化;学习世界其他民族的音乐,理解音乐文化的多样性。

(二) 过程与方法

1. 体验

完整而充分地聆听音乐作品,在音乐体验与感受中,享受音乐审美过程的愉悦;体验与理解音乐的感性特征与精神内涵。

2. 模仿

通过亲身参与演唱、演奏、编创等艺术实践活动,并适当地运用观察、比较和练习等方法进行模仿,积累感性经验,为音乐表现和创造能力的进一步发展奠定基础。

3. 探究

培养学生对音乐的好奇心和探究愿望,重视自主学习的探究过程,使学生能够积极参与以即兴式自由发挥为主要特点的探究与创作活动。

4. 合作

在音乐艺术的集体表演和实践过程中,能够与他人充分交流、密切合作,不断增强集体意识和协调能力。

5. 综合

通过以音乐为主线的艺术实践,渗透和运用其他艺术表现形式和相关学科的知识,更好地理解音乐的意义及其在人类艺术活动中的特殊表现形式和独特的价值。

(三) 知识与技能

1. 音乐基础知识

学习并掌握音乐基本要素(如力度、速度、音色、节奏、节拍、旋律、调式、和声等)、常见结构、体裁形式、风格流派和演唱、演奏、识谱、编创等基础知识。

2. 音乐基本技能

学习演唱、演奏、创作的初步技能,能够自信、自然、有表情地演唱歌曲和演奏乐器,了解音乐创作的基本方法。在音乐听觉感知基础上识读乐谱,在音乐实践活动中运用乐谱。

3. 音乐历史与相关文化知识

了解中外音乐发展的简要历史和有代表性的音乐家,初步识别不同时代、不同民族的音乐。认识音乐与姊妹艺术的联系,感知不同艺术门类的主要表现手段和艺术形式特征。了解音乐与其他学科的联系,扩展音乐文化视野。根据生活经验和已学过的知识,认识音乐的社会功能,理解音乐与社会生活的关系。

二、课程学段目标

新《标准》将义务教育阶段的 9 学年分为 3 个学段,各学段的课程目标不同,其要求也不同,其中小学学段的目标是:

(一) 1—2 年级

充分注意这一学段学生以形象思维为主和好奇、好动、模仿力强的身心特点,善于利用儿童的自然嗓音和灵巧形体,采用歌、舞、图片、游戏等相结合的综合手段,进行直观教学。聆听音乐的材料要短小有趣,形象鲜明。

(1) 激发和培养对音乐的兴趣。

(2) 开发音乐的感知力,体验音乐的美感。

(3) 能自然地、有表情地演唱,参与其他音乐表现和即兴编创活动。

(4) 培养乐观的态度和友爱精神。

(二) 3—6年级

随着生活范围和认知领域进一步扩展,学生的体验感受与探索创造的活动能力增强。注意引导学生对音乐的整体感受,丰富教学曲目的体裁、形式,增加合唱、乐器演奏及音乐创造活动的分量,以生动活泼的教学形式和艺术魅力吸引学生。本学段5—6年级的部分学生进入变声期,应渗透变声期嗓音保护知识。

(1) 保持对音乐的兴趣。

(2) 培养音乐感受与欣赏的能力,初步养成良好的音乐欣赏习惯。

(3) 能自信地、有表情地演唱,乐于参与演奏及其他音乐表现、创造活动。

(4) 培养艺术想象力和创造力。

(5) 培养乐观的态度和友爱精神,增强集体意识,培养合作能力。

第二章　新课程标准的基本理念

新《标准》将2001年《标准》中提出的十大音乐教育基本理念整合、修改为五大教育基本理念，即将"音乐审美为核心；以兴趣爱好为动力；面向全体学生；注重个性发展；重视音乐实践；鼓励音乐创造；提倡学科综合；弘扬民族音乐；理解多元文化；完善评价机制"整合、修改为"以音乐审美为核心，以兴趣爱好为动力；强调音乐实践，鼓励音乐创造；突出音乐特点，关注学科综合；弘扬民族音乐，理解音乐文化多样性；面向全体学生，注重个性发展"。

通过对比可以看出，整合、修改后的五大教育理念是将原来十大教育理念中相互关联的理念合二为一，使其更具有逻辑性和关联性，便于广大教师理解和实施。此外，将2001年《标准》中"弘扬民族音乐""理解多元文化"两条基本理念合二为一，更改为"弘扬民族音乐，理解音乐文化多样性"；将"重视音乐实践"修改为"强调音乐实践"，增加了"突出音乐特点"的内容。虽然"完善评价机制"不再作为教育理念提出，但在"评价建议"部分对于评价的内容、评价的方式与方法有明确的表述。因此，我们不能错误地认为音乐教学评价不重要了。

本章将对这五大基本理念分别进行阐述，以帮助大家理解其精神实质和内涵，使其真正成为指导我们进行小学音乐课程改革的行动指南。

第一节　以音乐审美为核心　以兴趣爱好为动力

一、以音乐审美为核心

新《标准》指出："音乐审美指的是对音乐艺术美感的体验、感悟、沟通、交流以及对不同音乐文化语境和人文内涵的认知。这一理念立足于我国数千年优秀的音乐文化传统，与我国教育方针中的'美育'相对应，彰显音乐课程在潜移默化中培育学生美好情操、健全人格和以美育人的功能。音乐的情感体验，应从多样化的文化语境出发，根据音乐艺术的表现特征,引导学生加强对音乐表现形式的整体把握,领会音乐要素在音乐表现中的作用,增进音乐素养。音乐基础知识和基本技能的学习,应与音乐艺术的审美体验及不同文化认知有机结合。"

由此可见,进行音乐审美教育最关键的问题之一是引导学生体验音乐的情绪情感,感知和理解音乐的表现要素、表现形式。因此,在音乐教学实践中我们应做到下列四个方面。

(一)启发、引导学生体验作品的情绪情感

"音乐语言"不像"文学语言"那样,具有相对明确的语义,在音乐作品中,往往只有某种精神面貌、感情状态的表现,其中包含着内在的生命、情感、灵魂、风骨和精神,但并没有具体的指向。"音乐语言"的抽象性和可塑性,给听众在感情体验、形象思维等方面提供了比"文学语言"更为广阔的空间。听众可以根据自己的生活经历、文化修养、审美经验,对于同一首音乐作品产生不同的联想和想象,作出不同的理解,进行不同的情感体验。由此可见,联想和想象是丰富、加深情感体验的审美心理过程。在音乐教育中,教师要有意识地启发、引导学生根据自己的生活经历、生活环境、审美经验以及作品产生的历史背景、文化背景等积极地进行联想和想象,使情感体验得到拓展和深化。同时,也培养了学生创造性的思维方式。

情感或感情是一个人为人处世的重要基础,一个人对于父母、兄弟、姊妹的感情,对于老师、同学的感情,对于领导、同事的感情,对于国家、社会的感情等等,很大程度上影响着他的意志、思想和行为,甚至影响到一个人的世界观和价值观的形成。试想,如果我们培养出来的学生对家庭、社会毫无感情,他的责任感、他的上进心、他的事业心和奉献精神又从何谈起?因此情感培养是非常重要的,它是教学生学会做人的关键所在。

情感培养的途径有很多,如:父母的关爱、朋友的帮助、社会的支持、理论的启发、艺术的熏陶,等等。由于音乐是情感的艺术,它是人类表达感情的特殊方式,而且,它是以美的形式向人传递情感的,所以它也更容易被人接受。也由于音乐是对于人类文明和人类情感的高度集中、升华和概括,所以,它能够使受教育者的情感更为丰富、深厚。此外,在音乐教育中,情感体验大多不带有个人功利性,因为这种情感体验并没有与审美主体(人)的直接利益相关联,而是与社会利益、大众利益相关联,与审美观、道德观、伦理观等相联系。因此,通过音乐教育所培养的情感是一种高尚的情感,它可以净化人的心灵,使人的思想达到更高境界。

亚里士多德（Aristotle，公元前384—前322）通过模仿学解释了音乐对于人类的意志、性格、行为、道德等多方面的影响，他认为，当人们模仿演唱和演奏以及欣赏某一音乐作品时，会经历同作品的情感一样的感性体验，这就是一种隐形教育，也是完善自我的过程。

可以说，情感体验是培养、丰富学生情感的最直接、最生动、最有效的途径。我们一定要充分发挥音乐教育在情感培养方面的这一特殊优势，使学生通过对各种作品中不同情感的体验，不断丰富自己的情感，增强对事物的理解能力和判断能力。

（二）培养学生对音乐的感知能力

音乐感知能力并非仅指人对音乐作出感官上的反应（如感觉好听不好听），也不同于一般的感性认识，而是指人对于音乐中的旋律、节奏、速度、力度、调式、调性、音区、音色、和声等音乐要素在听觉上能作出正确的心理反应，换言之，音乐感知能力是指人对于"音乐语言"的理解能力，这是音乐审美教育的基础，如果学生不具备这种能力，我们的审美教育将无法进行。

因此，在音乐教育中，要重视音乐欣赏课教学，要有计划、有目的地培养学生的音乐感知能力，让他们熟悉、掌握"音乐语言"的一般规律，如：旋律上行会使人感到兴奋、情绪高涨、紧张；旋律下行会使人感到平静、情绪低落、松弛。快节奏表现出热烈、紧张、欢快的气氛；慢节奏表现出宁静、抒情、忧郁的气氛。在表现激动、强烈的情绪时，往往力度强；在表现优美、抒情的情绪时，则力度弱，等等。

在欣赏每一首音乐作品时，要善于用通俗易懂的方法引导学生品味不同音乐文化语境、不同历史时期和不同人文内涵的作品，并且要结合情感体验和形象思维来学习、了解各个音乐要素在音乐中的表情意义，帮助学生逐步积累音乐审美经验，逐步提高他们的音乐欣赏水平。

此外，我们建议在培养学生音乐感知能力的同时，将音乐欣赏教学与音乐表现教学、音乐创作教学有机地结合起来。因为音乐审美教育不仅仅是教学生聆听和感知音乐，而且要让学生主动地、热情地表现音乐和创作音乐。学生在欣赏一首音乐作品时（或欣赏之后），可以用律动的形式、演唱演奏的形式来表达自己对音乐的感受和理解，也可以用为音乐填词、伴奏等形式来创编出他们心中的音乐，表达出他们自己的情感。

（三）培养学生的音乐鉴别能力

在音乐审美教育中，培养学生的音乐鉴别能力是至关重要的。现在的中小学生普遍热衷于流行音乐。不可否认,流行音乐中确实有很多艺术价值高、励志的、具有教育意义的作品,但也有一些格调不高,表现出对现实生活的不满情绪和对社会的叛逆心理,宣泄内心压抑的情绪和情感的作品。而后者对小学生来说是不适合的,有的甚至是有害的。因此,教师要引导学生学会分清流行音乐中的良莠,提高他们的音乐鉴别能力,帮助他们树立起正确的音乐审美观。这是一项艰难而富有意义的工作,为此,教师应做到:

1. 帮助学生正确对待流行音乐

教师应从审美的角度和生理的角度,让他们知道流行音乐中什么是好的,是适合他们的;什么是不好的,是不适合他们的,甚至是对他们身心健康有害的。

2. 培养学生对民族音乐的感情

民族音乐是中华民族文化的重要组成部分,是中华民族几千年来思想和音乐精髓的积淀。它体现了中华民族的人文精神、文化传统和审美观念。学习民族音乐对于培养民族精神和爱国热情,进行爱国主义教育具有非常重要的意义和潜移默化的作用。我们要重视"母语音乐文化"的学习,让学生在体验民族民间音乐中受到我国母语音乐文化的浸染,感受中华文化的魅力。

3. 帮助学生树立正确的世界观、人生观和价值观

在音乐审美教育中,不仅有艺术美和形式美,还包含着社会美和自然美,美的这四种形态是糅合在一起的,可以说,没有脱离社会现实而单独存在的艺术美。每个人的审美观是与他的世界观、人生观、价值观相联系的。历史上曾经有过"快乐主义"的音乐美学观,该美学观的基础是音乐艺术的心理、生理的刺激性,即片面强调音乐对神经系统和生理过程的刺激作用,否定了音乐的思想内容,把音乐等同于食物、饮料等物质。历史上也有人曾鼓吹过"纯艺术观",他们认为,音乐是艺术,是不应该与人类的政治生活、社会实践联系在一起的,是一种纯艺术的美。持这种观点的人,人为地把音乐与美的其他三种形态割裂开来,他们所追求的所谓"纯艺术美"在现实中是不可能存在的,因为美是人类的自由创造活动,它是在社会实践中产生和体现的。诚然,在音乐审美教育中,艺术美是主体,但我们不能因此而否定社会美、自然美和形式美的存在,特别是社会美对于我们评价一部音乐作品具有一定的影响力。在音乐审美教育中,教师有责任帮助学生树立起正确的世界观、人生观和价值观,这一方面有利于他们提高自己的审美能力,形成正确的审美观;另一方面也是音乐教育与思想素质教育协同合作的最佳结合点。

（四）强调艺术性与思想性的完整统一

音乐教育作为素质教育的一个有机组成部分，应突出自身特有的教育价值，使受教育者在美的熏陶之中陶冶情操、净化心灵，成为道德美好、全面发展的人。匈牙利音乐教育家柯达伊说："音乐教育在普通学校中是如此重要，甚至超过音乐本身，培养音乐的听众就是培养一个社会。"他还指出："我们一定要考虑到儿童纯洁的心灵是神圣的，我们所灌输给他们的东西一定要经受得住任何考验。如果播种下坏的东西，我们就将毒害他们的心灵，直至终生。"并强调："只有具有内在价值的艺术才适合于儿童，而其他一切都是有害的。为儿童选择食物毕竟要比为成年人更精细。富有'维生素'的音乐材料对于儿童是不可缺少的。"因此，音乐审美教育应强调艺术性与思想性的完整统一，其具体表现为如下三个方面。

（1）要挑选艺术价值高，思想健康，具有教育意义的音乐作品用作教材。

（2）在音乐审美教育过程中，应把作品的艺术性与思想性作为一个整体来对待，即对作品的分析、理解应从艺术性和思想性两个方面同时进行。

（3）坚决反对不健康的流行音乐进入校园。

少数教师在音乐课教学中，给学生唱或/听一些不适合他们的爱情歌曲或情绪低落、消沉的作品，这是极不负责任的行为。另外，还有这样一种令人担忧的现象：在一些学校组织的校级"歌星、乐星、舞星"竞赛中，学生所表演的节目内容大多是表现爱情，发泄对人生的不满情绪的，台上是狂呼乱叫，台下是口哨、吆喝声，像这样的活动非但没有任何审美教育意义，反而会带来一些副作用。为此，我们有必要慎重地提出，不但要反对不健康的流行音乐进入课堂，而且要杜绝不健康的流行音乐出现在校园的任何角落。

二、以兴趣爱好为动力

新《标准》指出："兴趣是音乐学习的根本动力和终身喜爱音乐的必要前提。在教学中，要根据学生身心发展规律，以丰富多彩的教学内容和生动活泼的教学形式，激发学生对音乐的兴趣，不断提高音乐素养，丰富精神生活。"

"兴趣是人对事物或活动所表现出来的积极、热情和肯定的态度，并由此产生参与、认识和探究的心理倾向。"[1]音乐兴趣引起并维持个体对音乐及相关事物的注意。比如，

---

[1] 王安国、吴斌主编.音乐课程标准解读[M].北京：北京师范大学出版社，2002：19.

对古典音乐感兴趣的人,总是对古典音乐的乐曲及与其相关的书籍、人物、乐器、音像资料等着迷,他们可能会主动去搜集有关的乐谱和相关资料,珍藏起来,将之当成生活的一部分,或将之当成一种精神寄托;他们会努力去探究自己感兴趣的音乐对象,试图把握它,拥有它,并乐此不疲。因此,音乐兴趣是一种心理动力,是音乐学习最活跃的心理因素。

伟大的科学家爱因斯坦(A. Einstein,1879—1955)曾说:"兴趣是最好的老师。"学生只有对音乐学科产生兴趣,才能产生对音乐活动的参与意识,并把学习音乐当成一件快乐的事。由此看来,如何培养学生的音乐学习兴趣是音乐教育成败的关键之一。

但是,在小学音乐新课程改革的进程中,很多老师对"兴趣"的理解不够透彻,学生喜欢学什么就教什么,喜欢唱什么就唱什么,认为只有一味满足学生的要求才是真正地尊重学生的兴趣,才能培养学生的兴趣。

我们认为,"以兴趣爱好为动力"体现了以学生为主体的思想,要求教师在设计教学内容、教学形式和教学方法的时候要站在学生的角度去思考问题。但是,这一理念除了有尊重学生的兴趣爱好之意外,还有激发、培养学生的兴趣,保持、转移、发展学生的兴趣等含义。之所以这么认为,原因有三个方面。

(1)小学生的自律、自省能力不强,他们感兴趣的事物不一定有利于其自身的发展。例如,他们对某些不适合自己身心健康发展的流行歌曲爱不释手。这时,教师就不能一味满足学生的兴趣,而应该引导他们去探讨、分析其感兴趣的原因,培养他们鉴别音乐的能力。同时,把一些积极向上、适合小学生年龄特点、身心特点,并具有一定思想性、艺术性的流行歌曲、校园歌曲介绍给学生,将好的作品与粗劣的作品进行比较,引导学生逐步积累经验,提高审美品位。这样既没有打击学生的兴趣,又在提高学生的鉴别能力、审美能力,形成正确审美观的同时,提高了他们对音乐的兴趣,使学生感受到音乐所带来的乐趣。

(2)小学生的兴趣一般源于直接兴趣。这种兴趣停留在表面,易起易落,一瞬即逝。因此,教师对学生正确的直接兴趣应加以引导、激发,使之成为持久的、有目的性和方向性的潜在兴趣,并引导学生将兴趣转化为学习动机,成为学习活动中积极心理因素的最直接、最强大的推动力。

(3)教师要善于利用各种有效的方法与策略,激发学生对有利于其身心发展的音乐作品产生兴趣,引导他们深入学习、理解音乐的知识技能。

（一）创设良好的音乐环境，激发学生的音乐兴趣

1. 美化音乐视觉环境

优雅的、富有艺术情调的视觉空间，会给人以审美的愉悦。所以，学校可以在楼道、教室、音乐厅等场所的墙壁上适当悬挂音乐家的画像、乐器图案、乐谱和音乐家名言、格言，定期创作一些音乐画报和音乐板报，这些都可以激发学生的音乐兴趣。

2. 优化音乐听觉环境

美妙的音乐总是给人带来愉悦的享受。学校广播站可定期播放、介绍一些优秀的音乐作品，介绍相关音乐家的故事，例如每周一歌、每周一曲等。教室里配备良好的音响设备，音色纯正优美的音乐能激发学生的学习积极性。

3. 创设音乐实践环境

在课堂内为学生提供音乐表演的机会，在课堂外组织音乐社团活动（如合唱团、铜管乐队、管弦乐队、民族器乐小组等）和音乐比赛、演出活动，为学生提供音乐艺术实践活动的机会和场地，可以激发学生的音乐表现欲望和参与意识，让学生在音乐实践活动中体验音乐，体验成功。营造良好的音乐氛围，对于激发学生的音乐兴趣具有积极的作用。

学校音乐环境是一个整体，需要各种环境要素的协调统一。在当下，科技的发展促进了教育手段的更新，也改变了音乐环境构成。学校音乐环境不再是封闭的，而是开放性的。所以，音乐文化环境的建设，应致力于家庭、学校、社会环境的统一、互补，共同发挥作用。

（二）优化教学手段，培养学生的音乐兴趣

音乐教学手段包括音乐教学形式、教学方法和教学设备等。严格地说，音乐教学手段也属于音乐环境因素，它们对于培养学生的音乐兴趣具有直接的影响，也是影响音乐教学成败的重要因素。

音乐教学手段的选择和运用，要遵循学生的音乐审美心理发展规律和音乐学科的教育规律。例如，小学生具有天性活泼、好玩好动等特点，他们喜欢通过律动和表演的形式来表达对音乐的感受和理解。教师应根据他们这种以直观形象为主的音乐思维特点，将音乐学习与游戏、舞蹈有机结合起来，将抽象的音乐概念和音乐技能训练转化成生动有趣的游戏、舞蹈，并使之形象化、具体化。让他们通过律动、唱歌、

游戏、舞蹈、竞赛等活动,在轻松愉快的气氛中获得音乐知识、技能,培养思维能力,同时也受到美的熏陶。此外,要多给学生音乐表演和发表意见的机会,让他们体会到成就感和主体感。

(三) 精选教材内容,尊重学生的音乐兴趣

笔者从2005年5月至2006年6月,在江苏无锡、徐州,湖南宁远、邵阳、郴州、永州,深圳等地九所小学,对一年级至六年级的学生进行过音乐学习心理调查,其中音乐兴趣的调查(多项选择题)数据显示:中低年级学生喜欢流行音乐的占48.8%,喜欢动画片音乐的占35.5%,喜欢儿歌的占14.5%,喜欢民族音乐和古典音乐的分别占4.9%和4%;高年级学生喜欢流行音乐的比例为73%,喜欢动画片音乐的占21.1%,喜欢儿歌的占10.4%,喜欢民族音乐和古典音乐的只占4%和2.4%。面对这一现象我们不能简单地要求学生去学习民族音乐和古典音乐,而应该首先尊重学生的音乐兴趣,把那些学生喜欢的,具有艺术价值、健康向上的流行音乐和动画音乐引入课堂,并引导他们进行欣赏和鉴别。与此同时对那些运用民族音乐和古典音乐素材创作的流行音乐进行分析,使学生消除对民族音乐和古典音乐的排斥心理,逐步熟悉、了解和接受它们。

此外,小学中低年级学生处在音乐审美的"写实、具象"阶段,所以,那些充满童趣的、反映他们生活的,或是表现动物和植物的,轻松活泼、调皮嬉戏的音乐作品,也是能引起他们的情感共鸣和音乐兴趣的学习内容。教师在选择教学内容时一定要考虑学生的音乐审美心理,尊重他们的音乐兴趣,让音乐学习成为一种心理需求和主动参与的愉悦过程。

(四) 发挥教师的主导作用,保持、发展学生的音乐兴趣

调查发现,有36.5%的学生是因为"音乐老师的课上得好"而喜欢音乐的。可见,音乐教师对学生的音乐兴趣培养具有主导作用。教师是学生音乐学习的引导者,所以,教师的音乐专业水平、音乐艺术修养、人格魅力、敬业精神和音乐教育教学的能力等,也是影响学生音乐兴趣的重要因素,所谓"言传身教"。音乐教师的主导作用是多方面的。例如,教师精彩的范唱范奏,教师形象而幽默的语言,教师的课堂组织艺术,教师生动的教学形式和方法,教师教学的开放性和民主性,教师与学生的情感互动等,都有利于激发、保持学生的音乐学习兴趣。

第二节　强调音乐实践　鼓励音乐创造

一、强调音乐实践

新《标准》指出:"音乐教学是音乐艺术的实践过程。因此,所有的音乐教学领域都应强调学生的艺术实践,积极引导学生参与演唱、演奏、聆听、综合性艺术表演和即兴编创等各项音乐活动,将其作为学生走进音乐、获得音乐审美体验的基本途径。通过音乐艺术实践,有效提高音乐素养,增强学生音乐表现的自信心,培养学生良好的合作意识和团队精神。"

音乐是一门极富表演性和操作性的学科,因此,音乐实践是学生学习音乐最直接、最基本的途径之一。学生欣赏音乐、理解音乐,特别是表现音乐都离不开音乐基本技能的学习和实践。在小学音乐教学中,音乐实践主要包括:演唱、演奏、聆听、综合性艺术表演、即兴编创、识读乐谱。这些都应该渗透到"感受与欣赏""表现""创造""音乐与相关文化"这四个教学领域。

音乐新课程改革之前的传统音乐教学过于重视音乐知识技能的传授,产生了一些与审美相悖的现象。所以,2001年《标准》提出了"以音乐审美为核心"的教育理念。由于理解上的偏差,许多教师误认为新课程改革后的音乐课主要就是教学生欣赏音乐。所以,教学中主要是以聆听音乐、理解音乐为主,很少有教师教学生演唱、演奏和表演,甚至连识谱、节奏练习等也被舍弃了。好像谁在教学中谈音乐基础知识和基本技能,谁就不是在进行教学改革,无形中把知识技能(特别是识谱教学)与音乐审美对立起来。为了纠正这种对音乐课程改革新理念认识的偏离现象,新《标准》首次明确提出音乐课程的性质具有"实践性",并指出:"音乐音响不具有语义的确定性和事物形态的具象性。音乐课程各领域的教学只有通过聆听、演唱、演奏、综合性艺术表演和音乐编创等多种实践形式才能得以实施。学生在亲身参与这些实践活动过程中,获得对音乐的直接经验和丰富的情感体验,为掌握音乐相关知识和技能、领悟音乐内涵、提高音乐素养打下良好的基础。"并将2001年《标准》中提出的"重视音乐实践"修改为"强调音乐实践",以引起大家对音乐教学实践性的重视,强调让学生通过各种形式的音乐实践活动和创造活动,感受体验音乐的情感和内涵,具备一定的音乐表现能力和音乐创造能力,增强音乐表现的自信心,具有创新精神、团队合作意识和协作能力。

我们认为,音乐实践教学应该与音乐欣赏教学、音乐创作教学等有机地结合在一起,将音乐知识技能的学习与感受美、表现美、创造美结合起来,使之更好地为音乐审美教育服务。教师在教学中应寻找音乐知识技能与音乐审美教学相结合的新方法、新思维,将音乐基本技能教学作为一个音乐感知和审美探索的过程,使学生在审美活动中"潜移默化"地学,在愉悦中快乐地学。这样,学生才能在循序渐进的过程中真正掌握音乐审美的工具和手段并将其运用于音乐审美活动之中,才能真正成为"审美的主人";音乐学科才能在教学中真正体现其"审美价值"、展现其"审美魅力"。

二、鼓励音乐创造

新《标准》指出:"音乐是一门极富创造性的艺术。中小学音乐课程中的音乐创造,目的在于通过音乐丰富学生的形象思维,开发学生的创造性潜质。在教学过程中,应设定生动有趣的创造性活动内容、形式和情境,发展学生的想象力,增强学生的创造意识。"

21世纪是一个充满生机又竞争激烈的时代。这个时代以信息传播为特征,以创造性决定成败。因此,在这场竞争中,谁能最快地获得信息和利用信息,谁最具有创造精神和创造力,谁就能赢得胜利、获得成功,否则便会被淘汰。由此可见,创造精神和创新能力的培养在21世纪的教育目标中显得尤为重要,无论哪一个学科的教育都应以此作为一个原则或基本点。也许大家都知道音乐教育是为了培养学生鉴赏美、表现美和创造美的能力,却不知这一过程本身就蕴含着创新思维和创新能力的培养。这是由音乐所具有的抽象性和可塑性所决定的。因为在音乐教育中,不管是欣赏音乐还是表现音乐,每个人都可以根据自己的文化素养、生活经历和审美经验,对作品进行不同的理解和情感体验,这一心理过程包含着联想、想象,包含着发散性思维和集中性思维,这些都是创造之母、创新之源。可以这么说,创造性思维是理解音乐、表现音乐、创造音乐的重要基础,音乐教育如果离开了它,将失去艺术的魅力和灵魂。令人遗憾的是,许多音乐教师没有意识到音乐教育的这种特殊性和潜在功能。他们把音乐教育变成了一种知识灌输和技能模仿的过程,不但没有使学生真正感受到音乐的美,而且压抑了学生的创造欲和表现欲,这不能不引起我们的高度重视。

小学音乐创造教学有别于专业的音乐创作教学,它的主要目的不是为了让学生学习音乐写作的手法,而是为了培养学生的表现意识和创新思维。它主要包括探索音响、即兴编创活动以及命题创作等。但从广义而言,它应包含在音乐欣赏、音乐表现教学之中。因此,我们要把音乐创作教学与其他领域的教学有机地结合起来。要善于引导学生创造性地学习音乐,在教学过程中,激励学生积极主动地思考,大胆提出自己的不同见解,创造条件让他们表现自我,体现个性,让他们在游戏之中,在愉悦之中尽情发挥自己的想象力和创造力。为此,我们应努力做到以下几个方面:

1. 引导学生创造性地理解音乐

音乐是三度创作的艺术:一度创作是由作曲家来完成;二度创作是由表演家来完成;而三度创作则靠欣赏者来实现。学生在欣赏音乐的时候,实际上是在进行三度创作,这意味着音乐欣赏过程不是被动地去体验作者所要表达的感情,也不是被动地去接受某人对于作品的诠释,而是一种创造性的审美行为。欣赏者可以根据自己的审美经验、生活经历,以及自己的心理特点、思维习惯来理解作品。例如,学生在欣赏音乐的过程中可以用律动和舞蹈来表达自己对音乐的理解和再创造,也可以创编出与所欣赏的作品相类似的旋律片段或节奏。

2. 引导学生创造性地表现音乐

学生在演唱、演奏音乐作品的过程中,实际上是在进行二度创作,由于音乐具有很强的可塑性,他们可以根据自己的审美经验和审美习惯对作品进行理解和体验,并创造性地再现原作的艺术美,赋予原作新的神韵和意境。例如,在演唱歌曲的过程中用打击乐器进行即兴伴奏。

3. 激发学生的表现欲和创作欲

一个人的创新意识往往是建立在强烈的表现欲和创作欲之上的,因此,在音乐创造教学中,教师要通过各种各样的教学形式和教学方法来激发学生的这种欲望。例如,运用节奏游戏的形式要学生模仿各种动物的体态和运动的节奏特点;让学生自编节奏朗读童谣;用乐器或其他声音材料营造情景,即兴配合音乐故事和音乐游戏。

第三节 突出音乐特点 关注学科综合

一、突出音乐特点

新《标准》指出:"音乐是听觉艺术,学生主要通过听觉活动感受与体验音乐。音乐音响随时间的流动而展现，不具有语义的确定性和事物形态的具象性，然而它又与人类的社会生活、各种文化艺术有着紧密的联系，这就为学生感受、表现音乐和想象力、创造力的发挥，提供了广阔而自由的空间。同时，也要关注音乐艺术的时间性、表演性和情感性特征，并在教学过程中加以强调和体现。"

音乐课程以音乐为媒体进行审美教育。因此，它必须突出音乐特点，这样才能保证它的学科性质不被其他学科削弱或取代。所谓突出音乐特点，就是要遵循音乐语言的艺术规律来进行教学。具体体现在以下四个方面。

1. 通过聆听来欣赏音乐

音乐是听觉的艺术，它主要是通过聆听来感受和理解的。因此，在音乐欣赏教学中要多让学生自己去聆听、感受音乐，培养他们音乐的耳朵。当然，对于低年级学生可以适当采用讲故事和播放视频、图片的方法启发他们理解音乐，但必须防止用文学语言和视觉艺术取代听觉艺术的做法。

2. 把情感体验与学习音乐语言结合起来

音乐是情感的艺术，它是人类表达感情的特殊方式。因此，在音乐审美教育的过程中，情感体验是第一位的。但是，情感体验必须要与学习音乐语言结合起来，这样才能在情感体验中学习掌握音乐要素、音乐语言表情达意的基本规律，逐步提高音乐审美能力。

3. 学会领悟、表达音乐形象

音乐是形象的艺术，它通过写意、模拟、造型等方式来塑造人物或动物形象，描绘自然景色或模拟自然界和生活中的某种音响，使听者产生身临其境的真实感。小学生，特别是中低年级学生主要以形象思维为主，他们最喜欢那些描述性的音乐。因此，要多采用那些表现动物和植物、充满童趣的、反映他们生活的儿童音乐作品作为教学内容，使他们学会领悟、表达音乐形象，学会欣赏音乐和表现音乐。

4. 通过演唱、演奏等表演形式来学习音乐

音乐是表演的艺术。学生通过演唱、演奏等表演形式可以更加直接、深入地学习和体验音乐。可以说，表演性、参与性和实践性是音乐教学区别于其他学科教学的最大特点之一。因此，在音乐教学过程中，教师一定要有示范性的表演，要教学生学会演唱、演奏的基本方法，把音乐基本技能的学习与音乐审美、音乐表现结合起来，为学生的表演提供平台，创造条件，并注意培养学生的音乐即兴表演能力。

二、关注学科综合

新《标准》指出:"音乐教学的学科综合,包括音乐课程不同教学领域之间的综合;音乐与诗歌、舞蹈、戏剧、影视、美术等不同艺术门类的综合;音乐与艺术之外的其他学科的综合。在教学中,学科综合应突出音乐艺术的特点,通过具体的音乐材料构建起与其他艺术门类及其他学科的有机联系,在综合过程中对不同艺术门类表现形式进行比较,拓展学生艺术视野,深化学生对音乐艺术的理解。"

音乐课程不同教学领域之间的综合是指音乐欣赏、音乐表现、音乐创造、音乐与相关文化这四个领域的综合。具体来说,包含音乐欣赏、演唱、演奏、综合性艺术表演、识读乐谱、音乐创造、音乐与相关文化之间的综合。这种综合不是说每节课中都要包含这些内容,或者说每节课里综合的内容越多越好。综合的目的是为了培养学生的音乐综合素质,引导学生从聆听、表现、创造等不同的角度来学习、体验音乐。因此,要根据学生的音乐素质、音乐兴趣和教学的内容来科学地进行综合。

音乐课程与其姊妹艺术学科的综合主要包括音乐与诗歌、舞蹈、戏剧、影视、美术、雕塑、摄影等不同艺术门类的综合。艺术类作品是以塑造形象、表达情感为主要手段来达到感染、教育观众或读者的目的,所以它们在审美意蕴和审美途径方面有许多相似和相通之处,这为音乐课程与姊妹艺术学科的综合提供了客观的条件和良好的平台。在教学中我们要科学、合理地遵守"通感"(即人的听觉、视觉、嗅觉、触觉以及味觉可以互相沟通)的规律,运用诗歌的遣词造句、舞蹈的肢体语言、美术的色彩线条、雕塑的三维空间,来帮助学生理解和体验音乐。

音乐和艺术之外的其他学科的综合是指音乐与自然科学、社会科学、人文科学的综合。在小学教育中,即为音乐与语文、品德、科学、数学、外语、体育等课程的综合。在第一章中已经谈到,音乐作为一种社会文化现象,它与人类文明历史的发展有着千丝万缕的联系。无论是社会科学、人文科学,还是自然科学,我们都可以在音乐中感觉到它们的存在。因此,音乐教学与这些非艺术学科的综合,不但可以帮助学生更好地学习理解音乐的内涵,而且可以引导学生学会运用所学的知识来分析问题、解决问题,达到学以致用、创新学习的目的。

第四节　弘扬民族音乐　理解音乐文化多样性

一、弘扬民族音乐

新《标准》指出："应将我国各民族优秀的传统音乐作为音乐教学的重要内容。通过学习，使学生熟悉和热爱祖国的音乐文化，增强民族意识、培养爱国主义情操。随着时代的发展和社会生活的变迁，反映近现代和当代社会生活的优秀中国音乐作品，亦应纳入音乐课的教学内容。"

中国的民族音乐包括民间歌曲、民间歌舞音乐、民间器乐、民间说唱音乐和民间戏曲音乐五大类。它是中华民族传统文化的重要组成部分，是中国音乐文化的"母语"和源泉，是中华民族几千年来思想和音乐精髓的积淀。它体现了中华民族的人文精神、文化传统和审美观念，是中华儿女得以茁壮成长的乳汁。学习我国民族音乐的过程就是了解我国文化、历史的过程；体验我国民族音乐的过程就是体验中华民族精神、培养民族情怀的过程。

在当今中西文化交融、碰撞的时代，有些年轻人不了解、不关心自己民族的音乐，甚至看不起自己民族的音乐。在这种状态下，弘扬民族音乐是非常必要的，也是非常及时的。我们要在音乐教育中使我们的后代了解和热爱我们的国家和传统文化，培养他们的民族音乐审美观，激发他们的民族自豪感、自尊心和责任感。

二、理解音乐文化多样性

新《标准》指出："世界的和平与发展有赖于对不同民族文化的尊重和理解，应以开阔的视野学习世界其他国家和民族的音乐文化，理解音乐文化的多样性，共享人类文明的一切优秀成果。"

随着21世纪知识经济和信息时代的到来，世界已逐步成为一个"地球村"，和平与发展已成为国际关系的主题，不同国家之间、不同民族之间需要相互理解、相互尊重、和平共处，这就依赖于人们对世界不同地区、不同国家、不同民族文化的尊重和理解。各个国家的音乐文化代表了其各自的民族文化和思想。因此，通过音乐课程的学习，从了解世界各国、各民族的音乐文化入手，可以使学生逐渐学会理解产生于不同国家、不同民族、不同文化背景下的音乐及其内涵,从而学会理解世界各国的文化和习俗,学会尊重不同国家、不同民族的文化、宗教信仰和思维方式,学会共享人类文明的优秀成果。

在音乐教学中,要合理安排不同地区、不同国家的音乐作品的比例,帮助学生树立平等的多元文化价值观,引导他们以开放的心态和眼光认识和接纳世界上不同的音乐文化。

新《标准》首次明确提出音乐课程具有"人文性",指出:"音乐是文化的重要组成部分,是人类宝贵的精神文化遗产和智慧结晶。无论从文化中的音乐,还是从音乐中的文化视角出发,音乐课程中的艺术作品和音乐活动,皆注入了不同文化身份的创作者、表演者、传播者和参与者的思想情感和文化主张,是不同国家、不同民族、不同时代文化发展脉络以及民族性格、民族情感和民族精神的展现,具有鲜明而深刻的人文性。"并将2001年《标准》中"弘扬民族音乐""理解多元文化"两条基本理念合二为一,更改为"弘扬民族音乐、理解音乐文化多样性"。这不仅更加凸显了音乐教育中人文性的特点和重要性,而且表明了应该在尊重各个国家、各个民族的文化和审美哲学的基础上,学习和评价不同的民族音乐。因此,不管是民族音乐教育还是多元音乐教育,都应该凸显其音乐的人文性。

第五节 面向全体学生 注重个性发展

一、面向全体学生

新《标准》指出:"义务教育阶段的音乐课,应当面向全体学生,使每一个学生的音乐潜能得到开发并从中受益。音乐课的全部教学活动应以学生为主体,师生互动,将学生对音乐的感受和音乐活动的参与放在重要的位置。"

素质教育最基本的要求之一,就是教育要面向全体学生。毫无疑问,这也是音乐教育应遵守的一条原则。现在有些学校的音乐活动搞得很频繁,参与竞赛并获得了不少的奖品和奖状,每年也有几个学生考取艺术院校,学校领导以此作为素质教育的成果引以为豪。但仔细分析一下,事实并非如此,因为他们开展音乐活动只是局限在少数学生的范围内,开展音乐活动的目的只是为了在音乐竞赛中获奖,或为报考艺术院校作准备,这与"应试教育"中的英才教育,片面追求升学率好像并无多大区别。在这种音乐活动中,参加的学生不但没有减轻学习上的负担,反而额外地增加了心理上的压力——害怕拿不到大奖或考不上好学校而挨批评、丢面子。从某种意义上讲,这样的音乐活动完全违背了素质教育的宗旨,对于普及音乐教育是极为不利的。我们必须强调,素质教育下的音乐教育应当是面向全体学生的,其具体体现为下列三个方面。

1. 音乐课外活动应提倡普及性和多样化

音乐课外活动是音乐教育中不可缺少的有机组成部分,也是学生乐于接受的、生动活泼的、有效的音乐教育形式。一方面,它可以丰富、强化音乐课堂教学的知识和内容;另一方面,它可以为学生提供更多的学习音乐、表现音乐、创造音乐的机会,使学生在愉悦之中,消除文化学习带来的疲劳,使学生在活动之中,学会交流,加深了解,增进友谊。从这种意义上讲,音乐课外活动应提倡普及性和多样化。所谓普及性是指要让每一个学生都来参加课外音乐活动,所谓多样化是指开展活动的内容和形式要适应众多学生不同兴趣、不同爱好的需要,多样化实际上是为普及性提供积极的条件。例如:学校可组织全校性的班级歌咏比赛或开展课间集体舞活动,定期举办音乐欣赏讲座,组织观摩音乐电影和文艺演出,举办各种形式的音乐竞赛,等等。

我们提倡音乐课外活动要普及,并不是反对在活动中选拔和培养在音乐方面有发展前途的人才,而是要分清主次,要把普及放在首位。实际上这是两个互为因果关系的问题,有了普及,才会有提高。如果某一所学校不仅在省市级,甚至在全国性的音乐比赛中多次获奖,而且全校性的音乐活动也开展得很普及,没有额外地给学生加课、补课,这才是真正的素质教育。

2. 音乐课堂教学应在数量和质量上得到保证

音乐课堂教学是对全体学生进行系统化、正规化音乐教育的主要途径,因此,必须在教学时数和教学质量上得到一定的保证。保证教学时数,这对于其他文化课程来讲,好像不成问题,但对于音乐学科来讲,却是一个难以解决的问题。据了解,全国除了大中城市的中小学开设了正规的音乐课外,大部分小城镇和农村的中小学都没有把音乐课列入正式的教学计划之中。即使是列入了课表,也随时可能被其他的文化课代替掉。有的学校将音乐课列入了课表,但纯粹是为了装门面,应付上面的检查。从全国角度来看,接受音乐教育的学生只是少部分。要做到音乐教育面向全体学生,必须保证全国每一所学校都开设音乐课,并保证其教学时数。

保证音乐课堂教学的质量这个问题比较复杂。首先,要提高音乐教师的素质;其次,要在教学形式、教学方法、教材选择等方面进行改革。下面从保证音乐教学质量的教学

场地、教学设施以及教学管理等方面提出若干意见:

(1) 有条件的学校应安排专门的音乐教室。

音乐教学与其他课程教学有许多不同之处。

① 要有专用的教学工具。如五线谱黑板、钢(风)琴、电子琴、音响设备等,这些教具有的很笨重,有的比较昂贵,不便经常搬动。

② 要有一个幽雅的环境。一般来说,教室内应装饰具有审美特点的字画、人物肖像和乐器图片,使学生一进入教室就感受到美的气氛。

③ 要与文化课教学区分开。因为音乐课教学,无论是唱歌,还是音乐欣赏,都会有很大的声音,势必会影响到其他文化课的教学。因此,安排专门的音乐教室是完全必要的。

(2) 每一所学校应配备必需的教学设施。

如钢琴或电子琴、风琴、音响设备或一台收录机。此外,有条件的学校还应该配备其他常见的乐器,如二胡、扬琴、琵琶、古筝、笛子、小提琴、大提琴、长笛、单簧管、小号、长号、圆号等,以满足课堂教学和课外活动的需要。

(3) 应当把音乐教育真正纳入学校整体教育的范畴。

一方面,上级教育行政部门应当把音乐教育作为考核学校教育工作的项目之一。考核的内容包括:是否保证了音乐课堂教学的时数,是否有专职音乐教师,是否有专门的教学场地和必需的教学设施,是否开展了全校性的音乐课外活动,等等。另一方面,学校应当把音乐教育纳入整体规划。例如:采取一定的措施,防止其他文化课程挤占音乐课的现象,给音乐教师开展音乐活动提供必要的条件,如时间、场地、设施、经费等,并从劳动计酬等方面对音乐教师的课外活动工作给予支持。

3. 音乐课堂教学要面向全体学生

音乐课堂教学要面向全体学生,这句话包含两层意思。

第一,教师选择教学形式、教学方法,确定教学内容、教学进度时,应面向全体学生。有的教师在教学中,不管是提问,还是要学生表演,总喜欢找少数几个音乐素质较好的学生,这实际上是人为地剥夺了大多数学生思考问题和表现音乐的机会,无意中地打击了大部分学生的学习积极性。

第二,考核教师的教学水平、教学质量,应面向全体学生,应以全体学生的音乐素质、音乐能力为标准。

二、注重个性发展

新《标准》指出:"鼓励学生积极参与各种音乐活动,以自己的方式表达情智。教学中,应把全体学生的普遍参与和发展不同个性有机结合起来,创造生动活泼、灵活多样的教学形式,为学生发展音乐才能提供空间。"

音乐学习的个性是指学习者在音乐欣赏、音乐表演、音乐创作等学习的过程中所表现出来的个性差异和性格特征,主要包括学习者对音乐的需要、动机、兴趣、理想、信念、价值观、世界观,以及学习者的音乐学习能力、音乐学习气质和性格等。

音乐实践是音乐个性存在的方式,一切音乐活动都离不开实践这一过程。可以说音乐学习中个性的体现是以音乐活动和音乐实践为途径的,它们通过创作、表演、鉴赏等各种实践活动来得以实现。由于学习者的生活经历、文化修养、年龄层次、音乐素质各异,在音乐欣赏、音乐表演、音乐创作等方面的学习中体现出差异也是不可避免的。因此,我们认为,一切音乐教学活动都不应该强求一致,应该允许学生的个性得到充分的发展,允许学生用自己独特的方式体验音乐、表现音乐和创作音乐,允许学生有个性化的独立见解。这一切与前文讲到的"课堂教学要面向全体学生"是相辅相成的。

我们要让学生在课堂中尽情地、富有个性地表现自己,给予他们自由发挥的空间。让他们在音乐学习中解放自我,形成富有创新精神的良好个性心理。

综上所述,我国以审美为核心的音乐教育理念是一个包容性很强的教育理念。它既传承了我国古代将音乐作为陶冶性情、道德教化的工具的哲学思想,也吸收了西方的审美音乐教育、多元文化音乐教育、实践音乐教育的哲学观点。我们必须深刻领会并在音乐教育实践中认真地贯彻执行。

第三章　小学音乐教学的基本原则

音乐教学基本原则是长期音乐教学实践经验的集中体现,是人们对音乐教学这一客观事物的主观反映。小学音乐教学原则应以教育学、教学论所提出的有关理论为依据,结合小学音乐教学的审美性和艺术规律,以及小学生的生理、心理特点而制定。小学音乐教学基本原则主要包括六个方面:审美性与协同性并举原则;情感性与创新性相结合原则;民族性与多元化相结合原则;面向全体与成功性原则;趣味性与律动性相结合原则;音乐课堂教学与音乐课外活动相结合原则。

第一节　审美性与协同性并举原则

音乐教育的主要任务是进行审美教育。在音乐教育的过程中,首先,要体现审美性,即培养学生正确的审美观和鉴赏美、表现美、创造美的能力。其次,要体现协同性,这是发挥音乐教育在人的整体素质培养中的特殊作用的重要基础。根据协同效应原理,只有当系统内各个子系统之间的关联运动占主导地位时,系统才能够产生协同效应,优化整体功能。由于音乐教育具有知识覆盖面广、综合性强等特点,所以,它与素质教育系统中的思想素质教育、文化素质教育、心理素质教育、身体素质教育等子系统有着显性的、隐性的和非线性的相互作用,具有促进各个子系统之间关联运动的功能。由此可见,在音乐教育中,体现协同性是非常重要的。这种协同性包含四个方面的含义:第一,音乐学科内部各分支学科之间的协同合作;第二,音乐学科与其他姊妹艺术学科之间的协同合作;第三,音乐学科与非艺术学科之间的协同合作;第四,音乐教育过程中各要素之间的协同合作,包括师生之间、教师之间、师生与教学媒体之间的协同合作。

贯彻审美性与协同性并举原则的基本要求有下列十个方面。

(1) 演唱(奏)的歌(乐)曲必须具有高度的艺术性和音乐美感。音乐欣赏所选择的作品应该是中外音乐宝库中的经典之作,是社会美、自然美、形式美和艺术美的完美结合,能够唤起学生对美的追求,从而达到陶冶情操的目的。

（2）音乐教师的范唱、范奏，语言、仪表、举止和板书，以及音乐教学的环境应给人以美感，使学生在美的氛围中亲身感受美、体验美。音乐教育的过程，应以审美为核心。

（3）学生在音乐学习、音乐表演、音乐欣赏的过程中，应认真分析、感受作品的思想美、艺术美和形式美，不断丰富自己的美感经验，提高自身的审美修养。

（4）在音乐教学中，把唱歌教学、器乐教学、音乐欣赏教学、音乐创作教学和识谱教学有机地结合起来。

（5）在音乐教学中，使音乐学科与舞蹈、美术、雕塑等艺术学科自然地融合。

（6）在音乐教学过程中，与语文、品德、科学、数学、外语、体育等课程的教学协同合作，充分发挥音乐教育独特的功能，促进各学科之间的相互渗透与融合，以提高素质教育系统的整体功能。

（7）教师要以学生为主体进行教学，充分发挥教师的主导作用。要运用启发式教学，调动学生的思维和学习积极性。通过与学生在感情上的沟通，教师高水平的范唱、范奏，精彩的分析、讲解，巧妙的设问、解答，达到教与学的协同发展。

（8）教师要根据学生的知识结构、学习能力、心理特点，精心设计教学形式，选择教学方法，确定教学内容。做到"教师—教材—教学方法—学习方法—学生"之间的协同发展。

（9）教师的思维是开放的。在教育过程中，因为教师对教学内容、教学形式和教学方法的选择起主导作用，所以，教师的开放性思维对于协同教学是至关重要的。其具体表现为：

① 不断吸收、接受新的知识和教学方法。知识广博，具有综合运用多学科知识的能力。

② 善于采用开放式的教学方法。教学中注重通过音乐的抽象性、可塑性，培养学生的发散性思维和想象力、联想力、创造力，鼓励学生勤思考、多提问。

③ 在学习上、感情上主动与学生进行交流和沟通，经常与学生谈心、交心，能够以平等的态度与学生共同探讨学习中的诸多问题。

（10）学生的思维是开放的。学生是受教育者，也是教育成败的体现者。教育过程中的大量知识、信息，必须通过他们自身的消化、吸收，才能产生教育效果。因此，学生思维的开放性是协同教学的重要因素。学生要积极、主动地向教师学习知识，并做到互相学习、互相交流。要有好奇心和创新意识，敢于提问，敢于想象，并经常接触外界，善于接受外来信息,积极参加课外活动和社会活动。

第二节 情感性与创新性相结合原则

在音乐教育过程中,要使学生通过对各种作品中不同情感的体验,不断丰富自己的情感,增强对事物的理解能力和判断能力,明辨是非,爱憎分明。

应该指出,音乐教育在培养、丰富学生情感的同时,还可以培养他们的创造性思维,不断挖掘、发展他们的创新意识和创新能力,这是因为:

(1) 音乐具有抽象性和可塑性,它给人们在感情体验、形象思维等方面提供了比"文学语言"更广阔的空间,有利于培养学生的联想力和想象力。

(2) 音乐审美的心理过程中包含了"发散性思维"和"集中性思维"的有机结合。例如,在欣赏二胡独奏曲《二泉映月》的过程中,优美而伤感的音乐在我们的脑海里展现出无锡惠山的美丽景色,同时使我们感受到一种内心的痛苦、迷茫和凄凉,这时我们会联想到作曲者阿炳不幸的人生。随着音乐的不断发展,高亢激昂、铿锵有力的旋律使人体会到阿炳不屈的性格以及对幸福生活的向往,想象出他是怎样以顽强的毅力在贫穷和饥饿之中生活。听完乐曲之后,我们得出结论,《二泉映月》是一首借景抒情、寓情于景、情景交融、刚柔相济的二胡独奏曲,乐曲倾诉了阿炳一生的辛酸,控诉了世道的不平。在欣赏这一乐曲的过程中我们主要运用了"发散性思维",听完乐曲之后,则是依靠"集中性思维"对乐曲作出评价。心理学家认为,创造性思维是"发散性思维"和"集中性思维"有机结合的产物。所以说,如果一个人只重视发展逻辑思维,那是片面的,是不够的,只有把逻辑思维与形象思维,把科学思维与艺术思维有机地相结合,才能形成高质量的创造性思维。因此,在教学中应该把情感性与创新性有机地结合起来,引导学生创造性地学习音乐,有意识地训练学生的思维方式和思维能力。为此,我们建议做到下列四个方面。

1. 在情感体验中培养学生思维的流畅性

所谓思维的流畅性,是指在单位时间内产生观念数量的多少。在短时间内产生的观念多,表示思维流畅性好,反之,则思维流畅性欠佳。根据美国心理学家吉尔福特(J. P. Guilford,1897—1987)的理论,思维的流畅性可分为四种形式。① 用词的流畅性,是指在一定的时间内能够运用含有规定的字母或字母组合的词汇量的多少。② 联想的流畅性,是指在限定的时间内能够根据一个指定的词找出其同义词或反义词数量的多少。③ 表达的流畅性,是指根据句子结构的要求所排列词汇的数量的多少。④ 观念的流畅性,是指在限定时间内产生满足一定要求的观念的多少,即提出解决问题答案的多少。在音乐教育中,我们完全可以找到与这四种形式相对应的思维训练方法,例如,可以采用音乐创作竞赛的形式,培养学生思维的流畅性。具体做法是,在规定的时间内,要求学生用"1、3、5"三个音(或选用其他的音)来表达某种情绪,以创作乐句的多少和旋律的流畅程度来决定胜负。也可以在音乐欣赏教学中,欣赏一首作品之后,要求学生在规定的时间内说出联想到的人物和场景。

2．在情感体验中培养学生思维的求异性

所谓思维的求异性,是指对同一事物或概念产生与众不同的反应和理解的思维现象。这是人类打破思维常规,改革创新所必需的重要思维方式。这一思维方式在音乐审美过程中是不可缺少的。例如,当学生欣赏完法国音乐家圣-桑(Saint-Saëns,1835—1921)的作品《动物狂欢节》之后,让学生用各种各样的动作和造型,结合模仿各种动物的声音,来表达自己对音乐的理解。

3．在情感体验中培养学生思维的变通性

思维的变通性也称为思维的灵活性,是指在对待事物,分析问题,处理问题的过程中,根据情况及时调整思维方向,拓宽思维范围的能力。音乐审美过程中的联想与想象就属于这种类型的思维。

4．在情感体验中培养学生思维的敏感性

思维的敏感性,是指对事物能及时地做出反应和及时把握独特新颖观念的能力。比如,在进行口头音乐创作时,教师先唱出一句旋律,要求学生体会其感情,然后根据这一句旋律的特点,唱出第二句旋律。

第三节　民族性与多元化相结合原则

每一个国家、每一个民族的音乐,都与历史、政治、经济、文化、人文、宗教、民俗等有着密切的联系,因此,它代表了本国家、本民族的气质和精神。学习民族音乐,可以使学生了解祖国的音乐文化,继承发扬中华民族的优秀传统和民族精神,培养、增强民族意识和爱国主义情操。所谓民族性,是指在音乐教育中,要把我国各民族的优秀传统音乐作为重要的内容,使学生在美的感受之中,体验祖国母亲的情怀,感受祖国母亲的伟大,树立起民族自豪感和民族责任心。

在强调民族性的同时,必须与多元化相结合,因为世界的和平与发展有赖于不同国家、不同民族文化之间的相互交流、相互理解和相互尊重。所谓多元化,是指在学习、理解本民族音乐文化的基础上,学习、了解世界各国有代表性的优秀民族音乐。通过音乐教育,使学生了解不同国家、不同民族的历史、文化、习俗以及审美观和思维方式;通过音乐教育,使学生了解各国,放眼世界,形成开放型的思维;通过音乐教育,使学生学会理解、尊重世界其他国家和民族的音乐文化和审美哲学,理解音乐文化的多样性,树立起多元化的价值观。

第四节 面向全体与成功性原则

素质教育是面向全体学生的教育,它要使每一个学生都成为学习的成功者,这一教育思想在音乐教育与素质教育协同的过程中,应得到充分的发挥。因为音乐是一门人人都喜爱,人人都能接受的艺术,它可以不受年龄大小、文化程度高低、语言差异等方面的限制。人们在音乐学习和音乐表演中能树立自信心和自豪感,并感受到成功的喜悦。

贯彻面向全体与成功性原则的基本要求有两点。

1. 教育要面向全体学生

在音乐课堂教学方面,教师选择教学形式、教学方法,确定教学内容、教学进度时,应根据全体学生的基本情况来考虑,衡量教学效果应以全体学生掌握知识、技巧的程度为标准。在音乐课外活动方面,要以内容丰富、形式多样的活动来适应具有不同音乐能力、不同音乐兴趣的众多学生的需要。例如:开展班级歌咏活动,举办"小歌星、小舞星、小乐手"比赛,举办音乐欣赏讲座,等等。

2. 让每一个学生都有音乐表演的机会,感受到成功的喜悦

小学生总希望自己的能力得到发挥,并得到别人的赞扬。音乐教育最能满足学生的这种心理要求。因此,教师无论在课内,还是在课外,都要给每一个学生提供音乐表演的机会,并引导全体学生对表演者的表演给予肯定和鼓励。在音乐表演中,学生不仅锻炼了胆量,也树立了自信心,这种心理素质的培养,有助于学生学习其他文化科学知识。

第五节 趣味性与律动性相结合原则

小学生具有好动、好玩、好奇、好表现的特点。根据这些心理特征,音乐课教学一定要突出趣味性,要让学生从座位上解放出来,使他们在游戏中积极主动地学习音乐。

贯彻趣味性与律动性相结合原则的基本要求有四个方面。

(1) 尽量采用音乐游戏的形式进行教学,营造生动活泼、轻松愉快的学习氛围。

(2) 根据学生的心理、生理特点,选择教学形式和教学方法。比方说,尽量采取讲故事的形式来解释作品,用学生熟悉的语言和陈述方式与他们进行交流。

(3) 及时地变换教学形式和教学方法。小学生控制自己注意力的能力不太强,一般来说,他们集中精力学习的平均时间是 15 分钟左右,教师应把握好学生有意注意的这一时间限制,及时地变换教学形式和教学方法,使他们始终在一种思想集中的状态下主动地学习。

(4) 打破按班级座次就座的上课形式,让学生在活动中学习,把律动教学、歌唱表演教学等形式贯穿于音乐教学的始终。

第六节 音乐课堂教学与音乐课外活动相结合原则

开展音乐课外活动是实施音乐教育的重要途径之一,同时,它也是促进音乐课堂教学更开放、更生动的有效形式。音乐课外活动能够进一步提高学生的音乐学习能力,给学生提供更多的学习音乐、表现音乐、创造音乐的机会。学生可以在音乐课外活动中消除文化学习的疲劳,活跃自己的思维,加强与教师之间以及同学之间的了解,发展自己的个性,并且把所学的各科知识在音乐活动中加以综合运用,使之内化,以形成高尚的个性品格。

贯彻音乐课堂教学与音乐课外活动相结合原则的基本要求有三个方面。

(1) 使音乐课外活动规范化、制度化。音乐教育是一种参与性、实践性、延伸性很强的活动,在音乐教育与素质教育协同开展的过程中,仅仅靠音乐课堂教学是远远不够的,还必须结合大量的音乐课外活动来予以实现。而为了保证音乐课外活动的正常开展,应使之规范化、制度化。例如,学校要有合唱队、乐队和音乐活动兴趣小组,定期举办音乐欣赏讲座和全校文艺会演活动,建立学校艺术节制度,组织学生参加社会音乐活动,等等。通过音乐课外活动的开展,活跃校园生活,促进学校—教师—学生之间的交流,加强学校整体教育和各学科之间的开放性。

(2)在音乐课外活动中培养学生综合运用各学科知识的能力,使所学的知识得到巩固提高、吸收内化。

(3)在音乐课外活动中,让学生接触、学习更多的音乐精品,拓宽音乐教育与素质教育协同的空间。培养学生的组织能力、交际能力、协作精神,使其身心得到健康的发展。

第四章　小学音乐教学过程与教学方法

学习研究小学音乐教学过程和教学方法,对于我们正确认识音乐教学过程中的基本要素和相互之间的关系以及音乐教学中各个方面的关系,科学地选择音乐教学方法,提高音乐教学质量具有重要的指导意义。

第一节　小学音乐教学过程

小学音乐教学过程是指根据确定的教学目的和任务,在教师的指导下,通过师生教和学的双边活动,使学生系统学习、掌握音乐文化知识和音乐技能技巧的特殊认知过程。这一认知过程以审美为核心,同时融入了思想素质教育、文化素质教育、心理素质教育、身体素质教育、劳动素质教育等多种教育行为。研究音乐教学过程的内部结构,将为我们制定音乐教学原则、选择音乐教学方法提供有价值的理论依据。

一、音乐教学过程中的基本要素及其相互之间的关系

音乐教学过程是教师和学生以教材为依据,通过一定的教学手段使学生获得知识和能力的时间流程,这里我们不难看出,音乐教学过程中的基本要素是:教师、学生、教材和教学手段,这四个基本要素缺一不可,它们之间相互联系、相互作用,贯穿音乐教学过程的始终。在音乐教学过程中,它们所扮演的角色和所发挥的作用是不同的。

1. 教师——音乐教学的主导

从宏观上讲,教师是音乐教学活动的组织者和实施者,新《标准》的精神、音乐教学目标的实现,需要靠他们去落实,去完成。

从微观上讲,在每一节课的教学活动中,教师的主导作用主要体现在四个方面:第一,激发学生的学习兴趣,引导学生主动地、富有个性地感受、体验、表现、创造音乐的美;第二,在音乐审美活动中,引导学生深入理解、挖掘音乐作品中的思想内涵,使音乐学科教学与其他学科教学协同、合作,让学生受到全面的素质教育;第三,在学生理解作品产生偏差或遇到困难时,鼓励、引导他们调整思维方向,最终达到审美的目的;第四,引导学生在游戏或愉快的审美活动中,学习、掌握必要的音乐知识和技能。

教师在音乐教学过程中具有举足轻重的作用。所以,人们常说,只有不会教的老师,没有教不好的学生。因此,音乐教师应该系统地接受过专业音乐教育,具有丰富的音乐理论知识、教育理论知识和较高水平的音乐技能技巧,懂得儿童的心理特点和兴趣爱好,在教学中不断地改革和探索音乐教学形式和教学方法。

2. 学生——音乐教学的主体

学生是受教育的对象,教师的主导作用是否发挥得好,音乐教学是否收到了预期的效果,都将在他们的身上得以体现。可以说,音乐教学过程中的一切活动必须以学生为中心。因此,教师在确定教学内容、选择教学形式和教学方法时,一定要考虑到学生的学习兴趣和接受能力,在音乐审美过程中尊重学生的情感体验。而学生则应该积极思考并回答教师提出的问题,创造性地进行学习。

3. 教材——音乐教学的客体

教材是教师教学、学生学习的主要依据,是教学大纲的原则体现,也是衡量音乐教学质量的标准之一。

教材的编写必须体现教学大纲的精神和要求,符合音乐教学的实际和规律性,做到思想性、艺术性、科学性和系统性的完整统一。

教师在使用教材时,要分析、研究教材的体系、结构和特点,明确每一单元、每一课的教学目的、教学重点和教学难点,以便熟练地使用和驾驭教材。

4. 教学手段——音乐教学的工具

音乐教学手段包括教学形式、教学方法和教学设备等,它既是教师有效地向学生传授知识、技能,进行音乐审美教育的重要工具,也是激发学生的学习兴趣,引导学生获取知识、技能,感受、体验音乐美的重要因素,同时,它还是连接教师—学生—教材的重要媒介。在教师、学生的素质基本相当的情况下,教学手段的运用对于教学目标的实现具有关键性的作用。因此,音乐教师不仅要不断地丰富自己的音乐教育理论知识,提高音乐专业水平,而且要深入地研究音乐教学形式和音乐教学方法,学会使用先进的音乐教学设备,这样才能适应形势的需要,使自己成为一名合格的人民教师。

二、音乐教学过程中应处理好的六种关系

1. 教师与学生之间的关系

前面我们已经谈到,在音乐教学过程中,教师处于主导地位,学生是主体,这是一对矛盾,如何处理好这一对矛盾,关系到音乐教学的成败。首先,教师绝不能以权威自居,好像我教师教什么,你学生就得跟我学什么,而应当以民主平等的态度,以关心爱护的态度参与教学,在设计音乐课时,不仅仅要考虑怎样去教,而且要更多地考虑学生怎样去学,他们爱不爱学,这是处理好这一对矛盾的关键所在;其次,作为学生来讲,应该有主体意识,主动地配合教师教学,使学习成为一种自觉行为。

2. 音乐审美与"双基"(音乐基础知识、音乐基本技能)教学之间的关系

普通音乐教育是审美教育,通过审美,培养、丰富学生的情感,发展他们的形象思维能力和创造性思维能力。在教学过程中,情感体验和形象思维是居于主导地位的,"双基"教学是为音乐审美服务,是为了实现审美目的而提供的工具,是辅助的性。在教学过程中,既不能把它们的主次关系颠倒,也不能把它们人为地割裂开来。"双基"教学可以使学生在掌握一定的知识技能的情况下,更好地对作品进行情感体验和形象思维。反过来,如果我们把识谱教学和音乐基本技能技巧的训练融入审美的成分,将会使"双基"教学富于情感化、趣味性,使学习效率得到提高。所以,要把二者完美地结合起来。

3. 智力因素与非智力因素之间的关系

在教育活动中,智力因素包括:感知、记忆、思维、想象等,它们直接参与人对客观事物认识的具体操作。非智力因素包括:注意、动机、兴趣、情绪、情感、意志、性格等,虽然它们不直接参与对客观事物的认识的具体操作,但是,它们对认识活动具有提供动力、维持、调控、补偿和定型的作用。

以往的教育过分重视智力因素的培养,而忽视非智力因素的培养,因而造成了学生素质发展不全面、不平衡的严重问题,所以,教育理论界越来越重视对非智力因素的研究。我们应该认识到,非智力因素不仅对学习和智力活动有很大的影响,而且对学生道德品质的形成,对心理素质的培养,对社交能力的培养等都会产生重要的作用。可以说,培养非智力因素对于学生素质的全面发展,对于素质教育具有特殊重要的意义。音乐教育是情感教育,更要重视非智力因素的培养,实际上,音乐教育过程中的智力因素和非智力因素在很多情况下是紧密联系在一起的。比如当学生感知音乐时,随之就会产生情感

体验。此外,非智力因素对于教学过程的影响也是不容忽视的。例如,采用什么教学手段来引起学生的注意,激发他们的学习兴趣,调动他们的情绪,等等。

4. 音乐学科内部各分支学科之间的关系

5. 音乐学科与姊妹艺术学科之间的关系

6. 音乐学科与非艺术学科之间的关系

以上六种关系中的第四、第五、第六种关系已经在第三章的第一节中进行了阐述,在此不再重复。

第二节　小学音乐教学方法

音乐教学方法是指在音乐教学过程中,为了达到预定的教学目标,完成一定的教学任务而采取的教学手段和教学途径。它包括教师的"教"和学生的"学"两个方面。

小学音乐教学方法很多,从教学内容来划分,有唱歌教学法、欣赏教学法、器乐教学法、识谱教学法。以不同教育体系论,著名音乐教育家创立的音乐教学方法有:奥尔夫教学法、柯达依教学法、铃木教学法等。下面将从人类认识事物、获取知识的一般规律出发,结合音乐审美的特殊规律,提出以下七种音乐教学方法。

一、讲授法

讲授法是指教师通过口头语言并结合板书向学生传授知识的一种教学方法,它包括讲述、讲解、讲读、讲演等形式。在音乐教学中运用较多的是讲述和讲解。

讲述就是对某种人物、某件事情或某种事物进行叙述或描绘,如讲述与音乐作品有关的音乐故事,介绍某位音乐家;讲解是指对某种概念、原理进行解释、论证,如讲解各种音符的名称和时值,讲解某首作品的曲式结构。

在运用讲授法时应做到下列四个方面。

(1) 语言生动、描述形象、富有童趣。

(2) 语言精练、概念准确、条理清楚。

(3) 由浅入深、重点突出、层次分明。

(4) 板书规范、富有美感、简单明了。

二、演示法

演示法是指教师通过范唱、范奏,或运用先进的教学设备、直观教具使学生获得感性知识的一种教学方法。利用演示法可以使抽象的概念具体化,使静态的乐谱变成动态的音响,从而帮助学生理解、记忆,提高他们的学习兴趣。

在运用演示法时应做到下列三点。

(1)教师的范唱、范奏必须声情并茂,充分体现作品的艺术美,并以此激发学生的学习动机。

(2)制作的教学课件(如多媒体、幻灯片、教学卡片等)本身要具有美感,还要能够启发学生的创造性思维。

(3)演示要与讲授法、提问法、发现法、讨论法等方法相结合,使感性知识与理性知识相互融合,帮助学生加深对问题的认识和理解。此外,演示时间不能太长,以免喧宾夺主。

三、练习法

练习法是指学生在教师的指导下,通过自己的实践活动,学会运用知识,掌握音乐技能技巧的一种教学方法。该方法在音乐教学中运用广泛,如歌唱教学、唱游教学、器乐教学、识谱教学等都要使用它,是音乐教学中重要的教学方法之一。

由于音乐学习具有一定的技能性,而技能技巧的掌握是有一定难度的,需要花时间去练习,这一过程很容易使学生感到枯燥乏味,因此,在使用练习法时应注意如下五个方面。

(1)练习要具有趣味性,尽量采用游戏的形式和适合儿童的方法进行练习。

(2)练习目的要明确,重点要突出,难点要分析。

(3)讲解练习要点宜通俗易懂,多采用打比方和知识迁移的方法。

(4)多采用鼓励的方法和竞赛的形式激发学生的学习积极性和热情,同时培养他们自我评价、自我调控及评价他人的能力。

(5)要与讲授法、谈话法、演示法结合使用。

四、发现法

发现法是指在教师的引导下,学生主动地感知、体验音乐或独立地思考、探索并掌握音乐知识技能的一种教学方法。例如,在欣赏一些简单、短小的音乐作品时,教师不作任何讲解,让学生自己去感受体会作品的情感和艺术形象,然后让他们用自己的语言把对作品的理解表达出来,在必要的情况下,教师巧妙地引导他们进行再"发现"。发现法对于培养学生的独立思考能力、发散性思维能力和创造性思维能力具有积极的作用。

在使用发现法时应做到以下三个方面。

(1)让学生感受的作品和探索的问题要适合学生的认识水平,能够引起学生的学习兴趣。

(2)要尊重学生的情感体验,鼓励学生发表不同的意见和看法。

(3)要与谈话法、讨论法结合使用。

五、谈话法

谈话法是指师生之间通过相互交谈、问答的形式,来使学生获得知识、加深理解、增进记忆,并学会运用知识的一种教学方法。谈话法有利于调动学生的思维活动、学习兴趣和学习积极性,引起和维持学生的注意力,培养学生的思辨能力和口头表达能力,同时,便于教师及时了解学生的学习情况,调整教学方法和教学内容。

谈话法一般可分为启发式谈话、问答式谈话和指导式谈话三种。

(1)启发式谈话

主要用于启发学生感受、体验音乐作品,或启发学生理解、掌握新的知识和概念。

(2)问答式谈话

主要用于复习已学过的音乐作品和音乐知识,以达到进一步加深理解和巩固知识的目的。

(3)指导式谈话

主要是用于组织学生进行实践活动的前后,如:提出要求、指出要点、总结评价等。在使用谈话法时要求做到:① 提问要有利于调动学生的思维,有利于引导学生创造性地进行学习,且学生有能力、有兴趣回答;② 提问要有利于学生按照教师的教学设想去完成学习任务;③ 用鼓励的态度对待学生提出的问题和回答的问题;④ 指导式谈话应简明扼要,且具有鼓舞性。

六、讨论法

讨论法是指教师根据教学的需要,事先拟定好讨论题,组织学生共同交流、互相学习的一种教学方法。讨论法能有效地调动学生的主体意识，较好地发挥学生的创造性思维和口头表达能力，是一种开放型的教学方法。在使用讨论法时应做到下列五个方面。

（1）讨论的内容要能够引起学生的兴趣和创造性思维，且能够帮助学生更好地学习、理解音乐作品和音乐知识、技能。

（2）讨论的内容要集中，最好是以一个主题为中心展开讨论。

（3）教师要以民主、平等的态度参与讨论，并巧妙地引导学生自己找到正确的答案。

（4）讨论之后教师要进行总结，对讨论中提出的不同意见和建议要客观地、科学地作出评价，允许学生发表和保留不同的意见，对于积极、大胆发表意见的学生要进行鼓励。

（5）要与谈话法、练习法、讲授法结合使用。

以上我们对音乐教学中常用的六种教学方法进行了研究，在实际教学中，如何选择这些方法，要根据教学的具体内容、学生的兴趣爱好、学生的接受能力和认知水平，以及教师的教学能力和教学条件来决定。

第五章　小学音乐教学领域与教学研究

新《标准》规定我国义务教育阶段的音乐课教学包括四个领域:"感受与欣赏""音乐表现""音乐创造""音乐与相关文化"。这与 2001 年《全日制义务教育音乐课程标准(实验稿)》所设定的音乐教学领域基本上是一样的,只是将原来的"感受与鉴赏"改为了"感受与欣赏",其目的是为了体现义务教育阶段的"感受与欣赏"与高中教育阶段的"音乐鉴赏"之间的层次性和衔接性。

虽然小学音乐教学与初中音乐教学的教学领域是相同的,但在教学内容和教学标准上有较大的区别。本章将以新《标准》为依据,对小学音乐教学的四个领域分别进行研究,并针对教学中的实际问题提出一些方法和建议。需要强调的是,这四个教学领域在实际教学中,常常是相互渗透,互相结合在一起的。因此,在进行音乐教学设计时,应多考虑如何将它们进行优化组合。

第一节　感受与欣赏

一、感受与欣赏领域在音乐教学中的地位和作用

新《标准》指出:"感受与欣赏是音乐学习的重要领域,是整个音乐学习活动的基础,是培养学生音乐审美能力的有效途径。良好的音乐感受能力与欣赏能力的形成,对于学生丰富情感、提高文化素养、增进身心健康具有重要意义。教学中应激发学生听赏音乐的兴趣,鼓励学生对所听音乐表达独立的感受和见解,养成聆听音乐的习惯,逐步积累欣赏音乐的经验。"由此可见,该领域是一切音乐教学活动得以开展的基础。因为音乐是一门听觉的艺术,能否感受音乐、理解音乐、欣赏音乐是学习音乐的先决条件。

训练与培养学生的音乐感知能力,培养良好的音乐思维,不仅能提高学生欣赏音乐的能力,而且能提高学生表现音乐、创作音乐的能力。因为唱歌、乐器演奏、识读乐谱等等都离不开听觉和对音乐的感知和理解。有研究认为,6~9 岁阶段是人的听觉发展的最

佳时期,所以,我们要在小学阶段注重培养学生对音乐的听觉能力和感受能力,把音乐教学活动建立在听的基础上,围绕着听来展开所有的音乐教学活动,这样才能适应音乐教育的规律,使音乐教学取得更好的教学效果。

二、感受与鉴赏领域的内容标准及教学建议

感受与鉴赏领域主要包含四个方面:音乐表现要素、音乐情绪与情感、音乐体裁与形式、音乐风格与流派。下面将就这四个方面的具体内容进行研究并提出相应的教学建议。

(一) 音乐表现要素

新《标准》对音乐表现要素提出的标准是:

【1—2年级】

♩ 感受自然界和生活中的各种声音,能够用自己的声音或打击乐器模仿喜欢的音响。

♩ 能够听辨歌唱中的童声、女声和男声音色。

♩ 感受乐器的声音,能够听辨常见打击乐器的音色,并能用打击乐器奏出强弱、长短不同的声音。

♩ 能够感受并描述音乐中力度、速度的变化,并对二拍子、三拍子的音乐做出相应的体态反应。

【3—6年级】

♩ 发现自然界和生活中的各种音响,能够用自己的声音或乐器模仿喜欢的音响,能哼唱熟悉的歌曲或乐曲。

♩ 能够听辨歌唱中不同类型的女声和男声音色,说出人声的分类;能够认识常见的中华民族乐器和西洋乐器,并能听辨其音色。

♩ 在感知音乐的节奏和旋律的过程中,能够初步辨别节拍的不同,体验二拍子、三拍子、四拍子的律动感。

♩ 能够听辨旋律的高低、快慢、强弱;能够感知音乐主题,区分音乐基本段落,并能够运用体态或线条、色彩做出相应的反应。

音乐表现要素是指构成音乐的基本要素,如节奏、旋律、节拍、和声、音色、力度、速度、调式、曲式、复调等,它们既是音乐的基本组成形式又是音乐的表现手段。我们感受

音乐、欣赏音乐常常需要在对音乐作品进行整体性感知的基础上分析、了解音乐的各个要素;而了解音乐作品的这些表现要素又能促进我们获得更为完整的音乐体验。因此,对音乐各个基本要素的感受与体验是欣赏音乐的重要内容,也是小学阶段要逐步学习和掌握的。

帮助学生在欣赏教学中理解音色、音的长短、高低、强弱、快慢等概念是非常必要的,但我们在教学中不需要学生对这些概念的内涵做出具体的描述,只要他们能用自己的话说出对这些概念的理解,并能进行听辨、模拟即可。从音乐表现要素两个不同层次的标准中我们亦可看出,对于小学低年级和高年级的不同学段,对音乐表现要素的能力要求有所区别。但不管是面对低年级学生还是高年级学生,教师都应该按照学生的能力水平选择具体的学习方式,或以游戏、讨论交流的形式,或在唱歌、律动等音乐活动中进行,引导学生用多种方式感知、体验音乐表现要素。

音乐表现要素的学习是培养学生良好音乐素养的重要基础,在教学中需注意下列三个方面。

(1) 把音乐表现要素的学习融合在音乐活动中。

小学音乐表现要素的学习不能是纯粹的概念讲述,应该融合在音乐活动中,让学生在欣赏活动中掌握知识,并学会运用。如欣赏歌曲《夏夜》中有一个三拍子知识点,如果直接将三拍子的相关知识呈现给学生,通过概念理解起来比较困难,但是如果让学生跟老师随音乐以三拍为单位做左右摇晃的动作,并数出一、二、三节拍,就能够让学生直接体验到三拍子的律动。再通过与二拍子歌曲加以对比,学生就能够很具体地感知二拍子和三拍子不同的韵律特点。

(2) 把音乐表现要素的学习以循序渐进的形式贯穿于整个音乐学习过程。

音乐表现要素的学习不是一蹴而就的,它不是独立的单个知识点的学习,应该贯穿于整个音乐学习过程,是循序渐进且需要重复学习的。例如,在一年级的听赏《狮王进行曲》学生第一次感受了强弱,在其他年级的听赏作品中还会出现这个内容,那么教师就应该在听赏中继续检查学生对该内容的掌握情况,注意知识学习的延续性。

(3) 音乐表现要素的学习应该随着学生学段层次呈现出不同的梯度。

从音乐表现要素的标准中我们可以看到这一点,如从"感受声音"到"发现声音",从"能够听辨童声、女声、男声音色"到"能够听辨歌唱中不同类型的女声和男声音色,说出人声的分类",等等,每一条标准都随学段呈现两个不同的层次。低年级以感性体验为主,高年级可逐渐渗透到理性的认知,这就要求我们在教学中关注不同学段学生的心理特点,关注学生的生活经历和审美经验。

（二）音乐情绪与情感

新《标准》中对音乐情绪与情感提出的标准是:

【1—2年级】

♪ 体验不同情绪的音乐,能够自然流露出相应表情或做出体态反应;

♪ 体验并说出音乐情绪的相同与不同。

【3—6年级】

♪ 听辨不同情绪的音乐,能够作简要描述;

♪ 能够体验并简要描述音乐情绪的变化。

音乐总是有感而发的,它是最擅长抒发人内心情感的一种艺术形式。《乐记》中提出了"凡音之起,由人心生也"的观点,可以说,音乐是对情感的直接模拟和升华。音乐不像语言、文字具有确定的、毋庸置疑的含义,但作曲家创作乐曲,也像文学家写诗歌、小说一样,有一套表情达意的音乐语言体系,它通过音乐特有的手法,来表达情感,塑造艺术形象,如:高低起伏的旋律变化,长短交错的节奏变化,轻重缓急的力度、速度变化,丰富而立体的和声、复调变化,等等,这些基本的音乐语言通过欣赏者的想象、联想等心理活动反映出特定的情感意义和审美意义。音乐正是在这种心理作用下触及人类心灵的深处,震撼着人类最隐秘、最神秘的精神世界,表达出语言、文字所不能表达的复杂感情。在音乐的语言世界里可以有多种不同的情绪和意境,它将生活中的方方面面、酸甜苦辣都融入其中。音乐中有鲜明的个性,有细腻的感情流露。黑格尔(G. W. F. Hegel,1770—1831)称音乐的内容就是"诉诸心灵的精神洋溢情感及以声音所显出的这种内容精华的表现"。音乐正是融合了美妙的声音与人类的思想感情,以声传情,以情绘声,情景交融,从而形成声情并茂的音乐审美境界。

正因为音乐对于表达人类情感起到了极其重要的作用,所以说音乐教学可以称得上是最好的情感教学。基于这种观点,我们认为,音乐教学应牢牢把握情感这条主线,用优美动人的音乐去感染学生,打动学生,通过音乐情绪与情感的这种特质,不断丰富学生的情感世界。值得提出的是,音乐情绪与情感体验不应仅停留在表面,而应进一步挖掘内心体验,寻求那种动人心魄的、使人感到震撼的艺术效果与境界,使学生能很自然地随着音乐的欢快、忧伤、激动、平静、赞美、同情等情绪的变化,产生相应的情感体验,最后使学生的情绪、情感同音乐情绪、情感和谐地沟通与交流,这应是让学生真正学会听音乐的关键。在教学中,教师应当多让学生通过自己听音乐来体验音乐的情感,即用音乐的情感来呼唤学生的情感,少用语言讲授来诠释音乐或用图画来展示音乐形象,真正使学生进入到音乐的情感世界里。

(三)音乐体裁与形式

新《标准》对音乐体裁与形式提出的标准是:

【1—2年级】

♪聆听儿童歌曲,聆听音乐形象鲜明、结构较为简短的进行曲、舞曲及其他体裁的音乐段落;

♪能够通过模唱、打击乐器对所听音乐做出反应,能够随着进行曲、舞曲音乐走步、跳舞。

【3—6年级】

♪聆听少年儿童歌曲和颂歌、抒情歌曲、叙事歌曲、艺术歌曲、格调健康的流行歌曲等各种体裁和类别的歌曲,能够随着歌曲轻声哼唱或默唱;

♪聆听不同体裁和类别的小型器乐曲,能够随着乐声哼唱短小的音乐主题或主题片段,能够通过律动或打击乐对所听音乐做出反应;

♪能够初步分辨小型的音乐体裁与形式,聆听音乐主题并说出曲名。

音乐体裁是指乐曲的类型和品种,它是音乐作品的存在形式。从总的方面来说可分为声乐体裁与器乐体裁两大类。音乐形式有两种含义:一种指乐曲结构,有二段体、三段体、回旋曲式、奏鸣曲式等;另一种指演唱、演奏形式,有独唱、重唱、齐唱、轮唱、合唱、独奏、齐奏、合奏等。对于音乐的体裁和形式,在小学低年级学段并未做过多的要求,在教学中只需要通过聆听音乐形象生动鲜明的乐曲唤起学生的听觉注意,吸引并保持学生的聆听兴趣,并通过提供大量的不同体裁和形式的音乐使学生获得更多的音乐听赏经验即可。

在低年级的音乐体裁与形式的学习中,我们要注意两点:一是要保持学生的聆听兴趣,让欣赏活动愉悦、生动、有趣,在"动"中进行;二是听赏的材料必须是形象鲜明、简短、体裁形式多样、能吸引学生听觉注意并有益于学生获得欣赏经验的。如音乐童话《龟兔赛跑》、轻音乐《三只小猪》、钢琴独奏曲《郊外去》、弹拨乐合奏《快乐的诺苏》、民乐合奏《紫竹调》等形式体裁多样的音乐作品。值得注意的是,新《标准》还特别提出了聆听"格调健康的流行歌曲等各种体裁和类别的歌曲"的要求,因此,小学音乐课堂中音乐作品的体裁和类别是百花齐放且丰富多彩的,但对音乐作品的质量和内容教师要严格地把关,选用的作品必须是格调健康、积极向上的。

在小学高年级学段,需要引导学生关注音乐体裁、音乐形式,逐步形成"什么是音乐体裁和形式"的概念。通过聆听不同体裁和形式的声乐曲和器乐曲来认知不同体裁、形式的音乐并能够初步分辨出来。这就要求学生聆听一些具有代表性的不同体裁和形式的音乐作品,加深对音乐体裁与形式的了解。在教学过程中,教师要找到欣赏学习的"趣味性"和"兴奋点"来进行教学。在音乐体裁和形式认识的方法上,可采取对比听赏的方法,如认知独唱和齐唱两种演唱形式,可以选取两种形式的不同代表作品,让学生讨论两首作品在演唱形式上有什么不同,再过渡到了解两种演唱形式。值得注意的是,在高年级的课堂教学中,不能因为体裁和形式涉及一些具体的音乐理论就避而不谈,教师可尽量用通俗的语言进行解释,让学生通过听赏乐曲,并通过一些辅助手段(如律动、配打击乐等),对音乐的体裁形式从感性方面进行认识体会,再通过后续的学习积累理论知识。

在音乐感受与欣赏领域,记忆音乐主题是帮助理解音乐、记忆音乐的重要手段和方法,也是音乐欣赏教学的重要内容。通过哼唱一些节奏感强、旋律优美的音乐片段,能够有效帮助学生识记音乐作品。而学生能否哼唱、听辨音乐主题也是衡量一节音乐欣赏课有效教学程度的重要准则。因此,音乐欣赏教学中,在充分聆听全曲的基础上,要把聆听音乐主题放在一个非常重要的位置上,围绕具有代表性和典型性的音乐主题开展一系列的教学活动。如民乐合奏《紫竹调》的听赏就可以采取从主题入手的听赏方法。这首作品篇幅较小,以此为主题,歌唱性很强,易于记忆。可让学生先聆听主题、记忆主题,聆听主题在乐曲中出现的次数,再聆听每一次主题的出现发生了什么变化,从而让学生从整体上了解乐曲,知晓作品"加花"的创作手法。

聆听主题、记忆主题的教学方法可以是多种多样的,教师可以根据音乐的特点和学生的实际情况来选择和实施。

(四)音乐风格与流派

新《标准》对音乐风格与流派提出的标准是:

【1~2年级】

♪ 聆听不同国家、地区、民族的儿歌、童谣及小型器乐曲或乐曲片段,初步感受其不同的风格。

【3～6年级】

♪ 聆听中华民族民间音乐,了解有代表性的地区和民族的民歌、民间歌舞、民间器乐曲和以京剧为代表的中国戏曲及曲艺音乐,体验其不同的风格;

♪ 聆听世界部分国家的民族民间音乐,感受不同的音乐风格。

新《标准》的基本理念中提出:"弘扬民族音乐,理解音乐文化多样性。""应将我国各民族优秀的传统音乐作为音乐教学的重要内容。通过学习,学生熟悉并热爱祖国的音乐文化,增强民族意识、培养爱国主义情操。"因此,在音乐的风格和流派方面,我们要重视"母语音乐文化"的学习。

低年级学段是母语音乐学习的重要阶段,要让学生在民族民间音乐的体验中受到我国母语音乐文化的浸染,积累民族民间音乐的语汇,培养对民族音乐的喜爱。高年级学段要求学生通过生动的音乐实践活动进一步了解不同民族、不同地域音乐的风格特点,多方位地感受民族民间音乐的魅力,并在实践中将这些体会加以表现。

民族音乐是人类文化传承的重要载体,是人类宝贵的文化遗产。所以,在要求学生学习我国有代表性的民族民间音乐的同时,还要涉猎西方经典的音乐文化,使学生开阔视野;在了解和热爱祖国音乐文化的同时,理解和尊重其他国家和民族的音乐文化。

在听赏活动中要注意以下三点。

(1) 引导学生站在他国的文化背景下来感受不同国家和民族的音乐风格。

(2) 在体验音乐的风格和流派时,要重视学生的参与程度和活动的整个过程。教师过多的评价、分析和概括都是不恰当的。

(3) 在小学阶段,学生对于音乐风格的了解应以积累感性经验为主。

三、感受与欣赏领域教学的方法、要点、主要课型和若干建议

(一) 感受与欣赏领域教学的方法

小学生在学习过程中集中注意力的时间比较短,一般是10～25分钟左右。所以,为了使学生始终在一种积极、主动的状态下学习,必须及时地更换教学形式和教学方法。音乐欣赏教学的方法有很多:从欣赏的形式来讲,有直接欣赏法、间接欣赏法;从欣赏的心理来讲,有联想、想象欣赏法,对比欣赏法;从组织欣赏来讲,有发现欣赏法、引导欣赏

法、讨论欣赏法。

1. 直接欣赏法

　　欣赏者直接欣赏演唱、演奏者的表演。在课堂内运用直接欣赏法具有课堂气氛热烈、学生积极性高等优点。在教学中,学生既是欣赏者,又是表演者。亲耳聆听自己的老师和同学的演唱、演奏,或自己也作为其中的一分子,那是最令人兴奋和高兴的事。通过让学生直接欣赏自己的的演唱、演奏,教师可以进一步树立起自己在学生中的威信,同时加强师生的感情。直接欣赏法在课外也可以得到广泛的运用。例如:举办学校文艺会演,开小型音乐会,开展歌咏比赛等。

2. 间接欣赏法

　　欣赏者通过听录音、看录像和看电影等间接形式欣赏演唱、演奏者的表演。间接欣赏法虽然不如直接欣赏法那么逼真,但它具有选择性大,内容丰富,涉及面广,音响效果好,演唱、演奏水平高等优点,因此,它也是欣赏教学的主要手段。间接欣赏法可用于课内,也可用于课外。课外主要是以欣赏讲座、组织观看电影等形式出现。

3. 联想、想象欣赏法

　　在欣赏过程中,通过教师的提示、启发,引导学生将自己的所见所闻、亲身经历,与自己的审美经验结合起来,从而对作品所表现的意境产生联想和想象。比如,在欣赏二胡独奏《赛马》时,学生会感觉到群马奔腾、你追我赶的热烈场景,这时可进一步启发他们联想起一望无际的茫茫大草原,联想起牧民们的幸福生活,联想起牧民们那热情、豪放、勇敢的性格。再如,当欣赏钢琴独奏曲《牧童短笛》时,通过优美动听、富有田园风味和浓郁江南色彩的旋律,启发学生想象:一个天真活泼的小孩骑在牛背上,手里拿着短笛正在尽情地吹奏,当牛在一片青草地上吃草的时候,他和其他的小朋友一起玩起了捉迷藏,一会儿跑到池塘里捉鱼,一会儿又爬到树上摘果子,天边的太阳落山了,他又骑上牛背吹着短笛踏上了回家的小路。

4. 对比欣赏法

　　把以不同节奏、不同速度在不同音区以及用不同乐器演奏的乐曲,拿来让学生进行对比欣赏,也可以采取将同一作品改变节奏、速度、音区、音色的手法,使学生感受、体会各种音乐要素在音乐表现中的意义和作用,熟悉、掌握音乐语言。

5. 发现欣赏法

　　在欣赏过程中,让学生先自己感受、体会,然后表达、描述出来。这种方法可用于欣赏一些较易听懂及描述性的音乐作品。比如,欣赏圣-桑的《动物狂欢节》时,用这种方法效果极佳。

6．引导欣赏法

在欣赏教学中,通过教师的提问及学生的回答,引导学生听懂并理解作品的思想内涵。

7．讨论欣赏法

在欣赏教学中,教师事先安排好有关作品的讨论题,欣赏之后组织学生分组讨论,然后每组派一名代表在全班谈他们对作品的理解以及对作品体裁、风格、结构的分析。讨论欣赏法有利于培养学生的想象力、联想力和思维能力,调动他们的学习积极性。

以上七种音乐欣赏的教学方法可以结合起来运用,或交换使用,让学生始终在一种积极、兴奋的状态下学习并参与音乐感受与欣赏。

(二) 感受与欣赏领域教学的要点

1．让学生了解、感知音乐的基本要素

让学生了解、感知音乐的基本要素,初步知道这些要素在音乐中所起的作用。可采用对比欣赏法,把不同旋律、不同节奏、不同速度,处于不同音区及用不同乐器、不同人声演奏(唱)的乐曲,用来让学生进行对比欣赏,从中获得有关音乐表现手段的知识,感受这些要素在音乐中所起的作用,初步掌握它们如何相互配合,共同表达音乐作品的思想内容和艺术美的基本规律。

2．让学生认识"音乐语言"的特殊性

(1)"音乐语言"的抽象性

"音乐语言"不像"文学语言"那样,具有明确的语义。例如:"我们度过了一个愉快的周末。""举头望明月,低头思故乡。"这些意思要用"文学语言"来表示很容易,但如果要用"音乐语言"(没有歌词的纯音乐)来表达就难上加难了。在音乐作品中,往往只有某种精神面貌、感情状态的表现,这里包含着某种内在的生命、情感、灵魂、风骨和精神。"音乐语言"的抽象性,给听众在感情体验、形象思维方面提供了较之"文学语言"更为广阔的空间。听众由于各自的生活经历、文化修养、音乐素养不同,对同一音乐作品会产生不同的联想,作出不同的理解,引起不同的反应。例如:当我们听到雄壮的《中华人民共和国国歌》时,有些老同志会回想起抗日战争时期,在民族危亡的紧要关头,全国人民在中国共产党的领导下,保家卫国、浴血奋战的壮丽场景;年轻人会感到一种民族的自豪感和民族的自尊,并从中得到力量;运动员们也许会回忆起在国际比赛上为国争光时的激动场面。因为听众在音乐欣赏中常常带有自己的主观性,这便牵涉音乐欣赏中"懂"与"不懂"的问题。所谓"懂",就是把握住了乐曲的基本情绪。像前面所谈的对国歌的几种理解都是可以的。所谓"不懂",就是没有听出乐曲的感情特质,作出了错误的理解。

(2)"音乐语言"的造型性

"音乐语言"的造型性并不是指戏剧、绘画、雕塑等视觉意义上的造型,而是借助于某种特殊音响发挥"造型"的功能,使人产生形象的联想。造型性之一是模拟自然界和生活中的某种音响,如鸟鸣、机器声、雷雨声、车轮滚动声等。表现这方面的作品有《百鸟朝凤》《在钟表店里》《我为祖国守大桥》(手风琴独奏曲)等。造型性之二是以象征性手法表现事物的势态。静态如月光、夜晚、黎明、沉睡等,《月光》《苗岭的早晨》等作品都采用了这种写意方式;动态如马奔、海涛、流水、行军等,这方面的作品有《马刀舞》《战台风》等。"音乐语言"的造型性并不是单纯地为了模仿,而是通过生动的形象将人们带入艺术之境,去感受它的美和真情实感,这便是造型的意义所在。

(3)"音乐语言"的典型性(或性格化)

"音乐语言"的典型性是指用具有特性的音乐来表示某种人物或某种场面。不知大家注意过没有,在戏剧、电影、电视里,当某个人物或某种场面出现时,往往伴随着一种具有特性的音乐,在故事情节的发展过程中,即使没有出现这种重复的画面,可是当我们再次听到这种特性音乐时,便会产生联想或预感到将会发生什么,这就是"音乐语言"的典型性。在有些作品中,为了表现某些特定人物和环境,也将乐器典型化。如:交响童话《彼得与狼》,用长笛、双簧管、单簧管、大管、弦乐四重奏、定音鼓和大鼓所奏出的具有特性的短小旋律和音响,来分别代表小鸟、鸭子、猫、爷爷、彼得和猎人的射击声,使故事中的每一个角色形象鲜明,收到了相当强烈的艺术效果。

3. 让学生初步掌握"音乐语言"的基本规律

"音乐语言"虽然比较抽象,但是,它还是有一定的规律可循。一般来说:旋律上行使人感到兴奋、情绪高涨、紧张;旋律下行使人感到平静、情绪低落、松弛;旋律成波浪形运动,往往使人感到优美、抒情、惬意。

节奏密集、速度较快的作品表现出急速、紧张或热烈、欢腾的气氛;节奏疏密相间、自由多变,中速的作品营造出抒情、优美、柔和的情绪;而节奏宽广、慢速的作品则适于表现田园、草原风光，或哀伤、悲痛、神秘、虔诚等情感。值得注意的是，不同形态的节奏体现出不同体裁的音乐作品的风格、特点。例如，进行曲节奏比较规整，抒情歌曲节奏比较自由，舞曲节奏富有动感，等等。

在表现强烈、激动、紧张的情绪时，一般采用强的力度；而弱的力度则适合于表现温和、平静、放松或忧郁、哀怨、沉思的情绪。力度还可以和音色、和弦等要素结合在一起，塑造音乐的空间感、距离感和立体感，等等。

以上所谈的这些"音乐语言"规律，在教学中一定要结合大量的有关作品让学生反复感受、体验并逐步掌握。

4. 让学生学会运用与音乐作品相关的知识来欣赏作品

为了帮助学生更好地欣赏音乐，除了前面所谈的三点之外，还应了解作品的时代背景、作者的创作个性、作品的风格特点、作品的标题等方面的知识，这样才能够真正听出作品的思想内涵，懂得它的艺术价值。

5. 教学中应坚持"精讲多听"的原则

感受与欣赏必须遵循"以听为中心"的原则，把全部教学活动牢固地建立在听的基础上。在教学中应该以欣赏音乐为主，以讨论讲解为辅。所谓以欣赏音乐为主，其目的是要调动学生的主观能动性，以便发挥他们的联想力和想象力，对音乐作品作出自己的理解与评价。在实际的教学中，某些教师总是担心学生听不懂或对作品理解产生偏差，所以总喜欢对作品进行分段，详细地讲解，把作品的情感和形象定位得非常精确，这种"说教式"和"满堂灌"的教学方式往往将学生的丰富想象力扼杀在摇篮里，学生失去了主动学习音乐、理解音乐的权利，成了被动的音乐接受者。

在音乐欣赏教学中，一定要鼓励、引导学生创造性地理解音乐。在教学过程中，要激励学生积极主动地思考，大胆提出自己的不同见解，创造条件让他们表现自我，体现个性，让他们尽情发挥自己的想象力和创造力。当然，这一过程必须遵循一定的审美原则和规律，这就需要教师正确的引导。

(三) 感受与欣赏领域教学的主要课型和若干建议

1. 感受与欣赏领域教学的主要课型

小学音乐感受与欣赏教学主要包括两类课型。

(1) 单曲欣赏课

该类欣赏课的内容为欣赏单一的音乐作品。通过灵活多样的欣赏方式精听这首音乐作品,让学生在音乐中聆听、参与、表现,从而达到了解作品、进行审美体验的目的,如欣赏《四小天鹅》《加伏特舞曲》《铁匠波尔卡》。单曲欣赏课是小学音乐感受与欣赏教学最主要的课型。

(2) 单元主题欣赏课

这类欣赏课以某一类型的音乐作品为欣赏内容,强调对某一流派、某一时期、某一风格、某个作曲家等音乐作品的感受与认知。列举几首这个流派、时期、风格、体裁的不同音乐作品,逐一欣赏,从而感受这一类型作品在音乐上的特点。如《音乐家海顿》这一课,可以选取海顿的多首作品如《第四十五交响曲》《第九十四交响曲》《小夜曲》进行欣赏,从而感受海顿音乐作品的整体风格。小学音乐欣赏强调以小范围的精听为主,主题欣赏课较少,一般在高年级使用。

2. 感受与欣赏领域教学的若干建议

(1) 教师要反复聆听和分析作品

教师要引导学生获得审美体验,自己必须反复聆听、反复思考,找出作品中最值得与学生分享并能够引起学生共鸣的音乐特点。

一位音乐老师在分享她上欣赏课的心得时说:"教师课前对作品的挖掘是非常重要的,而欣赏作品的挖掘方法就是聆听,不断地聆听,找到你最想与学生分享的东西。"一节课的时间有限,容量也有限,要有效聆听,不能面面俱到。教师要掌握这个作品最有特点和最具代表性的方向,找到一个"切入点",把注意指向这个"切入点",以点带面,设计与之适应的教学活动,让学生在欣赏活动中达到教学目标。例如,小学三年级的欣赏作品《跳圆舞曲的小猫》,音乐中颇有特色地塑造了小猫"喵——"叫的音乐形象,此处也最能吸引学生的注意教师可从这方面入手,开展音乐欣赏活动,让学生充分感受音乐形象,了解音乐的表现特点。

(2) 引导学生对作品进行听赏

一切音乐的感受活动都以听赏为先,听赏是进行音乐体验的先决条件,没有听赏就不能称为欣赏音乐。音乐听赏没有固定的模式,教师要根据不同的音乐作品、不同的学情选择整体聆听或是分段聆听,或是两者相结合的方式。一般来说,小学阶段的听赏作品大部分采取的是完整听赏与分段听赏相结合的方式。低年级欣赏教学中篇幅较短的曲目,可以采取"导入欣赏(音乐形象导入、音乐主题导入、音乐游戏导入等)——初听全曲——分段聆听——完整聆听"的形式。如听赏《口哨与小狗》,可以设计先从小男孩的口哨声和小狗的叫声导入,吸引学生对声音产生好奇和兴趣,再按乐曲的顺序分段欣赏,引导学生关注音乐所描绘的形象,最后完整地聆听欣赏,引导学生关注作品的结构。而在小学高年级学段会涉及个别篇幅较长的曲目,教师可按照音乐作品的结构进行教学,采取"完整聆听——重点聆听(一至两个段落)——完整聆听"的形式。如遇到结构比较复杂的作品,可以采用"部分听赏(熟悉音乐主题)——完整聆听(了解作品表现内容)——部分听赏(体验重点乐段的音乐表现力)——完整聆听"的形式,让重点得到突出、难点得到解决。当然,为了保证音乐感受的完整性,尽量把整体听赏放在首位。

如何安排作品的听赏顺序应根据学生的学习习惯、学习能力和作品的难易程度来决定,教师应充分发挥自己的主观能动性,科学地、有创新意识地进行教学设计。

(3) 精心设计音乐听赏活动

为了加深学生对音乐的体验,启发学生积极参与音乐的表现,教师要根据音乐作品的特点设计灵活多变的欣赏体验活动,让学生真正参与到音乐中来。巧妙、恰当的音乐听赏活动不但能集中学生的注意力、激发学生的聆听兴趣,还能让学生更好地感受音乐的情绪情感。

以下针对欣赏教学中不同的教学目标列举一些不同的欣赏体验方式,以供参考。

① 为识记音乐主题展开的活动。前面谈到听辨、记忆音乐主题是音乐欣赏的重要内容,抓住了音乐主题,就把握住了作品的要领,我们可以采取一系列的活动帮助学生记忆音乐主题。

活动一 在声乐作品的听赏中,可采用听赏与跟唱结合的方式(不要求学生会唱歌曲),加深对主题的记忆。例如,在听赏歌曲《我爱我的家》时,高潮部分最感染人,可让学生跟唱"让爱天天住我家,让爱天天住你家"这一句,不但能增加学生的情感体验,还能让学生学会这句歌词。

活动二 在一些器乐曲的听赏中,通过哼唱音乐主题达到加深主题印象的目的。例如,教师在不同的调性上演奏主题,学生模唱。

活动三 为主题创编符合音乐情绪的歌词,让音乐主题"深入人心"。例如,管弦乐作品《三只小猪》,我们可以设计符合音乐中小猪盖房子形象的歌词"我们要盖个大房子,大房子,啦啦啦啦啦"进行演唱,这样学生就能很快接受这个作品。

活动四 用竖笛、口琴等乐器吹奏主题旋律。如钢琴独奏作品《阿坝夜会》，主题较为简单，教师可教学生吹奏主题，让学生在吹奏中进一步熟悉、掌握主题。

② 为感受作品节奏节拍展开的活动。为了培养学生良好的音乐素养，我们常常会针对音乐作品的风格特点设计一些实践活动，以此来提高学生的音乐学习兴趣，同时，帮助学生理解和体验音乐作品。

活动一 借用声势动作随乐律动，感受作品的节奏节拍。例如，听赏歌曲《小白船》时，可以创编一些三拍子的声势动作，随着音乐参与表现，感受三拍子的韵律特点。在听赏弹拨乐合奏《快乐的啰唆》时，可以在音乐的强拍处拍手随乐感受强拍，也可以在音乐的特色节奏 1 1 6|处拍手或跺脚感受节奏。

活动二 利用打击乐器伴奏感受作品的节奏节拍。例如，听赏乐曲《铁匠波尔卡》时，教师可以引导学生利用音乐中的固定节奏型，用课堂打击乐器为乐曲伴奏，将打铁的节奏与动作相结合，让学生在模拟打铁的动作时熟悉节奏。

③ 为感受作品结构展开的活动。感受、体验音乐作品的结构既是音乐欣赏教学中的一个重点，也是一个难点。对于小学生来说，过多的理性的结构分析会破坏他们聆听音乐的兴趣，所以，教师要尽量选择直观、形象的方法来进行教学。

活动一 用手的线条、身体动作、丝带等辅助手段来感受乐句。

活动二 用不同的队列队形、图谱、色彩等具象媒介感受乐段。例如，在听赏钢琴独奏《牧童短笛》时，教师可以给学生画三个圆圈，代表乐曲结构的三个部分，让学生通过聆听感受乐曲的情绪并以不同的颜色来表示，从而区分三个乐段。低年级的听赏教学中，常常可以采用一边听音乐一边用手在空中画弧线的方法来感受乐句。而对于一些节奏感较强的进行曲，可以采用随音乐队列行进并变化队形的方法来区分不同的乐句、乐段。在听赏乐曲《杜鹃圆舞曲》时，可以通过摆图形（三角形、圆形）来辨别乐曲的三段结构，并通过填颜色来了解不同段落音乐之间的关系。画图谱的方法也被较多地运用于作品结构的区分上。教师或学生聆听音乐并以画图谱的方式，将音乐的节奏、音高、节拍、旋律走向、结构、形象用图形的方式再现出来，直观地接触到音乐的结构。图谱的呈现形式多样，可以是点、线，也可以是实物图形，简单明了即可。

④ 为理解作品的情绪、意境展开的活动。在聆听的过程中要引导学生体会作品的情绪，单纯地听可能达不到预期的效果，教师可以尝试让学生用表情和动作表达对作品

情绪的感受。

  活动一 以动作参与理解作品的情绪和意境。例如,听赏钢琴独奏曲《郊外去》,教师可以设计学生喜爱的动作形式帮助他们体会音乐中的快乐情感,也可以让学生自己设计一些即兴的动作表达他们对作品的理解。

  活动二 以乐器参与理解作品的情绪和意境。例如,听赏二胡独奏曲《赛马》时,为了让学生感受赛马场上万马奔腾的景象,可以引导学生用木鱼或双响筒表现赛马场上急促的马蹄声,或用骑马的动作表现赛马的热烈场面。

  活动三 以模仿与表现参与理解作品的情绪和意境。例如,在学习管弦乐曲《电闪雷鸣波尔卡》时,可让学生用钹、小军鼓、三角铁等乐器表现雷雨和闪电,用搓塑料袋表现雨,用击破吹气后的塑料袋表现雷等,从而让学生感受音乐所描绘的情境。在听赏合唱歌曲《歌唱祖国》时,让学生随乐一起拍手、踏步,体验歌曲磅礴雄伟的气势。

  在音乐感受与欣赏领域教学中还需要注意以下问题。

  (1)所有的听赏活动都应该关注音乐本体,不能脱离音乐本体进行。活动的设计要根据所听赏作品的音乐特点来设定,要与作品的内容与形式一致。活动的安排要巧妙,要恰如其分,不能生搬硬套。

  (2)欣赏教学要以聆听为主,要有意识、有计划、系统地培养学生的音乐欣赏能力。所有听赏活动都要围绕聆听进行。要在聆听中注意培养学生良好的欣赏习惯,把情感体验与音乐语言的学习结合起来。要求学生安静、专注、完整地倾听音乐,鼓励学生积极展开想象和表现音乐。

  (3)音乐听赏活动要有趣味性,要能够唤起儿童的听觉注意力,不能变成枯燥、乏味的机械训练。

  (4)要注意课堂的容量,不能为了吸引学生就把所有的活动都硬塞进课堂,学生和教师都会不堪重负,要针对作品的音乐特点选择一到两个"点",有重心、有方向地展开活动。

第二节　音乐表现

一、音乐表现领域在音乐教学中的地位和作用

音乐是情感的艺术，表现人类的情感是音乐艺术的本质。新《标准》指出："表现是学习音乐的基础性内容，是培养学生音乐审美能力的重要途径。教学中应注意培养学生自信的演唱和演奏能力，综合性艺术表演能力，以及在发展音乐听觉基础上的读谱能力。通过音乐实践活动促进学生能够用音乐的形式表达个人的情感并与他人沟通、融洽感情。"

在小学音乐教学中，表现是实践性很强的音乐学习领域，是学生对音乐体验、认知、理解后，通过演奏、演唱、艺术表演等形式诠释音乐作品，表达艺术情感的再度创作形式。这一领域的学习对于提高学生对音乐的理解能力、表现能力和创造能力，对于培养他们的认知能力、观察能力和思维能力，并借助音乐加强与同学、朋友之间的情感交流与心灵沟通，使之更加开朗自信地面对生活，都有着极其重要的意义。

二、音乐表现领域的内容标准及教学要点

音乐表现领域包含了"演唱""演奏""综合性艺术表演""识读乐谱"四个方面的内容。

（一）演唱

1. 演唱的标准

新《课标》中对演唱提出的标准如下：

【1—2年级】

∮ 学唱儿歌、童谣及其他短小歌曲，参与演唱活动；

∮ 能够用正确的姿势、自然的声音，有表情地独唱或参与齐唱；

∮ 能够对指挥动作做出反应；

∮ 能够采用不同的力度、速度表现歌曲的情绪；

∮ 每学年能够背唱歌曲4~6首（其中中国民歌1~2首）。

【3—6年级】

∮ 乐于参与各种演唱活动；

§ 能够用正确的演唱姿势和呼吸方法唱歌,培养良好的唱歌习惯;

§ 能够用自然的声音、准确的节奏和音调,有表情地独唱或参与齐唱、轮唱、合唱,并能对指挥动作做出恰当的反应;

§ 了解变声期嗓音保护的知识,初步懂得嗓音保护的方法;

§ 能够对自己和他人的演唱做简单评价;

§ 每学年应能背唱歌曲4~6首(其中中国民歌1~2首),学唱京剧或地方戏曲唱腔片段。

人声是人类与生俱来的、最优美的"乐器"。自古以来,歌唱是人们表达思想情感最直接、最普遍的形式。因此,演唱教学在中小学音乐教学中具有独特的意义,它是音乐教学中最基本的教学内容,与其他音乐教学内容相比较,演唱教学的内容及课时数在音乐课程中所占比例是最大的。

传统的演唱教学花费了大量的时间教学生学习识谱和发声方法等技术性内容,枯燥乏味的学习过程让学生失去了对唱歌的兴趣。新课程改革后,人们对演唱教学有了新的认识:演唱教学不是培养歌唱家,而是一种面向全体学生的普及性的基本素养教育。因此,演唱教学应以音乐审美活动为基础,降低知识技能学习的难度,强调音乐的实践性,注重学生对音乐的感受与体验。在丰富有趣的活动中学习演唱,掌握演唱的基本方法,养成良好的演唱习惯,能自信地、自然地、有表情地演唱。

2. 演唱教学的要点

(1) 在理解歌曲的基础上进行演唱

学生只有了解音乐作品,与歌曲产生情感共鸣才能用甜美的声音表现歌曲的风格和情感,因此,首先欣赏作品,在理解歌曲的基础上进行演唱是非常关键的。音乐是一门听觉艺术,欣赏领先的演唱这一教学方法符合音乐学科特点,通过听、唱、看、说、动等多种方法参与听赏,指导学生感受、体验、理解歌曲,为演唱做好准备。

(2) 培养良好的演唱习惯

良好的演唱习惯包括四个方面:良好的演唱姿势,自然的呼吸,轻松的发声,准确的咬字吐字。在演唱教学中,要有意识地让学生在美感体验、美感表现中,潜移默化地掌握这些基本技能,不要对学生提出过多、过高的要求,更不能用专业的发声方法来训练学生。我们的教学目的是培养学生在放松的状态下有表情地、自信地演唱。

① 良好的演唱姿势。演唱的姿势不仅关系到演唱者的形象,而且关系到演唱者的呼吸、发声以及各歌唱器官的协调配合。因此,演唱教学首先应培养学生正确的演唱

姿势。

　　a. 坐式。要求头部端正,双肩放平,颈肌放松,只坐到椅面的1/2,两腿自然弯曲,不要叠置或伸直,身体正直,略向前挺,双手放在膝盖上。

　　b. 立式。身体上部姿势与坐式相同,双脚稍分开,距离与肩同宽,重心在两腿之间,两手自然下垂于身体两侧。

　　不管是坐式还是立式,演唱时都要求精神饱满,感情丰富并带有面部表情。在视谱唱歌时,一般要求左手持谱,右手划拍。

　　② 自然的呼吸。正确的呼吸是演唱教学的关键,自古就有"善歌者必先调其气"的观点。在呼吸训练中,教师可多强调自然的呼吸,用"闻花香""打哈欠""抬重物""拍皮球"等形象的语言提示学生理解呼吸的方法,体会吸气、呼气的动作和位置,多体会气沉丹田,以获得较深的呼吸,为表现歌曲服务。在小学音乐教学中,演唱的呼吸训练一般是结合练声和演唱歌曲来进行的,但有时也可以进行一些单纯的呼吸训练。

　　③ 轻松的发声。所谓轻松的发声,是指在自然状态下,放松地、气息流畅地演唱。在进行发声训练时应注意以下三个问题:

　　a. 学生嗓音的音域。一般来说,没有经过训练的小学生的音域一般在小字一组的e至小字二组的c,在练声应注意这个特点,以免造成学生发声困难和喊唱等现象。

　　b. 练声的形式和方法要生动活泼。练声不但具有体育活动之前"热身"的作用,而且是带有技能性的教学活动。为了不使学生感到单调乏味,练声时一定要和美感体验、美感表现结合起来。例如,可采用模仿动物声音的趣味性模声练习和带有情感性的旋律短句练习来进行发声训练。此外,要控制好练声的时间。

　　c. 及时纠正学生发声的毛病。

　　④ 准确的咬字吐字。咬字吐字是唱歌教学中重要的基本技能之一,因为歌唱是音乐语言和文学语言结合的艺术,所以,在歌唱时不仅要有优美动听的歌喉,还要有准确、清晰的咬字吐字,使听众听清楚歌词的内容,这样才能使歌唱具有强烈的艺术感染力。

　　汉字是一个字一个音节,每个音节大多是由声母(字头)、韵母(字腹、字尾)组成的。所谓咬字是指"字头",即在歌唱中把声母按照正确的发音方法,在出声时将发音部位咬准;所谓吐字是指"字腹"和"字尾",就是将韵母的主要母音按不同的口型要求予以引长吐准,并收声归韵。

要使学生做到准确地咬字吐字,在教学中应注意:

a. 要求学生朗读歌词。朗读歌词是进行普通话训练的形式之一。一方面,它可以帮助学生正确地咬字吐字;另一方面,可以从文学的角度来体验、理解歌曲的情感。朗读的形式可采取集体朗读、个别朗读或领读与集体朗读相结合的形式。

b. 朗读歌词之后进行正音。所谓正音是指纠正学生运用普通话朗读时发音不准确的现象。一般来说,学生发音不准确的现象有:n、l不分,c、s不分,卷舌音与平舌音不分,等等,在教学中要有意识地予以纠正,这也是音乐课与语文课协同教学的结合点之一。

c. 在歌唱中进行咬字吐字训练。由于歌唱的咬字吐字是随着音乐的流动进行的,所以,它与朗读歌词时的感觉有所不同,或者说难度要大一点。比如,歌唱中有的时候是一字多音,有的时候是一字一音,还涉及歌曲中旋律走向与普通话四声的关系等。因此,有必要在歌唱中或练声时进行咬字吐字的训练。

d. 学习具有地域性风格的歌曲时,应该适当地考虑和学习部分方言的咬字吐字,做到准确地把握地域特色。

(3) 重视教师的示范与指挥作用

歌唱家苔巴尔迪(R. E. C. Tebaldi,1922—2004)说过:"有的人想到的只是怎么唱得更响些,而根本没有考虑到歌唱的表现力和自己的理解。"现在很多音乐教师习惯放录音作为范唱给学生听,当然录音的演唱水平比较高,但是没有教师的范唱那么真实、亲切。对于学生来说,听自己老师的范唱比听录音更能够激发他们的学习兴趣。而且音乐教师的范唱能够起到很好的示范作用,好的范唱与伴奏可以帮助学生理解作品和表达情感,胜过反复的讲解和强调。

此外,音乐老师的眼神和肢体语言也是非常重要的,特别是在指挥学生演唱时,教师一个赞许的眼神,一个提示的手势,一个信任的微笑,都能指导、鼓励学生,起到此时无声胜有声的效果。

(4) 把握歌曲的风格特点

不同的歌曲有不同的风格,教学中要把握好歌曲的风格特点,帮助学生在感受、体验、理解的基础上,创造性地表现歌曲。要注意的是,不同风格的歌曲,其演唱的方法及声音要求也会不同。例如,民歌《走绛州》体现的是诙谐的情趣和扁担滋溜滋溜的音乐形象,演唱时声音要富有弹性、明亮;儿童歌曲《小白船》要求演唱时声音连贯,发声方法自然,接近童声;小调歌曲《茉莉花》要求演唱时声音要柔和、亲切,等等。教师要把握准歌曲的不同风格,才能指导学生用正确的演唱方法声情并茂地演唱歌曲,从而提升学生的演唱表现力。

3. 课堂合唱教学

合唱是一门群体合作艺术。所以,合唱教学不仅是体验多声部感觉的最有效方式之一,也是培养学生良好合作意识、协调能力的重要途径。班级课堂合唱教学与校级合唱队的教学不同,由于课堂合唱教学的对象在嗓音条件、音乐能力方面的差异较大,而合唱却是一项需要每一位参与者具有相应音乐技能和合作精神才能共同完成的集体表演活动,所以,班级课堂合唱教学一直是音乐课程改革的难点,也是需要我们认真探讨的课题。

(1) 课堂合唱教学的基本任务

根据我国的实际情况,小学课堂合唱教学主要是以二部合唱为主。其基本任务是:进一步培养学生的音准、节奏感;帮助学生初步建立和声听觉感;指导学生学会与人合作共同演唱二声部歌曲;培养学生的团队意识、合作精神。

(2) 课堂合唱教学要点

① 培养学生的合唱审美能力。奥地利画家席勒(E. Schiele,1890—1918)有一句名言:"从美的事物中找到美,这就是审美教育的任务。"培养学生对合唱作品的鉴赏力十分重要,因为一个不懂欣赏合唱作品的学生,他将无法与别人共同创造合唱的美。英国心理学家舒特-戴森(R. Shuter-Dyson)和美国心理学家加布里埃尔(Gabriele Oetting 1958—   )论述了小学生音乐能力发展的年龄阶段性特点:9~10岁的孩子,能感知两声部旋律;10~11岁,和声观念建立,对音乐的优美特征已有一定程度的感知和判断力,并形成对风格、表象性等审美特性的知觉敏感度。可见,中、高年级学生已具备欣赏合唱作品的心理条件和能力。所以在音乐课堂教学中,教师指导学生如何欣赏优秀的合唱作品是十分必要,也是符合学生欣赏兴趣的。通过欣赏,不仅能让学生对合唱有丰富的感性认识,感受和声的美、声音的和谐,产生愉悦,而且可以为学习演唱合唱作品打下基础,做好前期准备。

② 向学生讲授二声部合唱的有关基础知识。

二声部合唱的有关基础知识主要包括:

a. 声部之间要保持平衡,不要压制对方的声音。

b. 不要有意在合唱中突出自己的声音。

c. 在歌唱中不仅要倾听本声部的声音,也要注意倾听对方声部的声音;不要捂着耳朵唱,要做到整体声音的和谐、统一、优美。

③ 合理安排教学的顺序。二声部合唱的教学顺序一般是先学唱一声部,再学唱二声部。要求全体学生都要学唱两个声部,待学生都学会了两个声部之后,再分为两个声部演唱。

④ 声部合成之前一定要分声部进行检查。分声部检查的目的有两个:其一是让每一个学生明确自己所担任的声部;其二是检查每个声部的演唱质量。如果分声部检查发现有音准、节奏方面的问题,一定要解决好了之后才能进行声部合成。

⑤ 让学生体验、掌握两个声部的演唱感觉和演唱方法。声部合成之初要求轻声唱,教师可用琴带第二声部。为了使学生体验、掌握两个声部的演唱感觉和演唱方法,在声部合成成功之后,可让学生互换声部,再进行第二次声部合成。

⑥ 教师要善于用指挥动作带学生演唱。合唱时教师要善于用指挥动作给学生正确的提示。教师的指挥动作不但要准确无误,而且要通过手势的力度变化、幅度变化、位置变化,并运用口型和面部表情等因素,在呼吸、发声、情感表达等方面给学生以提示。

(二) 演奏

1. 演奏的标准

新《标准》中对演奏提出的标准如下:

【1—2 年级】

∮ 学习常见的课堂打击乐器,参与演奏活动;

∮ 能够用打击乐器或其他声音材料合奏或为歌曲伴奏。

【3—6 年级】

∮ 乐于参与各种演奏活动;

∮ 学习竖笛、口琴、口风琴或其他课堂乐器的演奏方法,参与歌曲、乐曲的表现;

∮ 培养良好的演奏习惯,能够对自己和他人的演奏做简单评价;

∮ 每学年能够演奏乐曲 1~2 首。

2. 演奏教学的意义

新《标准》指出:"器乐演奏对于激发学生学习音乐兴趣、提高对音乐的理解、表达和创造能力有着十分重要的作用。"

演奏教学的意义具体体现在如下几个方面。

(1) 演奏教学为学生学习音乐、体验音乐、表现音乐开辟了一条新的途径。

首先,演奏教学可以拓宽学生的音乐视野;其次,用乐器表现音乐,由于脱离了歌词,这相对于演唱来说,是在用另一种方式来体验、表现音乐,而且这种体验、表现具有更为广阔的空间和创造性。美国教育心理学家詹姆士·墨塞尔(J. Mursell,1893—1963)说:"器乐教学可以说是通往更好的体验音乐的桥梁。事实上它本身就是一个广泛的音乐学习领域,在这一领域内,它为我们音乐教学提供了独特而令人高兴的音乐教育价值效果的可能性。儿童们充满着喜悦的心情,在教师的指导下,一定能将这种可能逐渐变成自己的东西。"

(2) 演奏教学可以提高学生的综合能力。

这种综合能力在音乐方面表现为:读谱、视奏、独奏、齐奏、合奏能力;对音乐的感受力、理解力和表现力。在其他方面表现为:脑、眼、手、耳等多种器官的同步、协调能力;联想力、想象力、发散性思维能力、创造性思维能力;注意力、观察力、模仿力、反应力和记忆力。

(3) 演奏教学可以活跃校园生活,培养学生的团结协作精神和集体主义精神。

3. 演奏教学的乐器选择

演奏教学是以班级为单位进行的普及性器乐教学。演奏教学中所使用的课堂乐器,一般选择易于学习、易于演奏、便于集体教学、易于携带、物美价廉的小型乐器。旋律性乐器如:竖笛、口风琴、口琴、电子琴、葫芦丝等。打击乐器如:碰铃、三角铁、铃鼓、木鱼、沙球、大鼓、小鼓、小堂鼓、木琴、铝板琴等。选择的乐器要音色纯正,音高准确,符合卫生标准。

以上简单介绍了几种宜于课堂集体教学的乐器。值得提出的是,在音乐课外活动中,有些乐器是应该推广的,如:二胡、琵琶、扬琴、筝、小提琴、手风琴、大提琴、长笛、单簧管、小号、长号、圆号等,这些乐器对于提高学生的音乐审美能力和音乐表现能力具有很大的帮助,也是学校组建乐队的基本乐器。

4. 演奏教学的要点

(1) 技能学习游戏化

技能学习是演奏教学重要的学习内容,要让学生熟练地掌握演奏方法,需要进行音阶、指法等反复练习。倘若单纯采用机械的练习方式,学生会觉得枯燥无味的,久而久之会失去器乐学习兴趣。如果以游戏化的教学,将乐器的技能学习融入其中,将会事半功倍。

① 借助多媒体进行游戏教学。以竖笛教学为例,我们不但可以利用多媒体介绍竖笛的结构、吹奏运气的方法、舌头吞吐的姿势,还可以借助动画以游戏的形式帮助学生学

习演奏。例如,在练吹 5、1 两个音符时,教师可以结合歌曲《乃哟乃》,运用多媒体制作"摘音符小苹果"的动画游戏:成熟的苹果上会出现音符 5 或 1,把音符吹对了,苹果就掉下来,那么这个苹果就被吹对的学生"摘"到了(见图 5-1)。学生虽然反复练习吹音符 5、1,但他们觉得生动有趣,玩了一遍还要玩。随后,游戏难度升级,开展小组赛:多媒体出示的大苹果(红苹果)上的音符需吹强音才能"摘"到,小苹果(绿苹果)上的音符需吹弱音才能"摘"到,谁的气息控制得好,就能为本组摘得苹果,既不能把音吹破,也不能小到没有声音。这种游戏可以帮助学生练习控制气息,还能通过比较,让学生辨别吹出什么样的声音才是好听的音色。

图 5-1 "摘音符小苹果"的动画游戏

(图 5-1 由湖南省长沙市燕山第二小学丁任飞提供)

② 即兴互动游戏。课堂上,师生之间、生生之间可以以即兴互动游戏的形式展开教学。

游戏一,长音与短音。教师吹"5 - - -|",学生吹"5 5 5 5|";教师吹"5 5 5 5|",学生吹"5 - - -|"。

游戏二,上行与下行。教师吹"5 4 3 2| 1 - - -|",学生吹"1 2 3 4| 5 - - -|"。

游戏三,连音与跳音。教师吹"5 5 5 5|",学生吹"50 50 50 50|"。

游戏四,舒展与密集。教师吹"5 - 3-|5 - 1-|",学生可以吹"55 33 55 11|"或者是"5555 3333 5555 1111|",还可以在节奏音符上同时有所变化:"53 53 51 51|"或者是"5353 5353 5151 5151|",等等。

游戏五，我吹你按。教师以慢速，夸张指法示范，学生用嘴哼唱乐谱，手"无声按指"的方法学习。这种方法既提升了学生的识谱能力，又把握了乐曲的音准节奏。①

(2) 练习形式多样化

新《标准》指出："器乐教学应与唱歌、欣赏、创造等教学内容密切结合。"因此，在器乐教学中练习演奏的形式应该是多样化的。

形式一，为演唱伴奏　当学生们学会了一首歌曲之后，可以让一部分学生用乐器为另一部分学生的演唱伴奏。这样可以提高学生学习乐器的兴趣和积极性。

形式二，演奏欣赏作品的主题曲　例如，在欣赏海顿的《小夜曲》之后，可以教学生用竖笛吹奏音乐主题Ⅰ，舒缓的旋律与竖笛柔和的音色一拍即合。通过演奏此主题曲，学生可以在演奏气息、连音演奏方法、音色控制以及音乐表现等方面得到进一步提高。

形式三，在音乐伴奏下进行乐器演奏　学生初练时，需要钢琴带奏，这样利于学生把握音准和节奏，尤其是齐奏时，能够起到示范和统一的作用。音乐伴奏不仅能激发学生演奏的兴趣，还能够营造音乐氛围，培养学生的音乐表现力。

形式四，二声部合奏　例如，将歌曲《乃哟乃》改编成简单的合奏曲（如图5-2），教师吹奏主旋律，学生吹奏伴奏声部。还可以将班级分为两组，让一组吹奏主旋律，另一组吹奏伴奏声部。

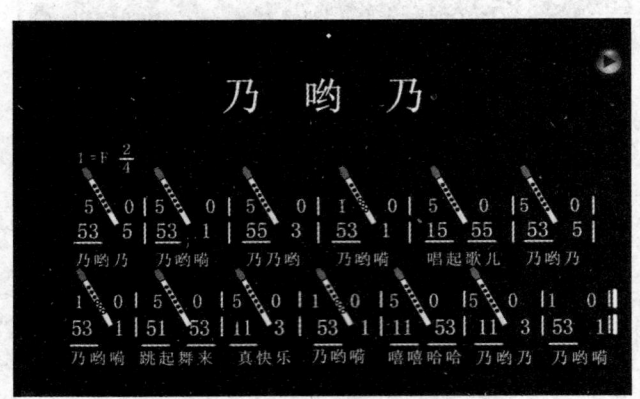

图 5-2　歌曲改编

（图 5-2 由湖南省长沙市燕山第二小学丁任飞提供）

---

① 孙岩. 在小学开展竖笛合奏教学的新尝试[J]. 中国音乐教育, 2013, 4: 30.

(3) 学习内容多元化

学习内容多元化是指要让学生学习演奏各种不同风格、不同情绪的作品。教师要创造性地使用教材,根据学生的兴趣爱好开发教学资源。只要是学生喜欢的曲目,不管是声乐作品还是器乐作品,不管是经典的还是流行的,都可以作为教学内容,但要根据学生的演奏能力对作品进行适当的简化或改编。

(4) 课内课外一体化

器乐学习单靠课堂的 40 分钟是不够的,还需要学生在课外自己进行练习。因此,有必要将课堂教学与课外活动结合起来。例如,可以把课堂教学中学习的乐曲作为比赛的内容,组织全校性的班级器乐比赛或器乐独奏比赛。还可以倡导学生将自己在课外学习的各种乐器(如二胡、笛子、古筝、小提琴、手风琴等)带到课堂上与课堂教学乐器一起进行合奏,以提高学生学习器乐的积极性,推动器乐教学的发展。

(三) 综合性艺术表演

1. 综合性艺术表演的标准

新《标准》中对综合性艺术表演提出的标准如下:

【1—2 年级】

§ 能够参与综合性艺术表演活动;

§ 能够配合歌曲、乐曲用身体做动作;

§ 能够与他人合作,进行律动、集体舞、音乐游戏、儿童歌舞表演等活动。

【3—6 年级】

§ 能够主动地参与综合性艺术表演活动;

§ 在有情节的音乐表演活动中(如儿童歌舞剧)担当一个角色;

§ 能够对自己和他人的表演做简单评价。

2. 综合性艺术表演教学的内容及要点

表演艺术是一种动态艺术,是通过人的语言、演唱、动作、表情等来塑造形象,表达情绪、情感、情节的综合性艺术。

综合性艺术表演领域的教学内容主要包括:律动、集体舞、歌舞、音乐剧表演,以及简单的歌剧、戏剧、曲艺片段表演等。它是一个综合性非常强的教学领域,融合了演唱、演奏、舞蹈、律动、说唱等各种艺术形式。教学中强调学生多种感官的参与,包括听、唱、动作、表情等方面的配合与协调。它能活跃学生的思维,促进其全面发展,是培养学生音乐想象力、创造力、表现力的重要途径。

低年级综合性艺术表演主要有律动、集体舞、音乐游戏、歌唱表演等内容;中高年级综合性艺术表演除了这些内容之外,可加入有情节的音乐表演活动,如童话音乐剧、儿童歌舞剧等。

综合性艺术表演教学重在学生参与表演活动的过程和由此带来的愉悦。教学中要鼓励学生积极参与,培养自信心;降低标准,增强趣味性。与此同时,提高学生的审美能力,并能对自己和他人的表演做出正确评价。

(1) 律动教学

律动教学是以身体作为乐器或媒介,通过身体的协调动作来体验、表达音乐的教学方法。律动教学主要培养学生对音乐要素的感受和理解能力。教学中不强调学生律动动作的统一和姿态的优美,但关注学生动作的起伏变化是否与音乐律动特点相吻合,是否能通过律动让学生体验到音乐旋律的特点,动作造型是否具有即兴性和创造性,达到通过肢体感受音乐、表现音乐的目的。

在律动教学中要以音乐为本,要引导学生随着音乐要素、音乐情绪的变化设计编排动作。例如,在对比欣赏《洋娃娃和小熊跳舞》和《小白船》时,由于《洋娃娃和小熊跳舞》的旋律节奏活泼欢快,可采用跑跳步的律动方式,而《小白船》的旋律是优美舒缓的,宜采用身体摇摆的律动来感受。

(2) 集体舞

集体舞是由多人集结在一起表演的舞蹈。通常有音乐伴奏,其特点是形式比较自由,动作简单易学,以娱乐性为主。在小学音乐课堂上进行集体舞教学主要是帮助学生进一步理解音乐作品,学会用肢体语言来表达对音乐的理解,培养身体的协调能力。

教师在进行集体舞教学时一般可分为四个步骤:第一,让学生理解音乐,把握音乐的节奏特点;第二,让学生学习、掌握2~3个集体舞的基本舞步(动作不宜复杂);第三,指导学生随音乐起舞;第四,进行简单的队形变化和同学之间的配合表演。

如果班级人数太多,建议在原地学会基本舞步之后将学生分为两组,一组跳舞,另一组用拍手或用打击乐的方式伴奏。教师在示范动作时,要做分解动作,要随着音乐喊口令,强调动作要领并及时进行评价。

(3) 歌唱表演

歌唱表演是一种集"唱"与"演"为一体的表演形式。在教学中,不仅要解决"唱"的问题,还要解决"演"的问题。歌唱表演不同于律动。律动侧重于对音乐旋律特点、音乐律动特点进行感受、体验,并即兴用肢体动作表现出来;而歌唱表演则关注歌曲中音乐意境和情感的表达,是演唱、表情、动作的综合表演。在歌唱表演中,动作是为表达歌曲情感服务的。

在歌唱表演教学中要激发学生的表现欲望和自信心,把演唱、表演、舞蹈等相关知识和基本技能结合起来,提升学生的创编与表演能力。

(4) 音乐剧表演

音乐剧表演是将音乐、歌曲、舞蹈和对白融合在一起的一种戏剧表演形式。它通过演唱、对白、音乐和肢体语言等要素,把故事情节以及其中所蕴含的情感表现出来,使人从听觉、视觉、联想各个方面得到美的享受。因此,音乐剧是综合性艺术表演教学的重要内容,也是培养学生综合表演能力的有效途径。相对其他综合性艺术表演内容而言,音乐剧更强调合作性、表演性、综合性,其教学难度也最大。

小学音乐剧教学主要包括童话音乐剧和音乐情景表演两种。音乐情景表演的学习是为学习童话音乐剧表演打基础的。在音乐情景表演的过程中,教师应启发学生根据音乐的旋律节奏和情绪情感来表现日常生活中、学习中的一些场景,逐步积累表演的方法和经验。

童话音乐剧是音乐剧的一种,它以经典童话故事为原形,加以创作和改编成为音乐剧,深受学生们的喜爱。但是,要学生作为演员来表演确实具有一定的难度。因此,在教学中要降低难度,可以让学生学习表演某一童话音乐剧的一个片段,也可以让学生自己创作、排练、演出简单的童话音乐剧。教学过程强调重在参与,提倡趣味性和即兴性,以鼓励表演为主。通过学习和表演活动,要使学生了解音乐剧创作、表演的基本要求,掌握一些基本的表演方法,能用生动的声音、形象的动作、丰富的表情表演音乐剧,能对他人的表演做出正确评价。

下面从"欣赏、演唱、演技、排练、表演"五个方面介绍小学童话音乐剧表演教学的基本方法。

① 欣赏

在表演之前首先要让学生欣赏全剧,了解音乐剧中的故事情节、人物性格、场景特点、音乐唱段及风格等等,对音乐剧形成整体印象。

欣赏之后要组织学生就有关问题进行讨论:

a. 讨论故事情节。故事情节是音乐剧的载体,要帮助学生了解故事发生的时间、地点、人物、基本情节和剧幕场次等。

b. 讨论人物性格。音乐剧属于戏剧的一种，它在表现人物性格时同样要鲜明、生动。帮助学生了解人物性格，是为了让学生更好地表演。

c. 分析音乐剧中的主要要素。音乐剧不同于话剧，它主要通过音乐、歌曲、舞蹈进行表现。所以要引导学生关注音乐的整体风格、音乐与故事发展的协调性、歌曲的音乐元素、歌唱表现形式的变化，分析人物角色唱段的音色变化，分析随故事发展音乐情绪的变化，分析在不同场景中音乐要素的变化等等。

② 演唱

演唱是音乐剧的主要表现形式之一。音乐剧中的歌曲为剧情发展服务，它融入了情节、人物性格等，是以唱的方式进行人物之间的"对话"和交流，因此对学生的演唱表现力提出了更高的要求。

演唱教学要将"乐、声、形"三者相结合。乐即伴奏音乐，声即歌声，形即人物形象。也就是说要指导学生把演唱与音乐、人物形象相融合。教师不仅要教演唱方法，还要结合人物性格、音乐形象、场景，指导学生把握演唱时的速度、力度、音色和情绪，塑造人物形象。

③ 演技

演技即表演技能，主要通过对白、动作、表情等方面表现出来。虽然小学综合艺术表演重在参与，不强调学生的表演水平，但在实际教学中，存在学生乐于参与表演，却在表演过程中不知所措，无从下手的现象，因此，基本表演技巧的学习还是必要的。它可以帮助学生抓住人物形象，根据音乐情绪、场景的需要，用合适的体态动作、面部表情、语音语调进行表演。

a. 对白与表情的技能。对白与表情是音乐剧表演的特色部分。熟悉台词，入戏对白，配以表情才能增强表演的效果。在教学中，要将台词内容与人物性格、人物情绪、场景等紧密联系，指导学生就对白时的语音、语调、吐词、节奏及面部表情等方面进行练习。

b. 动作表演的技能。动作表演是心理和形体两方面结合的，是内外部动作的统一。教师要指导学生将表现的动作与音乐剧的唱段、人物特征、场景相匹配，学会运用肢体语言和音乐语言来共同表达情绪和情感。

④ 排练

排练童话音乐剧是表演教学中难度最大的工作，也是一个全员参与、相互合作、集体创造的过程。

在排练中要注意两点：

a. 培养学生的团队意识。小学高年级的学生已初步具备自我管理的能力，教师可以通过小组合作的方法，巧妙激发和培养学生的团队意识，顺利开展排练活动。例如，可根据班级人数，将全班人员分成若干个排练小组，每组约6~8人，推选1名小组长，负责协调分工。要求组员要服从组长的安排，组内同学相互帮助，角色分工、服装选择、道具安排由大家共同商议决定。可以用海报形式将排练分工、要求及相关注意事项公布出来。

b. 发挥学生的创造力。表演是在理解作品的基础上进行的二度创作。因此在排练过程中，要充分发挥学生的想象力和自主创造力。让学生根据剧情来创编台词和设计表演动作。也可以采取师生合作、小组集体创作、组与组之间交流等多种形式进行排练、创编。

⑤ 表演

表演童话音乐剧既是学生学习成果的一个展示，也是他们与同伴合作交流、共同体验表演快乐的时候。教师要根据学生的学情，精心设计表演活动方案，方案应包括节目主持、情景创设、相互评价、表扬奖励等内容。这些应在表演活动之前告知学生。

a. 节目主持。节目主持人的工作主要是介绍剧目名称、剧情、角色及表演者。节目主持人可以由3~4名学生担任，也可以由每一组推举自己的主持人。

b. 情景创设。为了让学生有一种身临其境的感觉，有必要在表演前组织学生准备演出所需的道具，对教室进行简单的场景布置，为音乐剧表演渲染气氛，创设情境，激发学生的表演热情和积极性。

c. 相互评价。当表演活动结束后，教师要引导学生对他人和自己的表演进行正确的评价。评价可以从剧目创编内容、剧目创编手法、剧目表演技能（如演唱、表情、动作等）和团队合作能力（如表演配合、表演态度、道具运用等）几个方面进行。评价应以鼓励为前提，教师在学生自评、互评之后做总结性的点评，以进一步提高学生的欣赏能力和表演水平。为了使学生感受成功的喜悦，可以设置优秀导演奖、优秀演员奖、团队合作奖等奖项。

(四) 识读乐谱

1. 识读乐谱的标准

新《标准》中对识读乐谱提出的标准如下：

【1—2年级】

♪ 认识简单的节奏符号,能够用声音、语言、身体动作表现简单的节奏;

♪ 能够用唱名模唱简单乐谱。

【3—6年级】

♪ 结合所学歌曲认识音名、音符、休止符及一些常用的音乐记号;

♪ 能够跟随琴声视唱简单乐谱,具有初步的识谱能力。

2. 正确认识识读乐谱教学的意义

新《标准》指出:"乐谱是记载音乐的符号,是学习音乐的基本工具。要求学生具有一定的识谱能力,有利于参与音乐欣赏、音乐表演和音乐创作等实践活动。"

传统的基础音乐教育过分注重音乐知识技能的学习、掌握。有些教师把识读乐谱作为学习音乐的重要内容,认为只有在识读乐谱的基础上才能够开展音乐欣赏、演唱、演奏等活动,所以,他们把识谱当做衡量音乐教学质量的主要标准,在教学中花费大量的时间和精力进行识谱训练和视唱练习。其结果是,不但学生不会识谱,而且失去了对学习音乐的兴趣。我们认为,识谱教学可以帮助学生更好地学习音乐,但并不是音乐教学的目的,而是音乐审美教学的工具。因此,在识谱教学中,要以审美为核心,要与审美相结合,要发挥识谱教学的工具性作用。

值得注意的是,在2011年以前的音乐新课程改革中,许多实验课和示范课都不敢涉及识谱教学的内容。好像谁在教学中谈识谱教学,谁就不是在进行教学改革,无形中把知识技能与音乐审美对立起来。他们没有认识到音乐知识技能在音乐审美中的工具性作用,也没有理解淡化知识技能的真正含义,其实质是对音乐课程改革新理念认识的偏离。

我们认为,如何进行识谱教学是音乐课程改革不应回避的问题。教师在教学中应寻找识谱教学与音乐审美教学相结合的新方法、新思维,将音乐基本技能教学作为一个音乐感知和审美探索的过程,使学生在审美活动中"潜移默化"地学,在愉悦中快乐地学。这样,学生才能在一种乐于接受的心理状态下,在循序渐进的过程中真正掌握审美的工具及手段并将其运用于音乐审美活动之中,才能真正成为"审美的主人"。

3. 识读乐谱教学要点

(1)从感知入手,帮助学生认识、掌握常用的各种节奏。

(2)通过实例分析,帮助学生学习、掌握识谱知识。

① 通过对作品意境的分析,使学生进一步理解音符、休止符的时值长短在音乐表情

中的意义；

②通过对不同情绪、不同风格的作品进行分析，使学生理解、掌握滑音、波音、倚音、顿音等装饰音的表情意义和演唱方法；

③通过将不同节奏、不同速度、不同力度的作品进行对比，使学生理解节奏、速度、力度在音乐中的表现功能；

④通过对各种体裁、风格的作品进行分析，使学生理解节拍、节奏的意义和作用。

（3）用游戏、竞赛的方法引导学生学习识读乐谱。

（4）用手势音符帮助学生学习识读乐谱。手势音符源自柯达伊的手势教学法。该方法是借助七种不同的手势在不同的高低位置来表示七个不同的唱名。实践证明，采用手势音符教学可以有效帮助学生提高识读乐谱的能力。

第三节　音乐创造

一、创造领域在音乐教学中的地位和作用

俄国作家托尔斯泰（1828—1910）曾说："如果学生在学校里学习的结果是自己什么也不会创造，那他的一生将永远是模仿和抄袭。"爱因斯坦（A. Einstein，1879—1955）也曾坦陈："如果我早期没有接受音乐教育，那么我现在无论在什么事业上都将一事无成。"每当他在科学研究方面遇到难题时，他都会在音乐的帮助下，充分调动和扩散大脑的思维，挖掘出隐藏在潜意识中的知识、经验，爱因斯坦就是借助音乐使自己的思维永远保持独特性和多向性，音乐艺术给了他奇思屡现的创造性的思维本领。由此可见，进行音乐创作的学习有利于培养学生的创造性思维。所以，新一轮的音乐教学改革把音乐创造教学摆在了极其重要的位置。

新《标准》中明确指出："创造是发挥学生想象力和思维潜能的音乐学习领域，是学生进行音乐创作实践和发掘创造性思维能力的过程和手段，对于培养创新人才具有十分重要的意义。"

二、创造领域的内容标准及教学建议

音乐创造教学包括两类学习内容：其一是与音乐有关的发掘学生思维潜能的即兴

创造活动。这其中又包含了探索音响与音乐、即兴创编两项内容;其二是运用音乐材料创作音乐。必须注意的是,这类教学与音乐创作有关,但区别于专业音乐创作,其根本出发点是发掘学生的创造性潜能、培养学生的创新思维能力,促使他们成为新世纪的社会主义创新型人才。

美国教育家罗威菲尔特认为,对儿童来说美育只是一种手段,而发展儿童的各种感觉,培养热爱和平和具有创造力的人,才是美育的使命。由于各个学生的音乐条件和基础不尽相同,绝大部分学生以后不会成为作曲家,在教学中绝对不能把专业音乐创作教学与之等同起来,也不能用培养专业作曲家的方法来要求学生进行音乐创作。

(一) 探索音响与音乐

新《标准》中对探索音响与音乐提出的标准是:

【1—2年级】

♪ 能够运用人声、乐器声模仿自然界或生活中的声音;

♪ 能够用打击乐器或寻找发声材料探索声音的强弱、长短和音色。

【3—6年级】

♪ 能够运用人声、乐器声及其他声音材料表现自然界或生活中的声音;

♪ 能够在教师指导下自制简易乐器。

为了使学生学会运用人声、乐器声模仿自然界或生活中的各种声音现象,教师可创设或者描绘特定的教学情境,以启发学生进行联想、想象。例如,创设暴雨袭击森林的情境,将自然环境中的风声、雨声、雷电声、流水声、松涛声、鸟鸣、狮吼等,用乐器和非常规音源模仿出来;也可以创设生活场景,用人声、乐器、非常规音源等模仿机器的轰鸣声、马匹的奔跑声、厨房的锅碗碰击声、操场上的口哨声等。在探索各种声音时应结合了解音乐语言的各种要素,例如:音色、音强、音值、音高、节奏、旋律等。

要引导学生选择合适的乐器或音源来描绘一定的场景。例如,如果要表现黄昏的海边,可以用装有沙子的长圆柱体来回翻动来表现涨潮的声音,用口哨来模拟海鸥的叫声,用钢琴优美的固定音型演奏来象征黄昏美丽的景色。

(二) 即兴创编

新《标准》中对即兴创造提出的标准是:

【1—2年级】

♪ 能够将儿歌、诗词短句用不同的节奏、速度、力度等加以表现；

♪ 能够在唱歌或聆听音乐时即兴地做动作；

♪ 能够用课堂乐器或其他声音材料即兴配合音乐故事和音乐游戏。

【3—6年级】

♪ 能够即兴编创同歌曲情绪一致的律动或舞蹈,并参与表演；

♪ 能够以各种声音材料及不同的音乐表现形式,即兴编创音乐故事、音乐游戏并参与表演。

在表现儿歌或诗词短句之前,首先要引导学生理解其内容、体验其感情,然后学会采用恰当的节奏、速度和语气、语调来表现作品。例如,朗诵表演唐朝诗人李绅的《悯农》,首先要让学生理解诗词的内容:"锄禾日当午,汗滴禾下土。谁知盘中餐,粒粒皆辛苦。"作品开始描述了农民在正午烈日的暴晒下锄禾,汗水从身上滴落在禾苗生长的土地上的场景。之后转到理性的思考:谁又知道盘中的饭食,每粒都是农民用辛勤的劳动换来的呢？作者用形象的手法、朴实的语言告诫人们要爱惜每一粒粮食。在理解的基础上,再根据诗词的情绪设计朗读的节奏、速度、语气、语调,选择背景音乐以及朗诵的方式。由于个人理解上的差异,老师要鼓励学生用不同的风格进行表演,不要千篇一律。

即兴创编是在理解、掌握作品的内容、情绪的基础上,根据音乐艺术表现的规律和特点,进行的创造活动。其目的是帮助学生进一步加深对作品的理解,培养他们的表现能力和创造能力。例如,在学习了某首歌曲之后,让学生根据自己对作品的理解,为歌曲编配律动动作或简单的舞蹈动作,表现新的内容,这样既加强了学生对旋律的印象,又培养了他们的创造力。也可以根据设定的音乐故事和音乐游戏选择课堂乐器或其他声音材料来开展表演活动。

(三) 创作实践

新《标准》中对创作实践提出的标准包括:

【1—2年级】

♪ 能够运用线条、色块、图形,记录感受到的音乐；

♪ 能够运用人声、乐器或其他声音材料,在教师指导下编创1～2小节的节奏音型。

【3—6年级】

♪ 能够在教师指导下,尝试运用图谱或乐谱记录声音和音乐；

♪ 能够利用教师或教材提供的材料和方法,独立或与他人合作编创2~4小节的节奏或旋律。

创作实践教学在低年级阶段主要是以感性的活动为主。例如,音乐的旋律是上行还是下行可以用线条来表示,音乐的情绪、结构可以用不同的色彩或图形来表示。

但是,中高年级阶段的创编活动必须以掌握一些必要的音乐知识和技能为基础。例如,基本的识读乐谱的能力,了解一些基本的旋律发展手法(如重复、变化重复、模进、变奏、对比等),能分辨简单的乐曲结构(如乐句、乐段等)。教师在要求学生创作之前,应该自己先示范,以排除学生对创编活动的畏惧感。一般来说,创编活动宜从节奏创编入手,再慢慢过渡到旋律创编活动。

三、创造领域中应注意的三个方面

1. 明确基础教育阶段音乐创造教学的目的

小学的音乐创造教学,绝不能完全套用专业音乐院校的教学观念、教学内容和方法。在教学过程中,应以培养学生的表现意识和创新意识为中心,根据小学生的知识结构和心理特点,探索适合普及音乐教育的教学观念、教学内容、教学方法,充分发掘学生的创造性潜能,以培养高素质的创新人才。

由于学生受年龄和知识、经验等方面的限制,他们创作的音乐作品也许不尽如人意,但教师不能以成年人的要求或专业作曲的要求来衡量他们的创作,而应该站在孩子的角度去看待他们的作品,多给他们鼓励和信心,使他们感到创造是一种轻松、愉快的事情。

2. 创造教学应与音乐教学的其他领域相结合

音乐教学的各个领域都为音乐创造教学提供了良好的土壤。例如,欣赏教学使学生积累了大量的音乐素材,培养了他们的音乐感受能力;演唱、演奏教学可以使学生的创作作品得到展示。因此,创造教学应该与音乐教学的其他领域相结合,这样不仅可以使学生的音乐能力得到进一步的提高,而且可以使教学变得生动、有趣。应该说,音乐创作、音乐表演和音乐欣赏都属于创造性的音乐活动,正是这些活动,激活了学生的表现欲望和创造冲动,为学生提供了最自由的想象空间和创造空间,使他们的想象力和创造性思维得到充分发挥,并在主动参与中展现了他们的个性和创造才能。

3. 创造活动应与其他学科协同教学

在创造教学中,应该有意识地与品德、语文、美术、科学等学科协同教学,以提高学生学习知识、运用知识的能力,例如,在欣赏《彩云追月》时,让学生边听边用图画描绘该曲的意境,然后为它配上合适的诗文。这种将音乐、美术、文学结合为一体的教学设计,对于培养学生的综合素质具有潜移默化的作用。

第四节　音乐与相关文化

一、音乐与相关文化领域在音乐教学中的地位和作用

新《标准》指出:"音乐与相关文化是音乐课人文学科属性的集中体现,是直接增进学生文化素养的学习领域,有助于扩大学生音乐文化视野,促进学生对音乐的体验与感受,提高学生音乐欣赏、表现、创造以及艺术审美的能力。"

音乐与相关文化虽然是一个相对独立的领域,但是在更多的情况下,它又是蕴含在音乐欣赏、音乐表现和音乐创造等活动中的。

二、音乐与相关文化领域的内容标准与教学建议

这个领域包括了音乐与社会生活、音乐与姊妹艺术、音乐与艺术之外的其他学科等三个方面。

(一) 音乐与社会生活

音乐与人的社会生活有着十分密切的联系,在我们日常生活的很多方面都可以找到音乐、发现音乐。音乐家冼星海曾说:"音乐,是人生最大的快乐;音乐,是生活中的一股清泉;音乐,是陶冶性情的熔炉。"音乐以其特有的魅力和特殊的方式影响着人们的社会生活。我们学习和认识音乐与社会生活,就是为了更好地了解音乐,了解社会,发现音乐重要的社会功能,了解音乐在社会生活中的重要作用,进而热爱音乐,热爱生活,让音乐伴随终生,让生活充满欢乐。

1. 新《标准》中"音乐与社会生活"的标准

【1—2年级】

⌀感受生活中的音乐,乐于与他人共同参与音乐活动;

⌀能够通过广播、影视、网络、磁带、CD等传播媒体听赏音乐;

⌀能够参加社区或乡村的音乐活动。

【3—6年级】

♪ 关注日常生活中的音乐；

♪ 喜欢从广播、影视、网络、磁带、CD等传播媒体中收集音乐材料,并经常听赏；

♪ 主动参加社区或乡村音乐活动,并能同他人进行音乐交流。

2. "音乐与社会生活"的主要内容

学习该内容,要学会通过广播、影视、网络、磁带、CD等传播媒体收集和听赏音乐,拓宽音乐视野,把音乐课堂教学与课外音乐活动结合起来。要积极参加社会音乐活动并关注社会生活中的大量音乐现象。例如,礼仪音乐(节日、庆典、活动、队列、婚丧等)、实用音乐(劳动号子、摇篮曲、广告、健身、舞蹈、医疗等)、背景音乐(休闲、餐饮、影视等)。

(1) 礼仪音乐

礼仪音乐是我国传统音乐中很重要的一部分。商代的乐舞就是殷人非常重视的一种宗教礼仪形式,这其中的"舞"和"乐"是密不可分的。到周朝就已经出现较为完善的"礼乐"制度。东汉以后,佛教音乐也进一步在宗教活动中产生极其重要的作用。随着时代的发展,礼仪音乐的功能进一步扩大,每当升国旗、过国庆、迎接外宾时都会奏起我们最熟悉的礼仪音乐——国歌。而人们日常生活中的婚丧嫁娶,也少不了用各种各样的礼仪音乐来烘托气氛。

(2) 实用音乐

音乐除了能给人以美的享受以外,它同样也具有一定的实用价值。我国传统民歌中的劳动号子就以其特有的节奏、音调、演唱形式等,起到了协调集体劳动、鼓舞劳动情绪的重要作用。例如,打夯劳动时唱的《打夯歌》可以令劳动者精神百倍,更高效地完成工作;人们在进行体育运动(如健美操、太极拳、气功)时,可以用音乐协调运动时的呼吸、掌握运动的律动感、协调肢体的动作。此外,音乐对人的情绪也有直接的影响。例如,当人们劳累时欣赏一首欢快的《喜洋洋》,就会顿时觉得神清气爽;音乐治疗法就是借用音乐的情绪调节作用来医治人的身心疾病。

(3) 背景音乐

背景音乐又称为"环境音乐",是学校生活中学生们经常可以接触到的一种社会音乐形式。有时在课间或午间休息,学校的广播台会放出一些优美音乐供学生欣赏。背景音乐也可以在办公室、休息室、工厂、超市、宾馆、快餐店等不同环境中使用,既可营造出一种高雅、舒适的气氛,又能够使人们放松心情。人类对音乐本身的分析和研究已相当深入,英国伦敦教育学院的专家们进行过一项科学实验,他们将受试儿童分成A、B、C三个组。A组儿童欣赏轻柔优美的音乐,B组儿童聆听克尔特林的爵士乐《三位一体》,而C组儿童则什么也不听。一段时间后,三组儿童都接受了阅读理解、记忆单词、背诵课文和四则运算测试,而测试内容完全是刚刚学的新知识。最后的结果显示,平均成绩最好的是A组,其次是C组,而最差的则是B组。可见,不同种类的背景音乐对孩子学习能力的影响也不同。

在音乐与社会生活的具体教学中,要引导学生从生活中入手,参与到社会音乐活动中,体验音乐的乐趣,然后再从自身的音乐经验出发,去探究思考音乐与人生的关系。比如,可以启发学生为中式快餐厅或老年人的休息室设计一组背景音乐,收集和整理自己在一天生活中所听到的音乐,等等。以此引导学生用音乐的方式同他人进行情感交流,并积极参与各项音乐活动(如文艺晚会、歌咏活动等),使音乐学习成为一项生动、具体、艺术化的生活体验。

(二)音乐与姊妹艺术

音乐与舞蹈、绘画、戏剧、影视等姊妹艺术有着共同的特点,即通过情感体验和形象思维来表达思想。因此,在音乐教学中,可以以音乐为中心,拓展到其他艺术领域去探讨音乐与其他姊妹艺术的关系;通过多种艺术形式的沟通和交流,拓展学生的音乐视野,发展其思维能力。

1. 新《标准》中"音乐与姊妹艺术"的标准

【1—2年级】

♪ 能够用简单的形体动作配合音乐节奏;

♪ 能够用简明的表演动作表现音乐情绪;

♪ 能够用色彩或线条表现对音乐的不同感受。

【3—6年级】

♪ 观赏戏剧和舞蹈,初步认识音乐在其中的作用;

♪ 能够结合所熟悉的影视片,初步感受音乐在其中的作用。

2. "音乐与姊妹艺术"的主要内容

(1)音乐与舞蹈

舞蹈是通过自身审美规范化的躯体动作,运用节奏、表情、构图、造型等要素,塑造形象、表现思想感情以反映现实的艺术。舞蹈也是人类历史上最古老的艺术之一,远古时代的先民们就已经开始了图腾舞蹈活动。最早的舞蹈常常是歌、舞、乐三位一体,既是巫术礼仪的宗教活动,又是歌舞活动。

在舞蹈作品中,没有音乐的舞蹈是不可想象的。音乐与舞蹈结合最常见的形式就是舞曲。舞曲是音乐作品的一种体裁,同时又与舞蹈艺术相关联。例如,三拍子的华尔兹、小步舞曲、玛祖卡舞曲,二拍子或四拍子的波尔卡舞曲、探戈舞曲、摇摆等,它们都是在音乐中采用了某种舞蹈特有的节拍、节奏。所以在介绍某种舞曲体裁时,可以结合该舞曲的节奏或节拍特点,引导学生伴随音乐加入自己的舞步,以加深对舞曲的理解。舞蹈也是视觉艺术与听觉艺术的融合。在介绍舞剧(如《天鹅湖》《胡桃夹子》等)时,应该充分体会舞蹈与音乐的关系,即舞蹈是音乐的表现形式,音乐是舞蹈的灵魂。

在学习舞曲时,可以考虑用舞蹈动作来介绍舞曲的特点。例如:在介绍傣族舞蹈时,可以介绍傣族舞蹈的 7 种常见手形:掌形、冠形、爪形、嘴形、叶形、曲掌、鱼手等,并将这些手形用一些简单的动作联系起来,构成一个短小的舞蹈片段,指导学生练习,以启发学生理解傣族舞蹈的民族特色——动物化的模拟和美化、柔美的表现等。

在民歌的教学中,也可将民歌与舞蹈结合起来。例如,在学习蒙古族歌曲《天堂》时,可结合学习蒙古族舞蹈中表现赛马、射箭、摔跤等民族习俗的舞蹈动作,以提高学生的兴趣,也能让学生进一步了解蒙古族人民的生活,体会蒙古族人民勇敢、热情、爽直的性格。

(2) 音乐与绘画

美术通过线条、色彩、明暗、透视、构图等手段充分调动人的视觉思维。在 200 多年前,物理学家牛顿(I. Newton,1643—1727)就提出了赤橙黄绿青蓝紫七色,相等于 C、D、^{b}E、F、G、A、^{b}B 七音的观点。印象派的音乐,就是在象征主义文学和印象主义绘画的影响下而产生的。例如:法国作曲家德彪西(A-C Debussy,1862—1918)的音乐作品追求和声学的新发现,在配器上力图纤细精致,调节着音乐丰富的明暗层次和浓淡色彩,在朦胧的光色中表现物体或事物的气氛和情调。以他的管弦乐曲《大海》为例,该曲描述了三幅交响素描:

① "黎明到中午"描述的是夜幕渐逝,微光隐露,天空由紫转蓝,红日喷薄而出,万物苏醒活跃。

② "波浪的嬉戏"描述的是阳光之下,波涛翻滚,时而涌成浪峰,时而跃成泡沫,互相追逐嬉戏。

③ "风与海的对话"描述的是在风暴中狂涛奔腾的大海,气势逼人,显示了大海的

狂暴。

作曲家利用音乐丰富的表现要素,运用"绘声绘色"的表现手段,并借助听众的联想,创造出了生动鲜明的艺术形象,我们在欣赏和感受这些作品时,可以借用音乐和绘画的这种关系,通过听、视结合,一方面帮助我们理解作品,另一方面可以比较听觉艺术与视觉艺术在表现材料和表现特点方面的相同与不同。例如,在欣赏德彪西的《大海》时,教师可为学生介绍1873年法国画家莫奈(O-C Monet,1840—1926)的印象主义作品《日出印象》,让学生感受伦敦多雾的早晨,和水天相接的点点日光,然后再去欣赏《大海》就会觉得更生动、形象,理解起来也更容易。

值得提出的是,在音乐欣赏教学中,要以听为主,图画和多媒体的运用只能作为辅助手段。绝对不能用视觉取代听觉,否则就失去了音乐欣赏教学的意义,也不利于培养学生的联想力和想象力。

(3) 音乐与戏剧

戏剧是戏曲、话剧、歌剧的总称。它是音乐、绘画、雕塑、舞蹈、舞美、文学等多种艺术的综合体。无论在西洋的歌剧艺术还是中国的戏曲艺术中,音乐都充分与戏剧的故事情节结合,发挥着极其重要的作用。以京剧为例,唱功中的曲调、念白中的韵文、做功中的韵律节奏和表演等都是为塑造艺术形象服务的,与音乐都有着紧密的联系。

"表现"教学领域中"综合性艺术表演"提倡学生积极参与学习表演简单的歌剧、戏曲、曲艺片段。而且在"感受与鉴赏"领域里有歌剧、戏曲、曲艺作品欣赏。因此,我们可以将"音乐与戏曲"与"综合性艺术表演""感受与欣赏"有机地结合起来进行教学,使学生理解、掌握音乐语言与肢体语言、文学语言之间的联系,并学会将它们综合运用于表现情节,表达情感,塑造艺术形象。

(4) 音乐与电影

世界上最早产生的电影是无声的,由于音响过于单调,在放映时往往临时放一些唱片等来调节气氛,随着电影艺术的发展,有声的对白和歌唱逐渐加入到了电影中,成为影视艺术中不可缺少的部分。

音乐与影视艺术的结合越来越紧密。影视音乐的作用主要体现在:

① 渲染烘托电影的情绪和气氛。即以特定音调、特定乐器、特定音色组合等,渲染烘托气氛,表现电影的时代性、民族性、地域性色彩。例如电影《英雄》中,选用古琴的意境和音色特点作为武功高达极致的气氛渲染。

② 抒情并刻画人物内心。即用音乐塑造人物性格,表现人物的思想感情、心理变化、内心活动等。

③ 推动剧情发展。即音乐参与影片的情节发展,成为影片结构不可缺少的组成部分,起到加快情节的节奏,推动情节的延伸与拓展、转换的作用。

④ 作为主题歌与插曲。主题歌重在直接阐明主题,例如电影《泰坦尼克号》在表现男女主人公的爱情时,总是响起用风笛吹奏的《我心永恒》这一主题音乐;而插曲更多是从一个侧面反映影片的思想内容,对于表现电影情节的发展也起到了重要的作用。

在教学中,要结合具体的作品,引导学生学习、理解音乐与影视艺术的关系,以及音乐在影视艺术中的作用。

(三) 音乐与艺术之外的其他学科

音乐,作为艺术的一个门类,它的产生与发展是伴随着人类文明历史前进的。人类生活离不开音乐,人类表达思想感情要借助于音乐,各个历史时期的统治者、不同的阶级也把音乐作为政治斗争的工具。所以,音乐与政治学、社会学、历史学、地理学、文学、心理学、伦理学、宗教学等有着密切的联系,这种联系使得音乐教育具有知识覆盖面广、综合性强等特点。它可以与思想素质教育、文化素质教育、心理素质教育、身体素质教育等协同合作,并具有促进各方面教育之间关联运动的功能。因此,音乐教学实践应该与语文、品德、地理、英语、体育、数学、科学等课程协同教学,充分发挥音乐教育独特的审美功能,使其与素质教育的各个子系统协同合作、相互渗透、相互补充,促进各个子系统之间的关联运动,以形成协同效应,提高素质教育系统的自组织能力和抗干扰能力,优化素质教育系统的整体结构和整体功能,进一步拓展音乐课的外延,真正发挥音乐教育的"育人"作用。

1. 新《标准》中"音乐与艺术之外的其他学科"的标准

【1—2年级】

§ 列举声音与日常生活现象及自然现象的联系;

§ 用不同节奏、节拍、情绪的音乐配合简单的韵律操动作。

【3—6年级】

§ 选用合适的背景音乐,为儿歌、童话故事或诗朗诵配乐;

§ 说出某些不同历史时期、不同地域和国家的代表性音乐作品。

2."音乐与艺术之外的其他学科"的主要内容

(1)列举声音与日常生活现象及自然现象的联系

例如,雷声是怎么产生的?为什么会有劳动号子?

(2)学会为韵律操或体态运动选用合适的音乐

例如,教师可以拿几种不同节奏、不同节拍、不同情绪的乐曲给学生欣赏,要他们分析其节奏、节拍、情绪等方面的不同,在此基础上挑选出合适的乐曲为韵律操配伴奏。

(3)为儿歌、童话故事或诗朗诵配乐

例如,可以把学生分为几组,采取竞赛的形式,让他们分别对反映不同内容和情绪的儿歌、童话故事进行朗读。在此基础上,播放若干首乐曲,引导学生为自己朗读的儿歌、童话故事配乐。

三、"音乐与相关文化"领域教学的目标实现

新《标准》中指出:"这一教学内容虽然在某些方面有自己的相对独立性,但在更多的情况下,又蕴含在音乐欣赏、表现和创造活动之中。因此,这一领域教学目标的实现,应通过具体的音乐作品和生动的音乐实践活动来完成。"

在教学中,我们应该结合大量的音乐作品使学生感受音乐与相关文化的关系;同时引导学生多参与社会音乐活动,了解生活中与音乐相关的事物,体验生活中音乐的乐趣,使音乐真正成为学生生活中必不可少的一部分。

第六章　小学音乐课的教学设计与教学计划

音乐课的教学设计与教学计划是教学工作中很重要的两个方面,它们不仅关系到每一节课的成败,而且关系到整个教学工作的系统性、完整性和连续性。本章将以探讨小学生音乐学习的心理特征为起点,分别就小学音乐课的教学设计与教学计划进行展开。

第一节　小学生音乐学习的心理特征

小学生阶段的儿童在学习音乐的过程中,具有如下五个方面的特点。

一、音乐感觉与知觉迅速发展

舒特-戴森和加布里埃尔在论述小学生音乐能力发展的年龄阶段性特点时指出:7～8岁儿童有鉴赏协和与不谐和音的能力;8～9岁时,在歌唱及演奏乐器时,节奏感觉较过去好;9～10岁,儿童节奏、旋律的记忆改善了,逐步具有韵律感,能感知两声部旋律;10～11岁,和声观念建立,对音乐的优美特征已有一定的感知和判断能力。

从以上数据可以看出,小学生的音乐感觉与知觉已逐渐从幼稚期的凭兴趣和不随意性、短暂不稳定性、被动性,向随意选择性、较持久稳定性、主动性方向发展,并能较为准确地形成音乐形状知觉、音乐大小知觉、音乐距离知觉、音乐立体知觉、音乐方位知觉等。但小学生的这种有意识、有目的的知觉及观察能力仍是有限的,且难以较完整、较深刻地把握音乐的整体性与意义。

曹理、何工先生在《音乐学习与教学心理》一书中写道:"小学生在音乐能力方面,每年都在迅速发展。小学低年级学生,通过'游戏'对音乐的体验有了显著的增长。这个时期是对节奏的感受力迅速增长的时期,也是听觉最敏感的时期,凭感觉把握音乐,用耳朵去感觉记忆,对音乐节奏和旋律,可以通过身体动作做出反应。小学中年级是儿童发展音乐感知能力的最佳时期。"

二、无意注意开始向有意注意发展

音乐注意不仅仅指向音乐学习、音乐表演,而且也常常指向音乐的情感体验。音乐注意在音乐心理活动中起着重要的作用,它使音乐活动具有一定的指向性(即所有的感觉器官都尽力去捕捉注意指向的音乐信息),不但能使音乐活动指向集中,音乐思维及肢体反应及时而准确,而且能使音乐活动处于一种积极的状态。

一般来说,5~7岁的儿童,有意注意的时间大约是10~15分钟;7~10岁的儿童,有意注意时间是20分钟左右;10~12岁的儿童,有意注意时间则约为25分钟;12岁儿童的有意注意时间约为30分钟。这说明,随着年龄的增长,音乐注意逐步明确,注意时间越来越长。小学阶段的学生,无意注意开始向有意注意发展,但持续时间不长。因此,在音乐教学中,必须运用多种手段,例如讲故事、做游戏、猜谜语、生动的多媒体课件等,来引起儿童的有意注意,才能使他们有效地学习音乐,同时不断地培养他们的音乐有意注意。

三、音乐记忆逐年得到发展

音乐是聆听的艺术,虽然伴随音乐的视觉、运动觉可同时进入记忆,但是对音响的识记仍是实现记忆的基本前提。对音乐的记忆根据聆听者的参与情况可以分为有意记忆和无意记忆;根据记忆的时间长短可以分为短时记忆、长时记忆与和永久记忆;根据记忆的具体方式可分为形象记忆、逻辑记忆、机械记忆和理解记忆。

小学阶段学生的音乐有意记忆逐年得到发展,其中,低年级阶段擅长具体的形象记忆,高年级阶段逻辑记忆得到发展。但仍然是以短时记忆为主,即记得快,忘得也快。所以,教师要经常运用音乐会、游戏等形式,帮助学生回忆学习过的音乐作品、音乐知识和音乐基本技能,将短时记忆转变为长时记忆或永久记忆。

在培养学生音乐记忆能力时,要根据学生不同年龄阶段的感知觉、想象思维等特点,有区别、有针对性地进行培养与训练。例如,由于低年级儿童的想象思维具有直观性和模仿性,往往是和某一具体的事物形象和人物形象相联系,所以,教师在音乐欣赏教学中可适当利用欣赏挂图和多媒体,直观形象地再现出乐曲所表现的音乐意境与形象,使学生从听觉感官中得到视觉的享受,从而提高欣赏水平和对乐曲的理解能力,将学生对音乐的短时记忆转变为长时记忆甚至永久记忆。随着年龄的增大,高年级学生的抽象记忆、逻辑记忆得到较大发展。他们在记忆一段音乐时不再局限于其直观的形象,此时,教师要善于引导学生结合音乐的风格、音乐的各种元素、音乐所塑造的精神等将其融入记忆,引导其形成永久记忆。

对于学龄期阶段学生的记忆,特别值得一提的是,儿童听觉记忆的高峰出现在9岁左右,以后优势便让位于视觉记忆。儿童的这种优势的转移点又正好处在小学阶段,正确地根据儿童各个年龄段的视听优势进行音乐教学,并把它们有机地结合起来是音乐教学成功的关键。在欣赏教学中,教师要启发学生把抽象的音乐旋律变成生动的音乐形象,让学生能感受到艺术家的情感,使音乐形象更富有生命力。

四、音乐联想力、想象力随年龄增长而丰富

小学阶段学生的音乐联想力、想象力随年龄增长而丰富,其中有意想象开始完善,创造性想象也得到进一步的发展。该阶段的学生的音乐联想力和想象力主要以具体形象思维为主,并开始向抽象思维转化。因此,他们对于音乐的联想、想象,除了凭借自己对音乐本体的感受之外,还需要借助于音乐本体之外的其他方面。由于他们具有天性活泼、好玩好动、好奇心强等特点,他们对音乐的感受总是通过各种动作表现出来。所以,要提高音乐课的教学质量,应根据儿童好动、好游戏的心理特点以及以直观形象为主的思维想象特点,将学生的音乐学习与游戏、舞蹈有机结合起来,将抽象的音乐概念、复杂的音乐原理以及枯燥的技能训练,转化成生动有趣的游戏、舞蹈,并使之形象化、具体化。让少儿通过自身的活动,把听觉、视觉、触觉等各种感觉活动和运动、唱歌、表演、游戏、舞蹈、故事等结合起来;从而使他们从座位的束缚中解放出来,在轻松愉快的气氛中进入音乐世界,受到美的熏陶,获得音乐知识、技能,培养思维能力。

五、音乐个性的主要特点是偏爱流行音乐、喜爱音乐游戏

小学阶段的学生形成了相对稳定的音乐审美偏爱,偏爱优美的歌曲、音乐和舞蹈。但由于音乐能力的局限,他们的音乐审美倾向限制于对"写实主义"音乐的爱好,而对抽象的音乐作品缺乏敏感度。在音乐活动中,此阶段的儿童明显偏爱音乐游戏。笔者从2005年5月至2006年6月,在江苏无锡、徐州,湖南宁远、邵阳、郴州、永州,深圳等地九所小学,对一年级至六年级的学生进行过音乐学习心理调查。在相关调查问卷中,对于唱歌、欣赏、器乐、创作、表演和音乐游戏这几项教学内容,音乐游戏受到许多学生的喜爱。该调查问卷显示,在中低年级的524名学生中,有36.4%的学生喜欢音乐游戏。在

高年级的299名学生中,喜欢音乐游戏的学生也占到27.5%,仅次于唱歌。

在当今时代,此阶段的学生又有着新的音乐个性特点,即偏爱流行音乐,并大量存在追星的心理。前文曾提到,笔者进行的小学生音乐学习心理调查(多项选择题)结果显示,随着学生年龄的增长,他们喜欢流行音乐的比例上升,在课余时间,中低年级学生中选择演唱流行歌曲的占51%,高年级为68.9%,而选择演唱教材上的歌曲所占的比例很小。这说明小学生大都偏爱流行音乐,且当今小学生大部分存在崇拜明星的心理倾向,例如在回答"平时参加过一些什么音乐活动"时,37.1%的学生选择听明星演唱会。由此可见,在学生音乐个性形成的黄金时期,如何正确引导他们树立健康的音乐审美心理和个性,帮助他们正确对待流行音乐,认识和学习民族音乐与高雅音乐,处理好流行音乐与民族音乐、高雅音乐的关系是音乐教师应特别关注的问题。

第二节 小学音乐课的教学设计

音乐课的教学设计实际上就是我们通常所说的备课工作,它是教师顺利完成课堂教学任务的必要前提。音乐课的教学设计主要包括几个部分:明确课堂教学目标;确定课堂教学内容;练习弹唱及伴奏;选择教学形式和教学方法;安排课堂教学时间;设计课堂教学过程。

一、明确课堂教学目标

要设计好一堂音乐课,必须在学习、理解新《标准》的基础上,对教材的特点、结构、体系等进行全面、细致的分析研究,明确每一单元、每一课的教学目标、教学重点及教学难点,提出解决难点的方法。

课堂教学目标是指教学活动所预期达到的结果,是课程目标的具体化,也是教师完成课堂教学任务所要达到的要求和标准。

"教学目标"与传统的"教学目的"有着本质的区别。传统的"教学目的"是教师根据学科知识的教学需要,站在"教"的角度所提出的要求学生要达到的学习标准,体现的是以知识为本的学科体系教学观。而"教学目标"则是根据人的素质培养的需要,从学生"学"的角度和需求的角度所提出的学生可以达到的学习标准,体现了以学生为主体的以人为本的教学观。

新《标准》为音乐教学设置了三维教学目标,即情感、态度与价值观,过程与方法,知识与技能。

1. 情感、态度与价值观

(1) 丰富情感体验,培养对生活的积极乐观态度。

(2) 培养音乐兴趣,树立终身学习的愿望。

(3) 提高音乐审美能力,陶冶高尚情操。

(4) 培养爱国主义情感,增强集体主义精神。

(5) 尊重艺术,理解世界文化的多样性。

2. 过程与方法

(1) 体验

完整而充分地聆听音乐作品,在音乐体验与感受中,享受音乐审美过程的愉悦;体验与理解音乐的感性特征与精神内涵。

(2) 模仿

亲身参与演唱、演奏、编创等艺术实践活动,并适当地运用观察、比较和练习等方法进行模仿,积累感性经验,为音乐表现和创造能力的进一步发展奠定基础。

(3) 探究

培养学生对音乐的好奇心和探究愿望,重视自主学习的探究过程,使学生能够积极参与以即兴式自由发挥为主要特点的探究与创作活动。

(4) 合作

在音乐艺术的集体表演形式和实践过程中,能够与他人充分交流、密切合作,不断增强集体意识和协调能力。

(5) 综合

通过以音乐为主线的艺术实践,渗透和运用其他艺术表现形式和相关学科的知识,更好地理解音乐的意义及其在人类艺术活动中的特殊表现形式和独特的价值。

3. 知识与技能

(1) 音乐基础知识。

(2) 音乐基本技能。

(3) 音乐历史与相关文化知识。

教师应根据教学内容和学生的音乐学习能力将以上三维目标的要求具体化,使之成为具有操作性和可实施性的教学目标。

二、确定课堂教学内容

教学内容的选择直接影响到教学效果,如果内容多了或深了,学生"吃不消";如果内容少了或浅了,学生"吃不饱"。因此,确定教学内容应从音乐学科自身的系统性和学生的接受能力这两个方面来考虑。一般来说,小学音乐课应以综合课为主要授课形式,一节课内的教学内容以 2~3 项为宜,最多不超过 4 项,否则会造成教学层次不清楚,重点不突出等现象。

在确定了教学内容之后,应思考如下三个方面的工作。

(1) 分析演唱(奏)的歌曲、乐曲。要分析歌曲、乐曲的感情、音乐形象、风格特点、题材、体裁,编选练声曲、练习曲,对作品进行艺术处理。设计好表现作品的形式。

(2) 研究欣赏的作品。反复聆听、熟悉作品,查阅有关资料(含音乐常识、音乐家介绍等内容),分析作品的感情、艺术形象、主题音乐、风格特点、题材、体裁。设计好讨论题和问答题,编写精彩的音乐故事和解说词。

(3) 识谱知识。思考如何将识谱教学与音乐欣赏、音乐表现、音乐创造等教学相结合,设计好教学谱例和教学卡片。

三、练习弹唱及伴奏

弹唱和伴奏是上好音乐课的重要基础,教师的弹唱,可以使学生直接感受歌曲的情感和歌曲的艺术美,从而产生强烈的学习欲望。在教唱歌曲的过程中,伴奏是必不可少的辅助手段,因此,练好歌曲的弹唱和伴奏是很重要的。一般来说,歌曲的弹唱应准备两个调,一个调是教师自己范唱用的,另一个调是教唱时用的。歌曲的伴奏不要配得太难,要突出歌曲的旋律。

四、选择教学形式和教学方法

正确选择教学形式和教学方法是音乐课教学成功的关键之一,它是音乐课设计时重点考虑的核心问题。在选择教学方法时应注意如下五个方面。

(1) 选择教学形式和教学方法要符合学生的心理、生理特点及学生的兴趣爱好,要使音乐课充满生气和欢乐。

（2）选择教学形式和教学方法要有利于调动学生的学习积极性，发展学生的创造性思维。比如，在采用讲授法时，对一些学生能力范围内能回答的问题，可结合谈话法来教学；在欣赏课教学中，对于一些短小的作品可以用发现法和讨论法来进行教学，也可以采用现场欣赏法，让部分有音乐专长的学生上台表演，以提高学生的学习兴趣。在音乐教学的过程中，有意识地培养学生的发散性思维和创造性思维。

（3）选择教学形式和教学方法要有利于发挥教师的专业特长。在音乐教学中，教师要尽量发挥出自己的专业特长，因为教师的演唱、演奏，比听录音、看视频，更能打动学生，激发他们的学习积极性，同时提高了教师在学生心目中的地位，也沟通了师生之间的感情。

（4）选择教学形式和教学方法要与教学目标、教学内容相适应。任何教学形式和教学方法都是为教学目标服务的，因此，在选择时应以教学目标为核心，根据教学内容的需要，遵循音乐审美的规律。

（5）选择教学形式和教学方法要有利于营造民主、平等的学习氛围。民主、平等的学习氛围对于调动学生的学习积极性，培养学生的创新性思维，张扬个性，增进师生之间的感情交流具有很大的作用。因此，在进行教学设计时一定要从形式和方法上体现这种思想。

五、安排课堂教学时间

安排教学时间有两方面的含义：一是指某一单元或某一课需要用多少课时来完成；二是指某一课时的时间如何安排到各个教学环节上。在考虑这个问题时，应从下述五个方面着手。

（1）教材的系统性和条块结构。

（2）教材的难易程度。

（3）教学内容的多少和教唱歌曲所需的时间。

（4）解决教学难点所需的时间。

（5）学生的音乐素质和接受能力。

六、设计课堂教学过程

设计教学过程是课堂教学活动整体布局的具体体现，也是对音乐教学所有要素的优化组合，它牵涉课堂教学的许多方面。例如，教学内容的整合，教学形式和教学方法的选择与搭配,教学层次的划分,教学重点和教学难点的分布,教学高潮的形成,等等。因此,在设计教学过程时,一定要有全局观念,要明确教学目标,要有教学的中心,要注意教学的层次结构及教学高潮的营造手法和时间。

第三节　小学音乐课的教学计划

小学音乐课的教学计划分为两种:一种是课时计划,一种是学期(年)计划。下面分别谈谈这两种教学计划的主要内容。

一、课时计划

课时计划就是我们通常所说的教案,它是教师备课的文字记录,是进行音乐教学的主要依据。课时计划一般包括九个部分。

(1)教学内容(课题)。

(2)教学目标。

主要是通过本课时的教学要在感受、体验、表现、创造音乐作品,在学习音乐知识,掌握音乐基本技能,以及在其他方面(如:思想、情感、横向学科知识的获得、巩固、运用等)应达到什么样的学习效果。

(3)教材分析

从音乐艺术表现、音乐知识点以及音乐与其他横向学科协同教学等方面分析教材的结构、特点。写出重点、难点及解决难点的方法。

(4)课型

明确是单一课还是综合课。

(5)课时安排

根据教学内容确定所需的课时。

(6)教学基本方法

唱歌课和识谱教学要确定是用"模唱教学法",还是用"视唱教学法"。欣赏课则明确是用"联想、想象欣赏法"还是用"对比欣赏法"等。

(7)教具准备

写出本课所需要用的基本教具,如:钢琴、多媒体、收录机、教学挂图等。

(8) 教学过程

这是课时计划的主要部分，它体现了教师上课的主要步骤和方法。因此，这一部分要把上课的主要思路、教学层次和采用的教学形式、教学方法体现出来。在进行教学设计时，教师可以根据教学内容、教学目标和学生的心理、生理特点来选择不同的教学模式。从这个意义上来讲，音乐教学过程是灵活多变的，这一点应引起广大教师的注意。

(9) 课后小结

教师课后对自己的教学进行自我评价，从中总结经验找出不足，为进一步提高教学水平积累资料。

课时计划表请见表6-1。

表 6-1　课时计划

班级：	科目：	教师：	日期：
教学内容（课题）		课　型	
教学目标			
教材分析			
教具准备	教学基本方法		课时安排
教学过程			
课后小结			

二、学期（年）计划

学期（年）计划是对全学期（年）音乐教学内容、教学要求、教学进度和整体安排的记录。它的制订必须根据如下三个原则：第一，根据新《标准》的要求和教材的编排体系；第二，根据学生的音乐素质、年龄特征和同一年级各班的不同情况；第三，根据学校的教学工作计划和总的要求。

学期（年）教学计划分为"说明"和"教学进度计划"两个部分。"说明"部分主要有教学任务和要求、学生基本情况和教学措施等内容；"教学进度计划"部分则用表格形式把每课的教学内容、教具准备和复习、考试等项目按周顺序排列出来。

学期（年）计划表请见表6-2。

表 6-2 ＿＿＿＿年度第＿＿学期音乐教学计划

年级：　　　　教师：

说明					
一、教学任务和要求 二、学生情况分析 三、教学措施					
教学进度计划					
周次	感受与欣赏	表现	创造	音乐与相关文化	教具	备注
1						
2						
3						
4						

本节附五个教学案例：

教案 1

小宝宝睡着了

学段

一、二年级

教学目标

(1) 聆听歌曲《小宝宝睡着了》与《摇篮曲》，体验母爱，培养爱心。

(2) 感受摇篮曲轻盈摇荡的特点，用轻柔连贯的声音演唱歌曲。

(3) 创设情景，分角色表演，即兴创编，能够选择合适的打击乐器为歌曲伴奏。

教学重点

学习歌曲《小宝宝睡着了》，体会作品意境。

教学准备

多媒体课件；头饰：星星、月亮、花儿、鸟儿；木鱼、响板、碰钟。

教学过程

(一) 师生问好，组织教学

通过聆听两拍子与三拍子的乐曲，感受其情绪上的不同，并能用不同的动作来表现。

（二）聆听《摇篮曲》(女声独唱)　　［奥地利］舒伯特　曲

1. 播放多媒体课件

师：小朋友们，在大屏幕上有三幅画面，第一幅上有什么？第二幅、第三幅呢？（学生回答）现在，老师唱一首歌，你们仔细听，想想这首歌曲最适合表现三幅画中的哪一幅。

2. 教师演唱《摇篮曲》

师：多好听的歌啊！小朋友一边听，一边摇晃着身体，听得都入迷了。你们听出来这首歌表现的是哪一幅画吗？（学生回答）对，表现妈妈轻轻摇着摇篮，亲切地哄小宝宝睡觉的情景的歌曲或乐曲就是摇篮曲。刚才，老师唱的就是一首奥地利的摇篮曲。

（三）揭示课题，新授歌曲

师：今天，我们就来学一首中国的摇篮曲，它的名字叫《小宝宝睡着了》。

1. 播放课件，听童声合唱，感受歌曲的情绪

方法：边听范唱，边用体态表现歌曲。

师：（范唱后，轻读歌词）"小宝宝睡在摇篮微微笑，摇篮像只船，妈妈轻轻摇。摇呀摇呀摇，一摇一摇睡着了。"多宁静的夜晚，妈妈的歌儿多好听啊！你们还记得小时候妈妈是怎样哄你们睡觉的吗？下面就让我们学着妈妈的样子，随着音乐，哄小宝宝睡觉。

2. 新授歌曲《小宝宝睡着了》

(1) 用体态感受、体验歌曲情绪，初步培养学生的想象力与创造力

a. 播放第一遍音乐伴奏，随音乐晃动身体，初步感受音乐情绪。启发学生用动作模仿，想象哄小宝宝睡觉的样子。

b. 播放第二遍音乐伴奏，启发"怎样哄小宝宝快快进入甜蜜梦乡"，使学生体会到动作要轻柔。在用动作模仿、想象哄小宝宝睡觉的基础上鼓励学生大胆创造。

师：想一想，妈妈怎样哄小宝宝，小宝宝才能快快进入甜蜜梦乡？小朋友可以讨论也可以做一做（学生答或做），让我们再一次学着妈妈的样子，轻轻摇晃，哄小宝宝睡觉。

(2) 学唱旋律

师：这一次，小朋友做得又轻又慢，我想小宝宝就快要睡着了。如果我们一边哄一边唱的话，小宝宝很快就会睡着的。下面老师就教你们唱这首歌。首先老师唱歌词，小朋友跟着老师轻轻哼唱，并且要仔细听歌词里都唱了些什么。

a. 教师唱歌词，学生哼唱旋律。

b. 师：谁知道歌词里都唱了些什么？

(3) 学读歌词

a. 学生自由读歌词。

b. 学生有感情地按节奏朗读歌词。

(4) 学唱歌词

师：歌词读完了，让我们轻轻拍着手唱歌词。

a. 教师单手弹旋律，学生跟唱。

b. 纠正唱法与音准，注意吐字咬字。

c. 处理最后一句唱法，更好地表现歌曲的意境。

师：小朋友，想一想，小宝宝是不是一下子睡着的？（学生回答）他是怎样睡着的？（学生回答）对，他是慢慢睡着的。最后一句应该怎样来唱？

方法：学生分组讨论，创编最后一句的不同唱法。

师（小结）：我们就用轻柔的轻声演唱最后一句。（师右手弹琴，左手指挥）小宝宝在妈妈的歌声中慢慢地睡着了。

d. 完整演唱歌曲。

(5) 分角色表演，体会母子情

师：歌曲里都有谁？下面小朋友按照自己喜爱的方式，用你们的动作、你们的声音表现出妈妈对你们的爱。

方法：两人一组或多人组合，分别扮演妈妈与小宝宝，妈妈演唱，唱完一遍后交换。

（四）选择合适的打击乐器为歌曲伴奏

a. 认识打击乐器。听辨木鱼、响板、碰钟的不同音色。

b. 选择合适的打击乐器表现歌曲意境，为歌曲伴奏。

c. 创编节奏，为歌曲伴奏。

师：夜深了，小宝宝在妈妈的摇篮里、妈妈的怀抱里、妈妈的歌声里睡着了。户外的花儿也睡了，小鸟也飞累了，小虫也不叫了，周围多么安静啊！只有天上的星星在一闪一闪地眨着眼睛看着我们入睡。老师这儿有几种乐器，小朋友试一试，哪一种乐器最像小星星眨眼睛？

方法：学生动手，分别演唱和试奏木鱼、响板、碰钟，选择出碰钟最像小星星眨眼睛。（交换碰钟，无伴奏演唱两遍。）

（五）创设情景，演唱《小宝宝睡着了》，表现歌曲

师：夜深了，小宝宝睡了，小鸟飞累了，小虫不叫了，只有月亮姐姐和小星星在看着我们。你们看，老师给你们带来了什么？有……（学生回答）谁愿意扮演这些角色？（教师找几名学生，学生自由选择角色）其他的小朋友一起搭一个大摇篮，哄小宝宝睡觉。

方法：集体表演。大家一起搭成大摇篮，老师请一个小朋友扮演小宝宝，同学们一起边表演边演唱。

小结：小宝宝在妈妈的歌声中、妈妈的怀抱里甜甜地睡了一夜。看！天亮了，让我们一起和睡醒了的小宝宝去室外活动活动，好吗？（听音乐，出教室。）

（本课例由山东省青岛市北区教育局范林玉提供）

教案2

跳 竹 竿

学段

三年级至六年级

教材分析

《跳竹竿》是勤劳、聪慧的黎族人民在长期的生活、劳动中，创作出的脍炙人口的民族歌舞。它的曲调活泼，节奏轻快，旋律优美，加上欢快的舞步，真实地反映了黎族人民淳朴、乐观和刚毅的性格，成为海南民族歌舞宝库中的珍品，也成为海南省小学的音乐乡土教材，适用于小学三年级学生。通过教学，培养学生用自然的声音演唱《跳柴歌》，并在学习跳竹竿中感受欢快的情绪和培养二拍子的韵律感，学生能够伴随《跳竹竿》的乐曲敲竹竿并能合着二拍子的音乐跳得自然、流畅。同时能够在跳竹竿的过程中，培养合作精神。

教学过程

（一）导入

1. 教师跳绳

师：老师在做什么？

生：在跳绳。

师：你会跳吗？

生：会。

2. 教师用手风琴弹奏《跳柴歌》,学生分组进行跳绳
3. 比较音乐伴奏的感受和作用

这一层次的教学,教师通过学生的视觉入手,以学生兴趣爱好为动力,挖掘学生已有的跳绳经验,加强音乐课与社会生活的联系。另外,通过比较教师"跳"和学生"跳",使学生理解有音乐伴奏的"跳"让人更加快乐和满足。同时,音乐伴奏的作用可以让全体跳绳的同学步伐统一。而这一感受和作用是学生在教师跳和自己跳的过程中悟出来的,从而启迪学生的音乐艺术思维,挖掘学生的个性才能,为以后学习新课打下基础。

(二) 授新

1. 学习跳竹竿的基本步伐

教师建议学生把手中的绳子变个形式来玩:一对一,面对面,蹲在地下,双手拉直绳子贴在地面上反复做开、合(二拍)的练习,要求与《跳柴歌》的音乐吻合。没拿绳子的同学原地坐下,模仿练习。教师有意识地从开合的绳子中间跳过去,第一次出现跳竹竿的完整动作。

(这一层次教学是根据小学中年级学生的身心特点,从音乐基本要素二拍子入手,通过开合二拍的练习,模仿"跳竹竿"的基本动作,积累感性经验,为"跳竹竿"打好基础,同时在师生平等参与的过程中,增强学生学习的自信心和自主探究的能力。)

2. 学唱《跳柴歌》

教师利用多媒体显示谱例,然后有感情地用手风琴伴奏并演唱《跳柴歌》。接着用手风琴带唱,从分句到连句到全曲练唱,层层深入,使学生在唱的过程中,巩固二拍子知识,领会正确流畅地发声,体会歌曲的弹跳性与亲身体验弹跳的那种欢乐情绪。在学唱歌词时,先用普通话,再用海南方言,增加学生对海南音乐的直接感受,引导学生从小热爱自己的家乡音乐。在学生的学唱过程中,让会说海南方言的同学指导不会说海南方言的同学,培养学生团结互助的精神。同时,教师有意把"跳竹竿"的基本步伐和《跳柴歌》的节拍融合起来,并选择自己喜爱的土制打击乐器(椰壳、叮咚等)进行伴奏。

这一层次的教学,遵循音乐教学听觉艺术的感知规律,因为学生除了用歌声和语言对音乐感悟外,往往动作更能激起学生的情感共鸣。此时老师让学生选择土制打击乐器,鼓励学生发表自己的伴奏方案,学生在欢乐的情绪中边唱边击,再次体会合作的快乐和满足,其感受也一步一步向"跳竹竿"这一作品的风格和内蕴靠拢,这样的学习过程正是学生欣赏能力逐步提高的过程。

3. 欣赏录像片段

通过播放黎族青年男女跳竹竿的录像片段,利用视听结合、声像一体的效果使学生触景生情。美妙的旋律、鲜明的节奏,带动学生不由自主地用肢体语言去感应音乐,获取音乐带来的快乐,进一步激发学生的学习兴趣。

4. 学生分组实践

教师强调注意"跳竹竿"的基本舞步——左右左右(二拍)及动作要领。

学生分组表演。

师生互相评价。

这一层次的教学,通过分组表演加强对"跳竹竿"动作要领的理解,再通过师生互评,使学生了解自己的进步,发现自己的音乐潜能,建立自信心,促进音乐感知、表现和创造等能力的发展,同时有利于教师总结、提高自己的教学水平,达到教与学的和谐统一,提高教与学的质量。

(三) 小结

这节课,学生们不仅学唱了《跳柴歌》,而且学会了"跳竹竿"的基本舞步,还增进了同学之间团结合作的精神。

(四) 作业

师:下节课,我们将继续学习黎族民歌和进行"跳竹竿"的创作练习,请同学们收集有关海南黎族文化习俗、风土人情的资料,以供大家交流共享。

(本课例由海南省海口市第十一小学韩颖提供)

教案 3

新疆是个好地方

学段

一、二年级

教学目标

1. 学习用热烈欢快的情绪、活泼而有弹性的声音演唱歌曲《新疆是个好地方》。
2. 学习并基本掌握简单的维吾尔族舞蹈动作,体验维吾尔族舞蹈的美。
3. 扩大音乐文化视野,热爱我国优秀的民族音乐文化。

教材分析

歌曲《新疆是个好地方》原是流传在新疆的维吾尔族双人歌舞曲之一。这种双人歌舞一般是男女对歌对舞,乐曲大多短小精悍,情绪欢快活泼;歌词各段或叙事,或描写,生动风趣,很有生活气息。演唱时,根据舞蹈的需要,把第二乐句的曲调作器乐演奏的引子和过门;引子作为起舞前的准备,过门在两段歌词之间插入,让表演者嗓音得到休息并进行舞蹈表演。这首热情的维吾尔族民歌,为 $\frac{2}{4}$ 拍,五声宫调式,复乐段结构。歌曲的旋律活泼、明快,充满活力的舞蹈性节奏贯穿全曲。歌曲以生动的歌词,历数美丽的新疆风光和富饶的物产与宝藏,抒发了新疆人民热爱家乡、赞美家乡的真挚情感。

教学重点

1. 在主动参与音乐实践活动中反复聆听歌曲《新疆是个好地方》。
2. 带着浓厚的兴趣参与体验音乐活动,关注学生音乐基本知识和基本技能的学习。

教学用具

钢琴、录音机、磁带、手鼓、铃鼓、新疆服饰、多媒体课件等。

教学过程

(一)感受音乐

1. 初听歌曲,体验情绪

师生伴随乐曲《新疆是个好地方》进入教室,教师即兴用手鼓为乐曲伴奏。

师:同学们,听到这段活泼、欢快的音乐,知道这是我国哪个地区的吗?

(学生发表各自的见解,如新疆、内蒙古、西藏……)

师:你怎么知道这段音乐是新疆的?

生:通过听这段音乐我感受到了它的新疆音乐特色,老师手中的鼓我曾在电视上见过,它是新疆的乐器……

2. 介绍手鼓

师:老师手中拿的鼓就是新疆典型的打击乐器,知道它叫什么吗?

生:手敲鼓、手鼓、手打鼓……

师:同学们说得都很好,提起新疆人民,他们个个都能歌善舞。音乐的繁荣自然就产生了众多乐器,维吾尔族乐器主要有弹拨、拉弦、吹管和打击四类。在这些乐器中最常使用的是打击乐器中的手鼓。(用《新疆是个好地方》伴奏作为背景音乐)

3. 模仿节奏，突破难点

师：同学们，你们认为用什么字可以形象地模仿手鼓敲打的声音？

生：咚、嗵、嘭……

师：我们就暂且用"咚"来模仿老师敲击的一段节奏：

$$\frac{2}{4} \quad \text{×××｜××｜××｜×—｜}$$
咚咚咚 咚咚 咚咚 咚

（学生在音乐的伴奏下模仿手鼓声）

师：同学们，各小组能否用这段节奏说一句话，例如，我们的祖国像花园……

（学生在音乐的伴奏下进行创作活动，汇报创作结果：杨利伟叔叔真伟大；花园的花朵真鲜艳；我们组一定争第一；天空的颜色像海洋……教师出示歌词"富饶的花园结瓜果"后，学生伴随音乐读歌词并即兴加入铃鼓伴奏。）

师：听老师再敲一段节奏，你能直接按节奏说出歌谣吗？

（"肥沃的草原放牛羊"，学生在教师的引导下伴随音乐《新疆是个好地方》通过各种形式巩固两句歌词。）

师：刚才我们听到的音乐和读的歌谣都是描写新疆的景色，你能介绍一下你所知道的新疆吗？

生：新疆的衣服很漂亮；新疆有葡萄干，新疆人最爱吃烤羊肉串；新疆的天气很热，有火焰山……

师：新疆位于我国西北部。这里地域辽阔，资源丰富，景色宜人，有巍峨的高山，高耸入云的雪峰，苍翠的雪松云杉，晶莹的冰川，碧澄的湖泊，浩瀚的戈壁沙海，辽阔的草原及各种珍稀动植物。可以说，这里冰川与火山为邻，沙漠与绿洲相映，加上古丝绸之路上的文化沉积，就构成了新疆旅游的奇特景观，雄阔的天山山脉将新疆划分为南疆和北疆。虽然天山上终年积雪，冰川延绵，然而南北山麓植被繁茂，牛羊肥壮，瓜果飘香。提起新疆，我们还不得不说，这里历来被称为"歌舞之乡"。到新疆旅游，常常看到人们载歌载舞的场面。不管是在节日喜庆的广场、街心，还是在田间、牧野，或在普通人家的葡萄架下，只要琴声一响，手鼓一敲，在场的男男女女，老老少少，都会不约而同翩翩起舞。说到这儿，老师也想跳一段新疆舞。

（学生伴随音乐《新疆是个好地方》与老师一起跳"三步一抬"。）

师：女生的手位为脱帽式，右手托耳边，左手伸向前，脚下三步再一抬；男生的动作更简单，手背在胸前，手心露后边，脚下三步再一抬。

(学生在教师的引导下伴随音乐活动。)

(二)歌曲学习

1. 学唱第一段歌词

师:这段音乐就是我们今天要学唱的一首新歌的曲调,请仔细听歌曲的第一段,歌词中都唱到了什么?

(新疆是个好地方,天山南北好风光,富饶的花园结瓜果,肥沃的草原放牛羊。)

(1)手鼓敲击节奏,学生随节奏读歌词。

(2)加上铃鼓的伴奏,带着喜悦的情绪有感情地读歌词。

(3)用"咚"随琴模唱歌曲。

(4)学生随琴分乐句唱词并试着完整填唱第一段歌词。

(5)处理并表现歌曲。

2. 学唱第二段歌词

师:新疆不但是"歌舞之乡",而且是举世闻名的"瓜果之乡"。歌曲的第二段歌词就唱到了三个地方。

师:什么地方苹果甜又大?什么地方葡萄把名扬?什么地方风景赛江南?怎么样?

("伊犁河的苹果甜又大,吐鲁番的葡萄把名扬;果子沟的风景赛江南,黑压压森林满山岗。"学生在教师的引导下学习、巩固、处理第二段歌词。)

师:第二段歌词中共唱了新疆的三个地方,我们来做一个"快乐点击"的游戏。

(学生分别点击三个小图片。)

师:伊犁素有"苹果之乡"的美称,是新疆著名的苹果产地。由于其特殊的地理位置,伊犁的苹果色泽鲜艳,味道浓香,酸甜适度,便于储运……

吐鲁番盛产葡萄。茂密的葡萄田漫山遍谷,充满了诗情画意。春季,繁花似锦;盛夏,硕果累累。串串葡萄,触手可及。可以说,这里是一个名副其实的"葡萄王国"。

果子沟风景秀丽,历来被视为新疆的名胜之地,素有伊犁"第一景"的美称。以野果分布广阔而闻名,从春至秋香草馥郁,野花烂漫,艳丽多姿,给游人带来美的享受,可以说,果子沟是大自然赋予我们人类的天然宝库。

师:通过介绍,相信你对新疆的这几个地方有了更深入的了解和喜爱,带着更加饱满和喜悦的心情,我们再来唱唱这段。

(学生巩固歌曲并通过模仿录音范唱,处理表现第二段歌曲。)

3. 学唱第三段歌词

师：新疆不但风景秀丽、瓜果遍地。它还是一个自然资源极其丰富的地方。给大家介绍两个地方：一个是阿勒泰，一个是和田。

"阿勒泰"在突厥语中是"金子"的意思，自古以盛产黄金闻名于世。民间传言"阿勒泰七十二条沟，沟沟都有黄金"。阿勒泰地区不仅有遍地的黄金，更有金子般靓丽的风光。每到夏秋季节，景色美不胜收。和田是产玉石的宝地，和田玉质地细腻，晶莹美丽。

（教师播放录音伴奏，学生分小组自学第三段歌词。）

4. 教师范唱

（学生感受教师穿戴新疆服饰，声情并茂地演唱。）

5. 表现歌曲

师：今天，我们既学跳了新疆舞，又学唱了歌曲《新疆是个好地方》。下面就让我们唱起歌来跳起舞。

（学生在宽松的环境下载歌载舞，自由活动。）

6. 教师小结

师：同学们，今天的新疆之旅就要结束了，新疆这块神奇的土地历来吸引着众多的艺术家，他们用自己对生活的无限热爱创作了许多脍炙人口的音乐作品。下面我们将要欣赏的《新疆好》就是其中的一首。通过对这首歌的欣赏，相信大家对新疆人民的生活及其相关的音乐文化会有更加深入的了解。

（学生伴随音乐跳起新疆舞，结束本课。）

（本课例由辽宁省沈阳市沈河区教师进修学校陈运成提供）

教案 4

小 麻 雀

学段

一、二年级

教学目标

（1）学唱歌曲《小麻雀》，感受歌曲的拍子，能用自然、轻快的歌声演唱歌曲。

（2）在歌曲旋律的伴奏下做音乐游戏，逐步做到合着音乐传递卡片，并结合卡片上的动物形象即时创编歌词和表演动作。

教学重点

在音乐活动中创编动作和歌词,表现多种小动物的音乐形象。

教学准备

歌片、动物卡片、录音机等。

教学过程

(一)在歌曲《问好歌》的伴奏下,教师与学生互相拍手问好,进入教室

(二)学唱歌曲《小麻雀》

1. 直接导入

师:同学们,刚才我们怎样走进教室的?对,这是前面我们学习过的一首《问好歌》,老师希望同学们都要懂礼貌,见面要问好。

瞧,今天来到我们音乐课的是一只怎样的小麻雀?请同学们仔细听歌曲,听完了再告诉老师。

2. 学生初听歌曲

学生欣赏音乐,教师引导学生感受音乐。

歌曲欣赏到第二遍时,教师提示:"歌曲带给你怎样的感受,用你的表情告诉老师好吗?"

根据学生的回答,教师导入第二遍的欣赏:"让我们再来欣赏一遍歌曲,注意感受歌曲是几拍子的。"

3. 再听歌曲

师:不要说出来,用动作告诉老师你的答案。

(引导学生用不同的动作听辨,并表示出三拍子的特点。)

根据学生的回答,教师导入歌曲的学唱。

4. 歌曲学唱

师:多么可爱的小麻雀呀!我们来合作演唱这首歌曲好吗?

(采用对唱法,教师唱每句歌词的前半句,学生接唱后半句。)

(1)跟琴对唱,教师注意指导学生要抓住小麻雀的特点,用轻快、自然的声音演唱。

(2)师:让我们再来唱一遍,注意观察老师的演唱有什么特点。(教师在演唱的同时表演)

你能为自己演唱的歌词部分设计表演动作吗?试试看!

(3)跟着录音唱。

（4）师：你是怎样表演的？和老师一起表演好吗？其他同学来唱歌。（师生交换角色演唱）

（5）跟琴对唱。提醒学生清楚地唱出前奏后的第一句歌词。

（6）跟着音乐唱起来。教师提醒学生为自己的演唱创编表演动作。

5．学生完整演唱

（1）师：能自己完整演唱了吗？试试看！

（在学生演唱的过程中，教师随时提醒学生创编动作表演。）

（2）请表演有特点的学生单独表演。

学生互评。抓住学生创编得有特点的动作，引导学生抓住小麻雀的特点设计表演动作，使学生的表演更形象，更有趣。

（3）师：谁设计了不同的动作？谁能表演得更棒？

（4）师：最后让我们站起来，唱给你身边的伙伴听，演给你身边的小朋友看。

（5）交换伙伴再来一遍。

6．歌曲处理

师：小麻雀真可爱，我们可不可以用不同的唱法表现出不同的小麻雀？想一想，怎样唱才能表现出一只特别活泼的小麻雀？

（带领学生尝试用不同的速度和力度演唱歌曲，使学生体会这些音乐要素的变化所表现的不同形象的小麻雀。）

（速度稍快——活泼的小麻雀；速度稍慢——温柔可爱的小麻雀。）

教师小结：音乐发生变化了，原来，相同的旋律用不同的速度和力度去表现就会给我们带来不同的感受。

（三）创编第三段——小花猫

师：小麻雀懂礼貌，它的好朋友小花猫来了。

（教师出示小花猫的图片）

1．创编简单的歌词

师：小花猫……走起路来……见了妈妈……见了小朋友……

（结合学生的创编，鼓励学生抓住小花猫的特点创编歌词，培养学生的求异思维。）

2．学生交流

教师引导学生从猫的外形特征、生活习性和平日学生接触的动画猫的形象方面交流，拓展学生的思维，为歌词的创编作准备。

3. 学生分组创编歌词

学生自由地将小花猫唱到歌曲《小麻雀》的旋律中,并设计表演动作,比一比哪个小组表现的小花猫最有特点,最可爱。

4. 分组展示,评价

师(引导学生自评、互评):你们对自己的表演和演唱满意吗?

你认为自己的优点表现在哪些方面?

同学们来评价一下吧!老师认为……

(四)音乐游戏——《猜猜我是谁》

师:同学们唱得真好听,为了奖励大家,老师要带同学们做一个音乐游戏。听好音乐,在音乐结束之前让我们围成一个大圆圈。

老师准备了许多卡片,让我们在歌曲《小麻雀》的伴奏下来传卡片,注意要合着音乐的节奏传,当歌曲结束时,卡片传到谁的手中,谁就来告诉大家卡片上有什么。明白了吧?

先来试试看!

(游戏开始,教师准备好小花狗、大公鸡、小绵羊、小奶牛、小朋友等卡片,在答案揭晓后请学生演唱并表演。)

歌词一下子想不起来的地方,可以用动作代替。

(五)教师总结

音乐游戏最后结束在《小朋友》歌词的创编上。

师:小动物懂礼貌,小朋友们更懂礼貌,让我们一起来唱一唱。

愿同学们能像歌中唱的那样,做个懂礼貌的好孩子!

设计思路

1. 紧抓音乐形象,展开音乐创造

在学生对歌曲有了一定的感受、理解的基础上,我设计了即兴创编歌词和即兴表演两个教学环节,教学中我力图提供多种类型、风格多样的活动方式,引导学生在音乐活动中紧抓小动物的特点,自由想象并创编歌词和动作,表现了各种小动物的神态特点,在音乐创造活动中丰富其情感内涵,发展学生的创造思维,培养学生的创造自信心,提高学生的音乐创造能力。

2. 趣味学习歌曲,加强指导练习

歌曲的学习采用听唱法,结合歌曲旋律的特点,选择富有童趣的对唱和表演使学生逐步学会歌曲。在唱法的指导上,我从学生开始张嘴唱时就提出了明确的要求,结合学生对歌词的理解,引导他们用轻快、富有弹性的歌声演唱,用歌声表达出自己对歌曲的感受与理解。着重运用速度这一音乐要素的变化,让学生感受其给歌曲带来的不同效果,表达不同的情感,其实这也是一种对音乐的表现和再创造。

3. 活动组织教学,音乐贯穿始终

教学中我将从音乐的角度出发,紧紧把握音乐课的"音乐性",努力挖掘与学生生活有关的、富有儿童情趣的内容。围绕歌曲《小麻雀》展开一系列音乐活动,将音乐与表演、音乐与创编、音乐与游戏紧密结合,使整节课既是学生感受音乐的过程,又是学生理解、表现、创造的过程。

4. 小组合作学习,合理运用评价

长久以来,小组合作被广泛应用于课堂教学的各个环节,但那种讨论时一哄而上的小组合作往往只流于形式,缺乏实效性。二年级的学生也许已经有了很多小组合作的经历,但并不一定会合理地展开讨论和分工合作。在本课的教学中,我将引导学生在自我评价和同学互评中自己寻找问题,总结经验,学会参与、讨论,善于分工、合作,将创造教学领域中的合作学习落到实处,实现分组合作的实效性。

运用各种评价合作的手段,对学生的分组合作、创编歌词以及表演情况进行评价,在评价中尤其注重学生的自我评价和学生间的互评,对小组合作的评价,教师在学生分组讨论时就应走进学生中间,了解他们的分工讨论情况以及存在的问题,通过评价的方法引导学生自己查找问题,例如:"你们是怎样分工合作才表演得这么好的?""因为他们有合理的分工、积极的讲座和小组成员之间密切的合作,所以他们的演出很精彩!"

(本课例由山东省青岛市洮南路小学兰小玲提供)

教案 5

祖 国 您 好

学段

一、二年级

教学目标

1. 知道国旗、国歌是祖国的象征,能够以崇敬的心情聆听中华人民共和国国歌《义勇军进行曲》。

2. 能用自然亲切的声音背唱《国旗国旗真美丽》《同唱一首歌》，能在歌唱中表达对祖国的热爱之情。

教学重点

1. 用亲切、自然、连贯的声音演唱歌曲。

2. 感受和体验 $\frac{2}{4}$ 拍、$\frac{3}{4}$ 拍韵律。

教学过程

教学流程	教师活动	学生活动	设计意图
开始部分，播放视频：① 天安门广场上的升旗仪式；② 奥运会上的中国健儿夺冠的升旗仪式。	提问：① 刚才你看到了什么画面？你能用一句话来表达一下吗？② 仔细聆听里面的歌曲，能说出歌名吗？	看画面聆听音乐，感受场面气氛。	通过画面引起学生的注意，让学生在画面影响下受到感染，引导学生理解国歌。
介绍国歌，认识国旗，简单介绍聂耳（多媒体展示国旗、聂耳的照片）。	① 出示国旗，通过提问引导学生说出国旗的基本特征及象征意义。② 介绍国歌，了解国歌的全称。	① 观察五星红旗的特征。② 分组讨论红旗、红色星星各代表什么。	通过老师的介绍、小朋友的观察和讨论，使一年级的小朋友全面了解国旗、国歌是祖国的象征，我们每个中国人都应尊重和爱护国旗。
复听，唱国歌。感受国歌的庄严、坚定、有力，教育学生热爱祖国。	联系学校的升旗仪式，说说国歌响起的时候，你应该怎么做。	① 说说升旗时你该怎么做。② 唱国歌，模仿升旗仪式，学习敬礼动作。	通过模仿升旗仪式懂得升国旗时应肃立、敬队礼或行注目礼、表情专注，表现对祖国的热爱。
学唱歌曲《国旗国旗真美丽》	① 导入：刚才我们认识了国旗，知道国旗是我们国家的象征，下面我们来画国旗。② 播放歌曲《国旗国旗真美丽》作背景音乐，有感情地朗读歌词，并表演。③ 展示、评价学生作品。④ 示范唱歌曲。⑤ 教师指导：鲜艳的五星红旗高高飘扬，每个小朋友都那么喜爱它，那你该用怎样的声音来表达对国旗的赞美和喜爱呢？指导学生音与音之间要唱得连贯，后两句要唱得更为亲切、自然，尤其是"亲亲您"唱得轻而有弹性。	① 听音乐，画国旗。② 展示作品。③ 评价作品。④ 听唱歌曲。⑤ 第一次用跳跃的声音演唱，第二次用连贯的声音演唱，分辨哪一种唱法使国旗显得更美丽。联想妈妈喜欢你、亲亲你时的神态，唱好最后一句。	① 通过画国旗使学生进一步认识国旗，并在背景音乐的渲染下，感受歌曲，降低了学生的学习难度。② 由学生作品导入歌曲学习，激发学生参与活动的兴趣与积极性。

续表

教学流程	教师活动	学生活动	设计意图
编创与活动	在唱歌过程中指导学生拍手、拍腿，感受歌曲的节拍，并拍得自然，拍腿不要用力。	在演唱中看课本上的图做拍手、拍腿练习，第一拍（强拍）拍手，第二拍（弱拍）拍腿，边唱边拍，感受歌曲的节拍。	通过做拍手、拍腿练习，充分感受歌曲的节拍，体验音的强弱。
歌曲表演	师：小朋友唱得这么优美动听，国旗听得非常高兴，它在说："谢谢小朋友！"那么，你还能用什么方法把国旗的美丽表现出来呢？	分组表演（用优美的动作、丰富的表情表演）。	通过身体有节奏的动作，表达音乐中的情绪，加强学生对音乐的全面感受。

（本课例由江苏省无锡市锡山区甘露中心小学音乐室提供）

第七章 小学音乐教学的有效性研究

教学的有效性是指教师采用有利于学生接受和理解的教学方式,在一定的学习时间内使学生获得较大的发展和进步。其特征是:学生主动地、创造性地学习;教学目标明确;教学形式、教学方法符合学生的心理特征和学习能力。

小学音乐教学的有效性研究应以新《标准》为依据,力求体现新《标准》的价值与理念。在教学过程中,关注学生良好音乐审美情趣的形成,使学生在充分感受、体验、表现、创造中丰富情感,陶冶高尚情操;重视学生音乐能力与人文素养的整合发展,让学生在感知与欣赏、交流与合作中,形成尊重、关怀、友善、分享等品格,塑造健全人格;强调音乐审美,在注重审美体验价值的同时,注重音乐的创造性发展价值、社会交往价值与文化传承价值。在教学实施过程中,创设音乐教学特定的情境、强调感受体验、注重探究创新、加强综合实践、科学使用教材。

第一节 创设教学情境

"情境"之"情"即感情、情绪、情况、情景等,"境"则指环境、意境、场景、境况等。从心理学的角度讲,情境就是对人有直接刺激作用、有一定的生物意义和社会意义的具体环境。情境教学是从教学的需要出发,在课堂教学过程中教师依据教学内容创设以形象为主体、富有感情色彩的具体场景或氛围,激发和吸引学生主动学习,达到最佳教学效果的一种方法。

创设情境的目的是达到心理暗示,心理暗示的本质就是情境感染。现代心理学理论认为,暗示是一种普遍的心理现象,是环境和个人之间连续不断的信息交流。它以含蓄间接的方法,对人们的心理和行为产生影响,使人按一定方式行动。这种暗示是由情境提供的,情境是对人产生暗示信息的源泉。学生从情境中得到多种多样的暗示,这种暗示能最大限度地开发个人潜能,从而提高学生的注意力、记忆力、想象力和创造力。

建构主义学习理论强调创设教学情境,认为学生的学习是与真实的或类似于真实的情境联系着的，是对一种真实情境的体验，学习者只有在真实的社会文化背景下，借助于社会性交互作用，利用必要的学习资源，才能积极有效地建构知识。建构主义学习理论注重学生的主体地位，认为创设情境是"意义建构"的必要前提，把创设教学情境作为教学实施的一个重要内容，提倡情境教学。

情境教学必须境中含情。创设的情境必须要引起学生的兴趣和情感共鸣。要把握住学生的情感兴奋点，将教材、教师、学生的情感统一在情境之中。在教学中创设情境只是一种教学形式与手段，其目的是为教学内容服务的。所以，创设情境必须理寓其中，将教学与教育内容寓于情境，使其具有深刻内涵，才能达到形式与内容的统一。否则创设的情境就会失去其核心与灵魂而显得苍白无力。

例如我国古代"伯牙学琴"的故事：伯牙拜成连学琴，三年后，成连编成一部《高山流水》的乐曲。伯牙演奏此曲，虽然音调很准，但表现不出高山流水的气魄。于是成连将伯牙带到东海的一个岛上，自己却划着船走了。伯牙一个人留在岛上，见到的是"东海汹涌""山林杳冥"，耳边只有大自然深邃美妙的音响，于是面对大海，鼓琴而歌。十天后，成连来了，再听伯牙弹奏的《高山流水》，那真是"耸高而激荡"，如江水奔腾无羁。

伯牙学琴之所以能悟于景，动于心，萌发出艺术的灵感，对音乐产生认识上质的飞跃，就因为成连在教学过程中巧妙地运用了情境。

从音乐教学的角度来看，"情境"实际上就是一种以情感调节为手段，以学生的生活实际为基础，以促进学生主动参与、整体发展为目的的音乐学习与生活环境。情境教学的核心是"情境"，它以"情"为经，将被淡化了的情感、意志、态度等心理要素重新确定为音乐教学的有机构成，将学生的兴趣、爱好、志向、态度、审美能力、表现能力和欣赏能力，以及价值观等摆在音乐教学应有的位置上；以"境"为纬，通过各种生动、具体的音乐氛围的创设，拉近了音乐学习与学生现实生活的距离，为学生的主动参与、主动发展开辟了现实的途径。

创设教学情境是一种教学艺术，能有效提高课堂教学效果，其效果主要表现为三个方面。

（1）能营造一种教学氛围，寓教于乐。情境教学改变了传统教学的那种老师一人讲，学生众人被动听的单调信息传递方式，学生在情境中感到易学、有趣。

（2）能促进学生对音乐学习的向往。教学情境有丰富的美感、鲜明的形象，伴随教师情感的抒发、渲染，带动学生动口、动手、动脑，多种感官参与学习，使学生置身于这特别的心理场中,产生一种驱动力,使学生主动投入学习活动。

(3) 培养学生的情感。通过创设教学情境把学生的认知活动与情感结合起来,开辟了一条有效途径,能使学生的情感、意志、自信心等非智力因素得到充分的培养和发展。

在音乐教学过程中,教师应根据需要,创造或创设与教学内容相适应的场景或氛围,使学生在特定情境中,通过暗示,引发情感变化,从而迅速且准确地理解学习内容,达到学习目的。

创设情境的方式很多,下面介绍六种常用的情境创设法。

一、环境创设情境

环境具有调节人的情绪的功能。生动活泼、整洁优美的环境能给人带来轻松、愉快、积极的情绪体验,进而使人养成活泼开朗、自信大方、朝气蓬勃、乐观向上等优良品质。从审美的角度来看,学习环境是儿童最直接、最具体的审美对象,校园的自然美、教室的装饰美、师生的仪表美、语言美、情感美等都是构成一个良好的育人环境不可缺少的因素。这样的育人环境处处蕴藏着丰富的审美内涵,在这样的氛围中,儿童自然会感受到"在活生生的生活现实里有许许多多美的事物"。

音乐教室有审美趣味的环境布置能有效地激励学生的学习动机,提高学生学习的积极性,唤起学生的情感经验,以积极的情感态度参与学习活动。良好的学习环境对小学阶段儿童来说,显得尤为重要。因为小学阶段的儿童都有一个共同的特点,就是好动、爱玩,这是和他们的心理发展水平相吻合的。要为孩子们提供与他们心理特点相适应的外界环境和气氛,当置身于这样的环境和氛围,孩子们才会愿意学、乐于学。音乐教室要宽敞明亮,并能配备先进的教学硬件,如电脑、录像机、录音机、实物投影仪等;要经常改变音乐教室中座位的布置,以适应各种音乐活动的开展,如马蹄形、圆形可为学生提供表演场地,适合集体和个人相结合的活动方式,消除师生之间的视线障碍,体现"阳光普照"原则,有利于形成和谐、平等的师生关系,而将座位排成几个小圆等分散的形状,则有利于开展小组活动,培养学生的人际交往能力;有时为了教学的需要,可以根据教学内容布置特定的教学环境,使学生产生身临其境的感觉。

二、语言描述情境

教师在课堂上通过言语、表情、动作流露的真情实感会对学生产生极大的感染力;而学生之间积极情感的互相感染,又会扩大情感的受益面;师生情感相互交叉,渲染出感人的情绪氛围,这一氛围又反作用于学生的心理,引起他们心灵的碰撞和激荡,产生出强烈的与教学内容相适应的理念与情感。

语言描述是指利用声调、速度、音色、情绪的交叉变化,描绘特定的情境,激发学生的情绪,在情感的驱使下,促进学生联想、想象与创造,完成心理暗示的过程。

例如北京八中特级音乐教师李存在上音乐欣赏课《走进西藏》时,运用语言创设一定的音乐情境。随着背景音乐《青藏高原》的播放,李老师用他那浑厚的男中音开始了音乐课的导言:"美妙的诗,感人的歌,像从高原雪山倾泻而下的河,时间、空间挡不住它奔向大海的冲动,藏族人日夜聆听的歌早已跨过时空,飞向远在千里万里的我们。它引导我们飞过高原,飞过雪山,到达美丽而神奇的西藏。"接着,歌声又起,这时一个高远、空旷的声音响起:"走进西藏,也许会发现理想;走进西藏,也许能看见天堂……"伴随着歌声,教室里再次弥漫着李老师深情的语调:"西藏被人们称为世界屋脊,在我们这个星球上,它与太阳的直线距离最短。对于外界来说,西藏的魅力无穷无尽,魅力不仅来自雪山、高原、宽谷和湖盆,也不仅来自那些靠人类目前的智慧尚不能完全认识的传说,而更多的是来自它那奇幻的宗教色彩。"

可以设想,这种极富想象力与诗一般的语言配之以《青藏高原》《走进西藏》的动人旋律,将会创设诱人的音乐教学情境,极大地激发学生的情感,在弥漫着浓郁艺术氛围的音乐课堂里,学生真正走进了音乐。

三、故事引发情境

学生一般都喜欢听故事,如果把音乐融入故事中,有时再配上生动、新颖、色彩鲜明的、感染力强的投影片,就更能激发学生的学习兴趣。如一位音乐教师在教一年级学生分辨音的长短时,用故事引发情境。

在森林王国里,小动物要举行迎新年联欢会,这个消息传开后,各种动物分头准备节目:兔哥哥正在敲铃"铃—铃—铃—",兔妹妹正在打木鱼"咚咚咚"(教师边讲边敲击器乐让学生感知)。你们听了之后,知道哪种乐器发出的声音长?哪种声音短?然后进一步启发学生联想在生活中遇到的哪种声音长、哪种声音短,并让学生分别模仿出来。学生在模仿中初步分辨长音和短音。

通过这样的故事引入,激发了学生学习的积极性,使学生在倾听有趣的故事中掌握音乐知识。又如欣赏音乐童话剧《龟兔赛跑》时，可通过讲述乌龟与小兔赛跑的故事，唤起学生对相应意境的联想，使其抓住音乐的特征，并让学生凭借各自的想象力，展现出千姿百态的乌龟和小兔的形象。学生的主动参与，再创了龟兔赛跑的生动场面，这不仅带给了学生无穷的乐趣，而且使他们懂得了骄傲使人失败的道理。要学习乌龟勤劳、勇敢、做事有恒心的好品格。这样情景交融的音乐课，使学生乐于走进音乐，久而久之，音乐便成为其心灵里美好的东西。

四、图画再现情境

图画是展示形象的主要手段，用图画再现教学内容情境，实际上就是把教学内容形象化。用图画再现音乐场景可以帮助学生更进一步理解音乐所要表现的情绪及意境。如一位老师让学生欣赏捷克作曲家斯美塔那（B. Smetana, 1824—1884）的交响诗套曲《我的祖国》中的第二乐章"伏尔塔瓦河"时，先向学生展现三幅图画：第一幅是小溪流从山坡、小路、树丛中往下流淌的画面；第二幅是一条大河奔腾向前的雄伟、壮观的场面；第三幅是河边村庄中的村民们正在举行婚礼及舞会的画面。然后让学生想象可以用什么样的音乐来表现这三幅不同的图画的意境。经过讨论，同学们认为：第一幅画面给人以抒情的感觉，可以用木管乐器及少量弦乐器演奏的音乐来表现；第二幅图画面给人以雄伟、宽广的感觉，可以用管弦乐合奏的音乐来表现；第三幅图画是欢快、活泼、热烈、奔放的，可以先用少量乐器演奏，然后再用管弦乐合奏。学生讨论后，老师随即播放了"伏尔塔瓦河"的全曲。正如大家所说，音乐一开始，两支长笛用波动的音型交错演奏，配以小溪的潺潺流水声，奏出了"伏尔塔瓦河"宽广、深情的主题音乐；当伏尔塔瓦河流经两岸的村庄时，出现了欢快、活泼、带有跳跃的音乐，随后是热烈、奔放的管弦乐合奏。当全曲结束后，同学们基本上理解了该曲所表现的优美意境，得到了美感体验。

五、游戏体验情境

游戏是儿童认识世界的一种手段，也是他们感知、体验音乐最直接有效的方式。游戏能设定情境，情境是游戏教学的再创造，能充分发挥儿童的想象力和创造力，能使儿童更加深入地参与游戏，能让他们在轻松愉悦的氛围中获得知识。在音乐教学中，游戏必须以"音乐"为主线，通过旋律、节奏、速度、力度、和声等音乐语言去感染学生，让学生在游戏中学习音乐。因此,教师要组织学生融入丰富多彩的游戏活动,使学生体验到和"玩"一样的感觉,积极主动地在听一听、唱一唱、跳一跳、玩一玩、敲敲打打的过程中亲身感知、体验、发现、创造音乐并由此获得相应的音乐知识和技能。

  游戏能充分满足小学生"好奇""好动""好玩""好表现"的心理特征,以他们的视角和经验,在歌唱、表演、趣味游戏等活动中感受音乐带来的审美愉悦。意大利儿童教育家蒙台梭利(Montessorri,1870—1952)认为:"你听过你忘记——你看过你记住——你做过你理解。"音乐游戏就是一种亲身参与的音乐实践活动。世界最有影响的三大音乐教学体系无不体现游戏教学思想。① 奥尔夫(C. Orff,1895—1982)音乐教学法认为音乐具有"原本性"或"元素性",它不是课堂中唯一呈现方式,它是和舞蹈、动作、语言、游戏等紧密结合在一起,人人可以参与的教学活动。② 柯达伊音乐教学法注重从小学低年级开始识读乐谱,常常结合图画,用游戏充分调动学生的多种感官参与,以加深印象、兴趣和理解。例如,通过传球游戏做回声模仿练习,通过听力游戏训练耳朵的灵敏度等。③ 达尔克罗兹(E. J. Dalcroze,1865—1950)的体态律动是被广泛运用的一种有效教学方法,是小学生体验表达音乐、唤起对音乐的想象力、表现力的有效途径和方法。

  在进行音乐游戏时,教学目标要明确,根据设定的内容,模仿某种典型情景或剪取某个生活片段,让学生担任一定的角色,去展示情境,在角色体验中受到感染和教育。扮演角色需要一定的气氛渲染,而气氛渲染是学生获得心理暗示的直接手段。学生在特定的场景中,更容易进入状态。因为特殊的教学场景必定渲染出特殊的教学气氛,使学生在较短时间内迅速进入角色,如同身临其境,直接产生心理体验。例如,一位教师在《叫卖调》欣赏课中,特意创设了"集市一角"的叫卖场景,让学生在"集市"里扮演小贩。一时间,推销产品的吆喝声、购买者的讨价还价声以及熟人见面打招呼声等交织在一起,有效地创设了一个"叫卖场景"。学生在热闹的叫卖声中,了解了《叫卖调》的产生与发展,并在即兴创编中,丰富了情感体验,发展了想象力,培养了创造能力。

六、现代教学技术营造情境

  多媒体可以创设形象生动的教学意境,丰富教学内容,如实地传递、保存和反馈信息,并使各种信息类型的转换和过渡变得自然、平稳、迅速,避免了因信息传递过程的中断而分散学生的注意力。而且,多媒体教学课件能够按照学生的心理规律,充分考虑学习者的差异和实际需求来综合编排。因此,运用多媒体进行音乐情境教学,在激发学生学习音乐的积极性、促进他们的审美体验和个性发展、更好地发挥教师的作用、提高教学效率、使音乐教学社会化等方面,都具有很大的作用。

心理学研究表明,动态的事物比静态的事物更能引起学生注意。利用多媒体营造生动、新颖的动画教学情境,化无声为有声,化静为动,能引起学生的兴趣,提高学生的学习积极性。音乐教学不同于绘画教学,可以借用色彩、线条来展示作品;也不同于语文教学,可以通过语言、文字来叙述。学生对音乐的接受是一种由抽象听觉到形象感受的过程。教师要根据小学生以形象思维为主的心理特征,运用多媒体课件中有趣的动画、图像,将抽象、难以理解的内容变得具体、形象,让学生在多媒体创设的情境中轻松、愉悦地学习。

教案1

报 春 鸟

教学目标

1. 对布谷鸟的叫声感到有趣,知道布谷鸟是春天的使者,人们应该关心、爱护小鸟。
2. 能模仿布谷鸟的叫声,用轻柔的声音演唱歌曲《布谷》。
3. 根据对音乐的感受给乐曲取名。
4. 能探索并运用不同的方式表现歌曲《布谷》与乐曲《杜鹃圆舞曲》。

教学重点

学习歌曲《布谷》,模仿布谷鸟的叫声;用模仿布谷鸟的歌声表现"春天来了"。

教具

钢琴、多媒体电脑、屏幕、投影仪、课件光盘、彩色纸、剪刀、打击乐器等。

教学过程

(一)创设情境

1. **感受春天**

播放教材课件《小燕子》,师生一起律动,体验歌词意境。

(1) 学生描叙春天。

师:春天是什么样子的,请同学们说说你们所见过的春天。

(学生说春的景色、天气,各种动物等。)

（2）教师描绘春天。

师：春天来了，万物复苏，燕子报喜，青蛙鸣春，一切都欣欣然像刚睡醒的样子，充满了生机，充满了活力。你们看，春姑娘给大地穿上了绿装，小草绿了，柳树发芽了，迎春花开了，冰雪融化了，蜜蜂也飞来了……（多媒体课件同步显示各种春景图）

春天多美啊！听，什么鸟在唱歌？（教师模仿布谷鸟的叫声）

$$1=C \quad \frac{3}{4}$$

$$5\ 3\ 0\ |\ 5\ 3\ 0\ |\ 5\ 3\ 5\ |\ \widehat{3\ -\ -\ |\ 3\ -\ -}\ \|$$
布谷，　布谷，　布谷布谷。

（方法：学生说听到了什么鸟的叫声，想象这只鸟在什么地方唱歌。教师可告诉学生布谷鸟是春天的使者，它用歌声向人们报告春天的消息。）

2. 体验音乐

师：同学们也学学布谷鸟的叫声，看谁学得最像？

（方法：学生模仿布谷鸟的叫声。学生模仿时，教师要引导学生从力度、音色等不同方面的变化来模仿布谷鸟的叫声，这样"布谷"的声音才能更动听。）

师：听，又一只布谷鸟在唱歌了。（教师模仿布谷鸟的声音）

$$1=C \quad \frac{3}{4}$$

$$3\ 1\ 0\ |\ 3\ 1\ 0\ |\ 3\ 1\ 3\ |\ \widehat{1\ -\ -\ |\ 1\ -\ -}\ \|$$
布谷，　布谷，　布谷布谷。

（学生跟着教师模仿布谷鸟的声音。）

师：布谷鸟的声音真动听，这两位春天的使者在用它们的歌声向人们诉说："春天来了，春天来了！"

$$1=C \quad \frac{3}{4}$$

$$\begin{Vmatrix} 5\ 3\ 0\ 0\ 0\ 0\ |\ 5\ 3\ 0\ 0\ 0\ 0\ |\ 5\ \widehat{3\ -}\ |\ 3\ -\ -\ \| \\ 0\ 0\ 0\ 3\ 1\ 0\ |\ 0\ 0\ 0\ 3\ 1\ 0\ |\ 3\ \widehat{1\ -}\ |\ 1\ -\ -\ \| \end{Vmatrix}$$
布谷，　布谷，　布谷，　布谷，　布谷。
春天　来了，　春天　来了，　来了。

(方法：① 教师唱"布谷"的高声部，学生唱"布谷"的低声部，再交换进行。② 教师把学生分成两组，分别模仿布谷鸟的高、低声部，再交换进行，最后再唱"春天来了"。)

(二) 学习新歌

1. 感受歌曲

师：同学们刚才学会了布谷鸟的歌声，下面我们一起来听听《布谷》这首歌曲。

(播放教材课件伴奏音乐，教师范唱)

方法：随着音乐节奏一小节向右、一小节向左，学生随着老师的歌声摇晃着身体，初步感受音乐情绪。

师：这首歌曲的基本情绪是怎样的？(欢快、活跃)

2. 学唱歌曲

(1) 听歌曲录音，让学生用手指点歌词，想一想哪些音最长。

(2) 随琴用 lü 模唱旋律，身体轻轻摇晃。

(3) 听歌曲录音，随教师手势一起画旋律线。

(4) 学生哼唱旋律，教师唱歌词(注意节拍的强弱规律)。

(5) 学生按节奏有感情地朗读歌词(重点朗读一音多字的读法)。

(6) 学生跟琴唱歌词(引导学生用轻轻吹蜡烛的感觉唱歌词)。

3. 拓展歌曲

师：布谷鸟在尽情地唱歌，向我们报告春天的消息，我们也学学布谷鸟，在歌曲结尾加上布谷鸟的合唱声音。

(学生完整演唱歌曲，并在歌曲结尾加上布谷鸟一问一答的声音。)

4. 体验歌曲

[方法：听歌曲录音，第一段歌词击拍(一拍拍手，二三拍拍腿、肩或自己的小脸)；第二段歌词学生手拉着手，随着节奏左、右摇晃着身体；第三段歌词学生自编自演，结尾时模仿布谷鸟问答唱句。]

(三) 欣赏乐曲

1. 初步感知

师：布谷鸟的歌声刚刚停下来，这时，又有声音传出，你们听，这是什么声音？把你听到的声音学给大家听一听，能给音乐取个名字吗？

(播放教材课件音乐《杜鹃圆舞曲》)

学生模仿各种声音,并做出相关的动作。

师:这么多美妙的声音啊,你们给音乐取了个什么名字呢?

(学生即兴给音乐取名)

师:这首乐曲与《布谷》比较,旋律有哪些相似的地方?

(师生讨论,学生发言表达自己的意见)

师:这首乐曲运用了与《布谷》相似的鸟叫声,旋律清新、优美。时而欢快、活泼;时而连贯、流畅。它描绘了一幅大自然生机盎然的景象,好像报春鸟在大自然中飞来飞去,欢呼、跳跃,在歌唱大自然的春天。所以老师把它取名叫《报春鸟圆舞曲》。

2. 深入体验

师:你们知道大自然里有哪些报春鸟呢?说说它们的形状、特征,学学它们的叫声。

(方法:师生共同讨论,然后课件展示报春鸟(比如燕子、布谷等)的形状特征。)

师:下面我们模仿自己喜爱的报春鸟,用自己的方式表现春天。

(播放《杜鹃圆舞曲》)

(方法:学生倾听乐曲,模仿小鸟做飞翔的动作,模拟鸟叫的声音,体会小鸟自由自在飞翔的快乐。)

师:同学们表演得真不错,你们就是一只只欢乐的报春鸟。《报春鸟圆舞曲》原名叫《杜鹃圆舞曲》,是根据挪威作曲家约纳森(J. E. Jonasson,1886—1956)创作的一首同名钢琴曲移植的手风琴曲。据说在1918—1930年间,约纳森曾在斯德哥尔摩金杜鹃电影院专为无声影片的放映作钢琴配音,本曲即为当时影片即兴配音而作。

(四)创作表现

1. 创作

师:春天真好,许多小鸟都为春天唱起了赞美的歌,下面我们也可用自己喜爱的方式来表现我们心目中的春天。(提示学生可用诗歌、绘画、舞蹈、乐器等形式表现春天。)

学生讨论交流,或独立创作,或小组合作等。

(背景音乐:歌曲《布谷》《杜鹃圆舞曲》反复播放。)

2. 表现

形式一:学生朗读诗歌;

形式二:多媒体投影仪展示学生的图画;

形式三:打击器乐模仿的报春鸟叫声;

形式四：用各种舞蹈动作模仿小鸟，表现春天。

（五）小结

师：同学们的表现都非常精彩，老师从你们的创作表演中感受到你们对春天的喜爱。春天像一支歌，春天像一段舞蹈，春天像一首诗，春天像一幅画……春天是我们的希望。报春鸟带领我们走进了美丽的春天，让我们和报春鸟一起去室外找春天吧！

（播放教材课件《布谷》，孩子们随着歌曲走出教室。）

（本课例由湖南第一师范学院龙亚君提供）

教案1点评：

此课的四个教学目标分别按三个维度设计。目标1体现情感、态度和价值观；目标2体现知识与技能；目标3、4体现过程与方法。这种设计突出了学习者学习情感的需要，也强调学习过程与学习方法，同时知识与技能伴随着学生情感态度的深入而获得。此课的三个目标维度不是截然分离的，更多的时候是融合在一起，体现了人文主义教育观。

情境教学能让学生的心理产生一种"情境效应"，把自己融入特定的场景中，将课堂与情境融为一体，便于教学工作的顺利进行。此课以创设情境导入：以春天为线索，通过回顾、描述、观看春天，模仿布谷的叫声，让学生初步感知、体验春天，学生在回顾、描述、观看春天的同时，发现、感受春天的美，在模仿布谷的叫声中，体验、享受了布谷鸟的叫声之美，同时也激发了学生学习的兴趣。此教学环节的设计注重了学生的情感需要，突出了情感态度与教学方法的目标维度，体现了音乐审美的价值观。

注重过程与方法就是尊重学生的学习经历、体验和方式，其实质是对人的生命成长、发展的重视。从教学的角度来说，重视结果而轻视过程与方法的教学只会使鲜活的人成为机械、呆板的机器，这样教出来的学生只会接受与记忆，不会思考与评析。新的课程观要求把过程与方法作为课程目标之一，强调授人以"鱼"，不如授人以"渔"。此课的歌曲学习部分，注重学习过程与方法的运用，改变了过去单纯传授知识与技能训练的倾向，把知识技能的学习放在具体的音乐实践活动中，同学生的情感、态度、兴趣紧密结合。此环节教学注重了学生的学习方法，很好地把知识与技能的训练融入了教学中。

音乐教学比其他学科的教学更具有创造性。音乐的非语义性与不确定性为学生的创造性思维奠定了基础。学生在学习歌曲《布谷》的基础上，通过聆听，感受《杜鹃圆舞曲》的基本情绪，并与歌曲《布谷》作比较，给音乐取名字等，充分展开想象与联想；感受、体验"报春鸟"用歌声和舞蹈赞美春天、赞美人生的欢快场面，进一步加深对报春鸟的理解。

该设计充分尊重儿童的个体差异,让有不同兴趣爱好的学生都能主动参与音乐,创造音乐,表现音乐,从中体验成功与快乐。苏联教育家苏霍姆林斯基(1918—1970)曾说:"在人的心灵深处,都有一种根深蒂固的需要,这就是希望感到自己是一个发现者、研究者、探索者,而在儿童的精神世界中,这种需要特别强烈。"学生在探索创造中,各种能力得到了相应的提高。

(点评人:龙亚君)

教案 2

两只小山羊

教学目标

1. 能用明亮的声音生动有趣地演唱《两只小山羊》。
2. 能用夸张、幽默的表情和动作表演《两只小山羊》。
3. 能积极主动地参与音乐表演活动,自信、有表情地当众表演。

教学设想

本课创设了一个《两只小山羊》剧组招聘小演员的情境。老师扮演成一位导演,让学生在面试和拍戏的过程中学习和表演歌曲。整个教学过程在导演和选手的面试比赛中进行,让学生在玩中找到表演唱的乐趣,大胆自信地参与活动。

教学重点

引导学生用生动有趣的声音和动作来表演歌曲。

教学准备

CAI课件,小山羊头饰,小木桥,披风等。

教学过程

(一) 情景导入

1. 开场

师:同学们,欢迎你们来到小精灵剧场!我是这个剧场的导演兼艺术总监,我姓杨,你们可以叫我杨导演,哈哈!对了,今天我们剧场为小朋友们隆重推出的是我们排的新音乐童话剧《两只小山羊》,但是现在我们的主演还正在招聘中,昨天面试了很多小朋友,他们都各有特色,但我都不是很满意,今天我想在你们班招聘演员,你们有兴趣吗?(学

生答)好的!你们看我的招聘启事。(课件)

2．读出要求

3．简单介绍剧情

(二)演练歌曲学唱

1．学唱第一段

师:同学们,请你们听听第一幕戏发生在野外的什么地方,主人公又都是谁。(播放第一幕戏的动画和歌曲。)

(学生回答故事的地点、内容和人物。)(小桥上,白山羊和黑山羊。)

师:你们刚才说的就是我们第一幕戏的台词,作为一个演员,台词是基本功,让我们一起来念念台词吧!(出示歌单,提醒学生注意休止符。)

师:我刚才说了,这是音乐童话剧,会念还不行,主要的是要会唱。下面,让我们先来听听音乐吧!(播放第一段。)

师:我们一起来学唱第一段吧!首先请大家学羊的叫声,用"咩"来哼唱旋律。(随乐哼唱第一段。)

师:下面我们把歌词加上,谁先学会就可以来当主演了!(随琴带唱第一段。)

师:音乐童话剧除了会念、会唱,还要会表演。我首先来友情客串扮演小白羊,谁来扮演小黑羊呀?你们要是觉得我演得好,就给我们掌声好吗?(启发学生表演,要神气,还要有动作和造型。)

师:下面我请全体同学和我一起表演一次!(全班参与表演。)

2．学唱第二段

(播放片段录音)

师:你们听到什么声音了吗?能拍出声音的节奏吗?

(学生用自己的声音模仿小羊的叫声,并拍出小羊叫的节奏。)

师:请你们想想,这两只小羊这时可能在干什么。(学生自由发言。)

(老师引导学生模仿小羊争吵的声音,一组模仿小白羊,另一组模仿小黑羊。)

师:刚才我们说了,这两只小羊是在争吵,那你们在模仿的时候就要把争吵的动作和表情也要表现出来。(学生表演,老师也可以和学生一起表演。)

师:他们为什么会争吵呢?请你们说说!(启发学生给两只小羊配音。)

师:(点击白羊)白羊要干吗?(白羊要回家。)黑羊要干什么?(黑羊要上山岗。)

师：你们知道它们要去干吗了吗？（随琴带唱第一、二句歌词。）

师：这幕戏主要讲的是两只小山羊在桥上怎么样呀？（点击课件：互不相让），下面，我这个导演就来唱群众演员的台词（齐唱部分），你们就来扮演两只小羊。（独唱部分。）我们一起来表演一次好吗？（全班唱一遍。）

师：看来，你们对群众演员的台词还不是很熟悉，杨导演来带你们唱唱好吗？（带唱一次。）

师：下面我们来开拍第二幕戏。首先请两个小演员上台来表演。（学生上台来表演。）

（学生自我评价，说出表演得好和不好的地方。）

师：这两只小羊站在一起的时候，它们的心里是怎么想的？（启发表演白羊要回家和黑羊要上山岗的表情和动作。）

每组派两个代表到前面带领大家一起表演。（全班边唱边表演第二段。）

3. 学唱第三段

师：下面我们来看第三幕戏。两只小羊这样僵持下去不是办法呀！你们觉得它们会怎么办？（课件播放。）

师：你们看，两只小羊的什么顶在了一起呀？（填空补缺。）

（学生齐念歌词：头顶着头，角顶着角，一个朝东顶呀，一个朝西撞。）

师：这两句的旋律和第二幕戏前两句的旋律是一模一样的，只是歌词不同。（带唱一遍。）

师：接下来我们玩一个游戏，杨导演的两只手分别代表两只小羊。你们看，白羊说顶呀顶，黑羊就说撞呀撞，这里有两种节奏，你们喜欢哪一种，为什么？

（启发学生用力顶和用力撞，帮助学生解决附点节奏，引导学生表演。）

师：两只小羊见这样还不分胜负，他们就凑到一起，顶呀撞呀。现在你们来试试。（学生将歌词念一次。）

师：这小白羊可是很狡猾，它在顶的时候偷偷用了力。你们看，（手势演示。）你们能读出来吗？（解决附点节奏。）

师：接下来，你们看我用手势来和着歌声表演一下，可以吗？请仔细听他们是怎么唱的？（放音乐。）

师：同学们，它们这样争下去的话，最后结局会怎样？（掉进河里。）掉进河里的声音是怎么样?(扑通,它们一起掉进了河中央。)(点课件,看第三段歌曲。)

师:你们开动脑筋想想,为什么最后一句要慢下来?(语气是很遗憾的,为两只小山羊感到惋惜。)

(学生跟唱一遍,再分角色演唱两遍。)

师:你们认为在表演这段的时候要注意什么?重点要表演哪段歌词?(启发学生的表演激情,落水的时候要怎么表演,注意各种不同类型的顶撞的动作。)

(三)表演展示

师:我们三段戏都排练了,下面我们就要开始正式演出了。你们可以自由地选择角色,既可以两人一组来扮演小山羊,也可以几个人为一组来扮演群众演员。

(指导学生排练并请学生上台表演。)

师:同学们,如果在路上遇到了这样的情况,你们会怎么办?通过这节课的学习,你懂得了什么?(启发学生在生活中要懂得互相谦让,团结协作。)

师:那么再请你们想想两只小山羊落入水中后会怎么样。(学生自由想象。)

师:请你们来为《两只小山羊》加个结尾吧!(请学生上台表演。)

(师生共同评出最佳表演奖,当场签约,聘为演员,并给表现最出色的演员颁发金皇冠。)

师:杨导演这儿只有一个皇冠,给谁好呢?(让学生把互相谦让的美德落实在行动上。)

(四)小结

师:通过这节课,我们不仅学会了《两只小山羊》这首歌曲,还学会了表演唱,更重要的是我们明白了在生活中要互相谦让、团结协作的道理。今天你们班的同学表演都很精彩,我决定就全部聘用你们为我们剧场的小演员了!你们高兴吗?好,让我们相逢在下次的小精灵剧场吧!

(本课例由长沙市芙蓉区朝阳小学杨犟提供)

教案2点评:

杨老师所设计的这节课好像一次精心策划的招聘小演员的活动。活动内容是排演音乐童话剧《两只小山羊》,杨老师扮演成一位导演,导演提出招聘要求并简单介绍剧情,学生则根据招聘要求学习和表演《两只小山羊》。整个活动都是让学生在面试和拍戏的过程中来学习和表演歌曲。从读出招聘要求、介绍剧情开始,让学生边听、边看、边学、边唱、边演。通过参与活动,学生不仅学会了新歌,而且在老师的引导和鼓励下,能够对歌曲进行创造表演,懂得在生活中要互相谦让、团结协作的道理。

《两只小山羊》这课最大的亮点是情境教学,最突出的特点是以参与和体验的方式进行音乐教学,在课堂上,师生共同投入到音乐活动中,随着音乐表演活动的进行,学生的听觉、视觉、思维、口、手、脚以及全身都被调动起来,学生在亲身参与中激发了兴趣,发展了想象,愉悦了身心。

在教学中,杨老师对学生总是满腔热情,对学生的表现、创造,始终通过目光、微笑、语言、手势等及时给予热情的鼓励,对一些胆怯、怕羞的学生,通过激励、启发、暗示等使其积极投入到集体的音乐创造表演之中。在参与音乐创造活动中,学生增加了信心,锤炼了意志,提高了品格素质。

该课目标明确,重点突出。教学始终围绕《两只小山羊》做文章,学生或模仿羊的叫声、或击拍节奏、或演唱、或表演,在游戏中学习音乐。杨老师的教学智慧表现在他教育学生,不仅用耳朵、用歌声、用身体动作等感受和体验音乐,而且教育学生学会用心灵去观察、拥抱世界。在这里,教师角色不再是传统意义上的"教书匠",而是一个引导者、激励者、参与者;学生不是被动地学唱一首歌,而是主动地投入音乐学习之中,成为表现音乐、创造音乐的主人。

(点评人:龙亚君)

第二节　强调情感体验

音乐是表达人们情感的艺术,音乐的本质在于对情感的体验与反映。音乐的感知、鉴赏、表现、创造都离不开情感体验。因此,新《标准》指出:"音乐教育以审美为核心,主要作用于人的情感世界。音乐课的基本价值在于通过以聆听音乐、表现音乐和音乐创造活动为主的审美活动,使学生充分体验蕴涵于音乐音响形式中的美和丰富的情感,为音乐所表达的真善美理想境界所吸引、所陶醉,与之产生强烈的情感共鸣,使音乐艺术净化心灵、陶冶情操、启迪智慧、情智互补的作用和功能得到有效的发挥,以利于学生养成健康、高尚的审美情趣和积极乐观的生活态度,为其终身热爱音乐、热爱艺术、热爱生活打下良好的基础。"音乐审美教育注重情感体验,其教育方式是以情感人、以美育人。音乐课程的目标设置应以音乐审美价值的实现为依据,通过教学及各种生动的音乐实践活动,强调丰富学生的情感体验,陶冶高尚情操。

音乐最主要的审美特征是情感体验,情感是音乐审美过程中最活跃的心理因素。而体验则是指人们在实践中亲身经历的一种心理活动,它更多是指情感活动,是对情感的一种体会和感受。体验至少应包括两个层面,即行为体验和内心体验。行为体验是一种实践行为,是亲身经历的动态过程,是学生发展的重要途径。在音乐教学中表现为歌唱、器乐演奏等;内心体验则是在行为体验的基础上所发生的内化、升华的心理过程,这是学生发展的关键因素。在音乐教学中是指学生对音乐作品深层次的理解并产生情感上的共鸣,并从中得到心理上的满足。因此,情感是音乐教学的灵魂,是信息传递的催化剂,情感体验是音乐审美教育的主要特征。情感体验能够疏通教师与音乐、学生与音乐、教师与学生等多种渠道之间的关系。

音乐心理学研究表明:任何一种音乐能力,都是在音乐感受能力的基础上发展起来的。音乐感受能力,即音乐的情感体验能力,它是引发学生对音乐产生兴趣和热情的关键,也是音乐技能发展的原动力并直接构成音乐能力的核心部分。由此可见,培养学生的音乐能力关键在于重视学生对音乐的情感体验,情感体验是音乐学习的原动力。只有通过对音乐的情感体验,学生才能提高审美能力,才能使各种音乐能力得到健康发展。

目前,在一些中小学的唱歌教学中,学生唱歌中的"喊叫"现象还相当严重。为了激发学生的情绪,有的教师会鼓励:"比一比,看谁的声音大!"于是,学生们便放开喉咙"尽情地歌唱"。有的直着脖子声嘶力竭,有的喊不上去跑了调。面对这种没有乐感的旋律,教师却还在表扬学生——唱得好!还有的音乐课,教师只局限于教唱一首歌,不作任何艺术处理,发声练习也随便喊几个 do、re、mi。即便是条件较好的城镇学校,部分音乐课教学也仍然沿袭传统、陈旧的教法,教学以教师、教材为中心,强调知识技能的传授与训练,忽视学生的主体地位与情感体验,忽视学生的音乐能力与人文素养的培养。这种教学现象,违背了音乐艺术的本质,不利于培养学生音乐学习的兴趣,有碍于学生形成良好的审美情趣。

音乐是音响的艺术,更是情感体验的艺术。音乐感受、表现与创造都离不开人的情感体验。匈牙利作曲家李斯特(Friedrich List,1789—1846)说过:"音乐能直接表达情感的内容和深度。"音乐教学应引导学生把握音乐作品的内在情感,强调对音乐的情感体验。

一、强调情感体验的过程性

情感体验离不开情感过程,没有情感过程就谈不上情感体验。学习音乐的过程,就是情感体验的过程。音乐教学应遵循学生审美心理过程规律(感知、联想、想象、情感体验、理解),注意培养学生敏锐的音乐感知力,调动学生丰富的想象与联想,在准确把握歌曲形象的基础上,不断深化学生对音乐的内在情感与理解。音乐教师应以自己的情感去拨动学生的情感,不时点燃学生情感的火花,使之产生共鸣,激发情感动力。教师只有把满腔的教学热忱和真情实感倾注到音乐情境中,才能带动学生把他们的情感也融入音乐中,使其在情绪的勃发与体验中享受音乐,陶冶性情。例如,一位教师在设计《报春鸟》一课的欣赏环节时,让学生在学习歌曲《布谷》的基础上,为学生播放了与歌曲《布谷》题材相近,但又比歌曲《布谷》具有更宽广表现力的手风琴独奏曲《杜鹃圆舞曲》。通过让学生聆听,感受乐曲的基本情绪,并与歌曲《布谷》进行比较分析,为乐曲命名等方法,引导学生充分展开想象和联想。接着让学生在乐曲声中,模仿报春鸟做飞翔的动作,模拟欢快的鸟鸣声,体会自由飞翔的快乐。学生在感知、想象以及表现音乐的过程中,尽情地抒发自己对报春鸟的喜爱之情,同时也理解了报春鸟用歌声、舞蹈赞美春天、赞美人生的丰富内涵。这让学生在之前创设的春天意境中进一步体验音乐的魅力,加深对音乐的领悟,从而丰富了情感体验。

在音乐教学过程中,教师的语言应简洁明了,不要总是试图诠释音乐。良好的音乐教学过程应体现为各种有利于学生情感体验的音乐活动,包括音乐感受与鉴赏、表现、创造以及与音乐相关的文化知识。

二、强调情感体验的创造性

新《标准》指出:"创造是艺术乃至整个社会历史发展的根本动力,是艺术教育功能和价值的重要体现。音乐创造因其强烈而清晰的个性特征而充满魅力。"音乐审美作为人类特有的精神活动,其审美过程就是一种创造过程。音乐审美通过情感教育激活人的思维,促进人的想象与联想。音乐教育要培养学生的创新精神,应该从激发学生的内在情感需要入手开展教学活动,让学生在情绪情感的激动与萌发中,参与感受、体验、表现与创造音乐。

音乐新课程主张在生动活泼的音乐欣赏、表现与创造活动中,激活学生的表现欲望和创造冲动,在情感体验中展现他们的个性和创造才能,使他们的想象力和创造性思维得到充分发挥。因此,音乐审美的教学活动重创造过程甚于重创造结果。在小学音乐教学中,学生音乐创造的结果如何并不重要,重要的是学生参与音乐创造的过程以及音乐创造的独特性。传统的音乐教学注重音乐创造的结果,忽视音乐创造过程的丰富性与独特性。而音乐新课程的教学看重学生参与音乐情感体验过程中所表现出来的探索意识和创新精神。孩子有孩子的精神世界,对音乐的创作,孩子有他们自己的成功法则。从专业音乐的角度看,小学生的音乐表现与创作结果可能是幼稚的,可能并不符合专业音乐表演、创作的定律,但从创造的本质意义上看,只要获得了创造性的音乐体验,其创造结果是否符合成年人的音乐创造标准,事实上也就不那么重要了。因此,孩子们的音乐创造和音乐大师的创造具有同等重要的意义,具有同等重要的价值。

下面引用的《用音乐打开想象的闸门》一文,相信对大家会有所启发。

用音乐打开想象的闸门[①]

音乐的声音是富于创造性的,它具有不可指向性的特点。个人的领悟和情感不同,对音乐的创造也会不尽相同。教师创设一个环境,把每个学生对音乐的理解和创造充分表现出来,有益于培养学生的思维多样性,这也是其他学科无法比拟的。

一次,我安排了为乐曲取名字的活动。我播放了《大海》和《空山鸟语》两段音乐给大家听,要求学生各抒己见,发挥创造力给它们取名字。于是,"流水欢歌""清泉""清澈的溪水""雨中的邂逅""舞""争执""百鸟争鸣"等名字诞生了。

特别引起我注意的是,有一名由农村转学来的学生为《空山鸟语》起了个别出心裁的名字——"捉鸡",并写了注解:"老太太的鸡从鸡窝跑到院子里,她急着到处捉。又来了一群小伙子,拿着扫帚一起捉,打翻了院子里所有的东西,也没有捉到。"

我认为能写出不同的听后感,说明了学生之间想象力存在着很大的差异,这是非常正常的,不能用"谁想象得好,谁想象得差"来单纯地评价。教师的作用是通过让学生写听后感给他们提供一个自由的创作空间,让他们插上想象的翅膀,尽情施展自己的才华。可能正是《空山鸟语》中二胡声描绘的鸟鸣声启发了那名农村学生的灵感,由此产生了与自己生活经历相似的联想。"捉鸡"这个名字起得虽然不雅,但敢于想象、敢于创新、敢于发表与别人不同的意见,这对于中学生来说是难能可贵的,这正是新世纪人才应具备的素质。

在写听后感的过程中,学生们可以不受约束地发表意见,用艺术的夸张、丰富的想象

---

① 王琳.用音乐打开想象的闸门[J].中国音乐教育,2000,7:5.

对学过的乐曲进行再创造,这是音乐情感的升华,也是课堂教学的延续,它给音乐教学带来了活力,并使每个学生心中蕴含的向往和渴望得以宣泄。正如苏联心理学家捷普洛夫(Teplov,1898—1965)所说:"人从声音里听到的东西越多,则音乐感越丰富。"

三、强调情感体验的活动性

情感体验是一种参与性的活动。这种参与活动既是一种身体的活动,更是一种内心世界的活动。"音乐的情绪情感体验,必然地是与某种运动状态联系在一起的。"尤其对于初学音乐者或儿童来说,在聆听音乐时,没有相应的动作就很难,甚至根本无法参与到音乐中去。瑞士作曲家达尔克罗兹(DalcroZe,1865—1950)曾指出:"单教儿童用手指弹奏乐器是不够的,首先必须启发他们进入产生乐曲的激情中去,把乐曲的感情化为具体的动作、节奏和声音。"德国音乐教育家奥尔夫(Carl Orff,1895—1982)也指出:"原始的音乐绝不是单纯的音乐,它是和动作、舞蹈、语言紧密结合在一起的。""以身体奏乐,并把音乐移置于躯体之中。"他认为:"音乐来自动作,动作来自音乐。"所以应该让学生听到音乐、表现音乐时动起来,以表达他们对音乐的感受与理解。传统的音乐教学,尤其是在带有课桌椅座位的课堂形式中,学生的情感表达受到了限制,教师也往往因为怕动起来影响课堂秩序,而要求学生像其他学科教学那样正襟危坐,这样学生参与、体验、表现音乐的机会就会受到限制。音乐新课程的实施者们主张把学生从座位上"解放"出来,改变上音乐课坐着不动的单一形式,注重创设一个生动活泼的音乐实践环境,让学生尽情地表现音乐。

学生的情感体验活动在不同的年级与学段中有不同的表现。小学低年级学生由于具有好动、好玩、好奇、好表现的心理特征,其情感体验活动多以歌舞表演、体态律动为主。随着学生生理、心理的不断成熟,其情感体验活动除了歌舞表演、体态律动之外,还会逐渐增加内心世界的体验活动。

音乐艺术在很多时候"只能意会,不可言传",音乐作品,包括音乐知识、技能技巧,如果仅凭教师的解释,没有学生的亲身参与和情感体验,是很难真正理解和掌握的。只有亲身参与到音乐实践活动中,与音乐融为一体,学生才会主动地去感受、体验、表现、创造音乐,音乐才会成为学生心灵里美好的东西。

教案 3

内蒙古草原

教学对象

小学六年级学生

教学目标

1. 了解蒙古族民歌的风格特点,感受美丽草原的辽阔、宽广。
2. 欣赏《牧歌》,感受无伴奏合唱的人声美与丰富的和声效果。
3. 能参与音乐的表现、创造活动。

教学重点

感受无伴奏合唱的意境美。

教具准备

钢琴、多媒体电脑、屏幕、投影仪、课件光盘、录音机。

教学过程

(一)情境导入

1. 媒体展示,创设情境

播放由腾格尔演唱的歌曲《天堂》,投影仪同步显示草原风光的背景画面。

(随着悠扬、宽广、风格浓郁的歌声响起,多媒体同步展示草原的各种风光图:奔腾的骏马、欢叫的牛羊、洁白的毡房、劳作的牧人……)

2. 讨论分析,引入主题

师:同学们,刚才你们听的歌曲是哪个民族的歌曲?它有什么风格特点?

师生交流,得出结论:这是一首蒙古族歌曲,蒙古族人民喜欢骑马、狩猎,他们无论是在放牧、劳动时,还是在休闲、娱乐中,都喜欢引吭高歌,以表达内心的情感。蒙古族民歌大致可分为两类:长调民歌(如《牧歌》《草原上升起不落的太阳》等)和短调民歌(《嘎达梅林》等)。长调民歌大多为上下两个乐句的单乐段结构,其曲调悠长、起伏较大、节拍自由、节奏宽广。短调歌曲的特点是:曲调短小、节奏紧凑、结构对称、叙事性强。这节课我们主要欣赏一首长调民歌《牧歌》。

(二) 情感唤起

1. 初听《牧歌》,介绍无伴奏合唱

师:本节课我们要欣赏歌曲的另外一种演唱形式,请同学们听听这首歌曲与以前听的合唱歌曲有什么不同。当你聆听这首歌时,仿佛看到了什么?想到了什么?它是什么体裁的歌曲?

(学生展开想象,引出无伴奏合唱《牧歌》。出示多媒体课件,解说什么叫无伴奏合唱。)

2. 熟悉主旋律

(随琴轻声哼唱歌曲旋律,并默数拍子。)

3. 复听,感受意境美

师:请同学们仔细听听这首无伴奏合唱共有几个声部、分别是哪些声部。这些声部各表达了什么样的意境?歌曲旋律有何特点?

(师生讨论交流,引出人声分类。多媒体课件展示:女高、女低、男高、男低。)

教师总结:这首无伴奏合唱由女高、女低、男高、男低四个声部组成,男女高声部声音响亮,是蓝天、白云的象征;男女低声部声音浑厚,是肥沃草地、羊群的象征。歌曲旋律起伏不大,较平稳,每一句的尾音很长,象征茫茫无际的大草原。作曲家是用丰满的多声部的人声音响,描绘了内蒙古草原一派美丽辽阔的景色……

(三) 情感深入

1. 体验蒙古族歌舞的风格特点

随着《牧歌》音乐的响起,教师带领学生用身体造型模仿出内蒙古草原上的各种场景。如:蓝天、白云、骏马、牛羊、毡房等,用形体动作表现美丽的草原景色。

2. 主题创编

以"美丽的草原"为题,引导学生用各种形式与方法(如歌词、诗歌、绘画、舞蹈)创编一段作品,表达自己的情感。可分组进行,学生任选其中一项。

(四) 情感表达

1. 按《牧歌》旋律演唱学生创作的歌词。
2. 随着学生的歌声将学生们创作的草原风光画通过多媒体展示台展现出来。
3. 在《牧歌》声中学生表演舞蹈《美丽的草原》。
4. 学生表演配乐诗朗诵《美丽的草原我的家》(背景音乐《牧歌》)。

（五）课堂小结

师：同学们，这节课我们在《牧歌》声中，感受、体验了蒙古族民歌的风格特点，领略了内蒙古草原的美丽和辽阔，表现和赞美了我们的美丽家园。下节课老师将领大家去看看"多彩的新疆"。同学们，下周见！

（播放《美丽的草原我的家》，学生在歌声中走出教室。）

（本课例由湖南第一师范学院龙亚君提供）

教案 3 点评：

《牧歌》的教学设计突出音乐欣赏教学以聆听为主要方式的特点。

音乐是听觉的艺术，音乐欣赏要以聆听为主要形式，但如果反复机械地听，便会使人觉得枯燥无味，因此，欣赏教学时，要把握欣赏的度，从不同的层次、不同的角度去介绍、分析作品，让欣赏者每次欣赏都有不同的感受。这节课《牧歌》前后共听了六遍：第一遍听时引出无伴奏合唱；第二遍听时，引出人声的分类；第三遍欣赏时，老师随着悠扬的音乐跳起了舒展的蒙古族舞蹈，让学生在感受音乐意境美的基础上，进一步把思绪带进了辽阔的内蒙古草原；第四遍欣赏时，学生随着音乐跟着老师一起跳起了表现内蒙古草原的各种风光景色的舞蹈，从而掀起了课堂教学的第一个高潮；第五遍欣赏，学生一边欣赏音乐，一边进行各种创造活动，把对音乐的理解用各种方式表现出来；第六遍，全体进行创作表演，课堂气氛达到了高潮。

教师在设计情感深入这一教学环节时较好地把握了艺术具有"通感"这一心理现象，把音乐与舞蹈、文学、美术融为一体，将音乐这种极为抽象的听觉艺术与视觉、运动觉等联系在一起，发挥诸感官或意向之间的交错、混合的联觉作用，不仅可以促进学生对音乐作品的深入理解，还有助于音乐思维能力和审美心理的发展。如在《牧歌》响起时，教师带领学生用身体造型模仿出内蒙古草原上的各种场景：奔腾的骏马、欢叫的牛羊、洁白的毡房、劳作的牧人等造型，学生仿佛置身于内蒙古大草原；在欣赏《牧歌》的过程中，又要求学生用绘画或文字的方式描绘音乐。这种将音乐与舞蹈、绘画、文字三者融合在一起的方式，不仅使音乐课充满了乐趣，充分调动了学生音乐学习的积极性，有助于形成积极的审美态度，同时还有助于学生展开想象和联想，使抽象的音乐具体化，进一步加深对音乐的理解。

这节课运用了对比欣赏法。如让学生把无伴奏合唱《牧歌》与以前所学的蒙古族民歌、有伴奏的合唱歌曲进行了比较，加深学生对无伴奏合唱的理解。另外，这节课运用了小组式的学习方式，形成了一个合作与竞争并存的激励机制，为学生充分发挥个性，协调创作中的个体与群体关系创设了和谐的氛围。

（点评人：龙亚君）

教案4

对　花

教学对象

小学四年级学生

教学目标

1. 赏析河北民歌《对花》，知道民族民间音乐的产生是与当地的文化、环境、语言等密切相关，扩大音乐视野。

2. 能用愉悦、热烈的声音演唱《对花》，感受歌曲的风格特点。

3. 能积极地参与歌曲表现，体验河北民间歌舞的热闹氛围，从而产生对我国民歌的关注。

教学重难点

感受河北民歌《对花》的风格特点。

教学过程

（一）激趣导入

1. 猜方言

（1）老师用河北话问好

师："同学们，你们好，欢迎进入音乐课。"

师：刚才老师的问好与平常的问好不一样吧！这是一句地方方言，你们猜，这是哪里的方言？

（2）介绍河北地理位置。（播放课件：中国地图。）

2. 取歌名

师：请同学们仔细听歌曲，然后根据歌词的内容给歌曲取个合适的名字。（播放《对花》，学生给歌曲取歌名。）

（二）欣赏体验

1. 感受一问一答的"对"歌形式

（1）欣赏《对花》

(播放《对花》视频。)

师：他们的演唱形式和我们平常歌唱的形式有什么不一样？

(2) 与河北民歌《对十》进行比较。

师：《对十》和《对花》两首歌曲有什么共同的特点？

(3) 小结：这样一问一答的形式我们把它叫作"对"。在河北的民间，人们在娱乐或劳动的时候往往喜欢以猜花名的方式传授知识，比谁的知识更丰富。

(4) 出示歌名《对花》。

2．分析旋律与语言的音调关系

(1) 听赏第一乐段，找"装饰音"。

师：仔细听听旋律，找找哪些音最特别？

(2) 认识"上滑音"，复习"前倚音"。

(3) 分析旋律与语言的音调的联系。（可用河北方言进行引导，从中可发现音调其实就来自于他们的方言语调这一特点。）

(4) 小结：旋律与语言的音调有密切的联系。

3．体验歌曲中"衬词"特点

(1) 再次听赏全曲，找"衬词"。

师：仔细听听歌词的内容，你觉得哪一句最有趣。

(七拨弄东采东采　八拨弄东采东采　得儿色　得儿色)

(2) 介绍相关文化，了解"衬词"的特点。

(播放课件：河北民间风俗图片、敲锣打鼓的背景音乐。)

师：河北人民在逢年过节的时候，都会舞着五彩缤纷的花扇和彩绸，跳着手绢舞，扭着秧歌，敲着欢庆的锣鼓，翩翩起舞，非常热闹。同学们，你们知道"七拨弄东采东采"是形容什么吗？

(3) 身势动作参与体验，感受歌曲的情绪。

(4) 小结：歌词中加入了"衬词"，表现热闹、欢庆的场景。

4．说说欣赏歌曲后的感受。（激发学生学唱歌曲的愿望。）

师：我们"赏"了《对花》，了解了《对花》的特点，请同学们用一句话或一个词来评一评这首歌曲。

(三）学唱表现

1. 试唱全曲

学生试唱全曲，找出演唱中的难点。

2. 解决演唱中的难点

（1）尾声部分。

（2）衬词部分。

3. 用"对唱"的形式演唱全曲

4. 用"表演唱"的形式演唱全曲

（1）随乐舞手绢，感受河北民间歌舞的气氛。

（2）边唱边舞，表现歌曲的情绪。

（四）拓展延伸

师：同学们这节课演唱的《对花》是我国北方广泛流传的一种传统小调，属于河北民歌。它不仅在河北地区有，其他的地区也有。下面请你们欣赏两首不同地区的《对花》，并且进行比较。

1. 欣赏山西民歌《对花》。（播放山西民歌《对花》视频。）

2. 欣赏陕北民歌《对花》。（播放陕北民歌《对花》视频。）

3. 将欣赏的《对花》与演唱的《对花》进行比较、分析。

4. 小结：以上的三首《对花》虽然在音调、旋律等方面有所差别，但它们的音乐风格特点相似，这是因为它们都源于相邻的几个省份。在我国民歌的海洋中，还有很多秘密等待着我们去发现，希望同学们在今后的学习生活中去进一步走近民歌、了解民歌。

（此课例由湖南第一师范学院第一附属小学鲁平提供）

教案4点评：

《对花》的教学设计突出音乐以"欣赏领先"的教学特点。"欣赏领先"能让学生感受、体验并发现音乐的美。因为，音乐艺术不能容忍说教，"欣赏领先"符合音乐审美规范，符合学生对音乐的认知特点。本课从感性入手，采用欣赏领先的方式，以情动人、以美感人，让学生对音乐产生兴趣。

在具体的"欣赏领先"这一设计环节中，首先让学生听音乐取歌名，引导学生充分想象，然后听音乐分辨演唱形式，感受歌曲的风格特点；进而激发学生学习歌曲的愿望；第三遍听赏时，要求学生找特色。如找"装饰音""上滑音""前倚音""衬词"等，并通过与方言的比较,发现了音调其实就来自地方方言语调这一特点,极大地激起学生学习歌曲的兴趣。本课通过多次非机械的听赏,让学生在充分感受音乐美的同时,对音乐课产生了更加浓厚的兴趣。

另外,本课结合多媒体教学,运用了对比欣赏法。教师将河北民歌《对花》与山西民歌《对花》、陕北民歌《对花》进行比较。通过比较辨析,学生不仅可以欣赏河北的风俗人情,感受河北地区的舞蹈美、服装美,更感受到河北地区的音乐美。这种通过课件、录像等相关的资料,让学生的视觉、听觉、记忆、情感同时参与的教学方式,既加大了教学信息量,又提高了学生的注意力、记忆力,同时又激发了学生的兴趣与好奇心。

教无定法,贵在得法,只要切合学生实际,切实有效的就是好方法。

(点评人:龙亚君、黎晓)

第三节 注重探究学习

探究性学习,也称为"研究性学习"(Research-based Study)。探究性学习有广义和狭义两种理解。广义上泛指学生探究问题的学习。狭义上是指学生在教师指导下从学科领域或现实社会生活中选择和确定研究主题,在教学中创设一种类似于学术研究的情境,通过学生自主、独立地发现问题、实验、操作、调查、信息搜集与处理、表达与交流等探索活动,获得知识、技能、情感与态度的发展。

探究性学习与布鲁纳(J. B. Bruner,1917—2016)的"发现学习"、施瓦布(J. J. Schwab,1909—1988)的"探究式学习"有着历史的联系。布鲁纳认为,学生在教师的认真指导下,能像科学家发现真理那样,通过自己的探索和学习,发现事物变化的因果关系及其内在联系,形成概念,获得真理。在这种被称为"发现法"的概念中还指出:"为了使学习富有成效,在形成概念以及使用语言符号前必须要有一个探索的阶段。"探究作为一种教学方式,是指教师不将现成的答案或结论告诉学生,而由学生自己在教师的指导下自主地搜集资料、调查研究、分析交流、发现与探索问题并获得结论的过程。

我们今天倡导"探究性学习"的目的在于培养个性健全发展的人,它首先把学生视为"完整的人",它把"探究性""创造性""发现"等视为人的本性,视为完整个性的有机构成部分,而非与个性割裂的存在,所以,个性健全发展是倡导"探究性学习"的出发点和归宿。"探究性学习"是从学生的自身生活和社会生活中选择问题,其内容应面向学生的整个生活世界与科学世界,而不把学科知识、学科结构强化为核心内容。探究性学习洋溢着浓郁的人文精神,体现着鲜明的时代特色,它不仅改变了传统的学习方式,并且通过学习方式的转变促进每一个学生的全面发展。它尊重学生的独特个性和具体生活,为每一个学生的充分发展创造空间。在音乐课程实施过程中,教师应重视学生的心理需求,给学生一个自主学习、探究的空间,让学生在探究中,主动去发现音乐、感知音乐、表现音乐、创造音乐。同时,在尝试探究中,激发其学习兴趣,丰富其学习体验,培养其合作、交流、共享等人文品格与创新能力。

一、探究性学习的设计

1. 确立探究课题

探究性课题可以由教师提出,也可以由学生提出。较多的是通过师生合作一起确定课题。探究课题是探究性学习的关键,好的选题可以激发学生的探究兴趣,激活学生的知识储备,促使学生积极主动地自主学习。相反,如果确立的课题不适当,探究性学习将难以进行,更别说达到预期的效果。因此,确立探究课题至关重要。

2. 选择探究方式

探究性学习有集体探究、小组探究与个人探究三种方式。在综合实践活动中的探究性学习中,一般采用小组探究的方式较多。学生自己推选研究和组织能力较强的同学为组长,在探究过程中,课题组成员有合有分,各展所长,协作互补。此外,也可以采取个人探究与小组、全班集体研讨相结合的方式。

3. 分配探究任务

确定课题后,可根据学生的兴趣与能力有针对性地进行任务分配。例如,一位教师在《我的家乡日喀则》教学中设计了一个教学环节"西域风情":将学生分成若干组,有的搜集藏族民歌,有的学跳藏族舞蹈,有的关注藏族民俗,有的注重藏族服饰,有的研究藏族建筑,等等。

4. 制订探究计划

小组负责人得到任务后,组织全组同学谈论、策划探究方案,制订具体的探究计划。探究计划涉及人员搭配、时间安排、探究渠道以及探究形式等。

5. 搜集、分析信息

学生从多渠道——书籍、画报、地图、歌本、报纸、传播媒体、互联网——获取相关信息,以个人或小组合作的方式,通过查找、剪贴、复印、学唱、模仿、排练等,将搜集到的资料进行汇总、梳理,判断其价值,选择有用的素材,按项目要求进行分析。

6. 表达交流

以小组或个人形式,将探究的收获与结果通过歌唱、舞蹈、剪辑的资料、电脑课件、手抄报、小展板等形式进行表达与交流。在表达与交流过程中,形成信息交互、情感交互、思想交互、方法交互,达到资源共享、欢乐共享的目的。

二、探究性学习的方式

探究性学习是由教师为学生提供一组有意义的音乐材料(音乐作品、乐理知识、创作素材、游戏内容等),让学生自己动口、动手、动脑,在听、唱、弹、看、演、说、练、玩、做中发现、提出问题——探究,在独立思考及合作学习中分析问题——研讨,"领悟""理解"自己所发现的音乐规律和所学习的音乐内容。在这一过程中,学生经历了音乐学习的过程,以主人公姿态积极参与其中,其主体意识得以发展;学生之间、师生之间平等交流、互动启发,形成信息交流的立体化网络,为学生创造性解决问题打下基础;教师讲得越少,学生自己的发现就会越多,获得的信息将越丰富,教师要成为一个好的观察者、倾听者,认真听他们说些什么,看他们发现了什么,必要时给予帮助。

探究式学习主要有以下四种方式。①

1. 自主探究式

由于学生各自不同的生活经历、文化修养和审美趣味,在面对同一音乐作品时常会自由构建具有各种不确定性、多义性和模糊性的艺术形象。探究性音乐学习就是让学生自由演唱、演奏与欣赏。注重对学生学习态度、学习过程和学习结果的评价上持开放的态度,注重探究新知识的经历和获得新知识的体验以及运用的方式方法。进行自主探究时,教师要注意引题激趣。首先,设计问题情景,引导学生很快融入问题情景之中,让学生自己尝试用已有的审美知识、经验和感觉,了解和理解"问题"的意义和内涵;然后,根据现实生活经验提出自己弄不明白或很想知道的问题。例如,在歌唱学习中,可先让学生自主解词释义,尝试读谱,理解作品,激发兴趣,引导学生搜集资料,整合信息,分析流派、风格,最后提出一些有关价值观或生命的、美学的、现实意义的问题。使学生由外部

---

① 李祥靖,李亮.浅谈探究式音乐教学模式[J].中小学音乐教育,2003,10:49—51.

活动刺激学习转化为内部产生学习动机,提高学生的学习积极性和兴趣。

在课堂上引导学生自主探究,能充分体现学生的主体作用。学生在自主探究中,能更多地接触音乐,参与音乐,通过分析、比较,主动地获取音乐知识。如对歌曲的速度处理,可以先让学生尝试用稍快、中速和稍慢等不同的速度来唱一唱,比一比哪种速度与歌曲的内容和风格更贴近,并说说为什么。

2. 合作探究式

教师应整合学生已探索的信息和质疑的问题,引导并启发学生通过合作探究对"问题"进行研究,积极地搜集资料和信息,以生生合作、师生合作、小组合作、集体合作的方式进行多边对话、思辨、争论,抓住主要矛盾,集中解决问题,使学生在此过程中获得独特的情感体验和感悟。例如进行民歌欣赏时,教师可以引导或启发学生把不同时期的同一类山歌、小调、劳动号子进行分析、比较,感受并体验不同风格作品的情绪和情感表达方式。使学生真正成为学习、活动的主体。又例如,一位教师针对《瑶族舞曲》教学内容设计的"瑶家风情"一课,首先要求学生以小组为单位,将学生分成若干组,有的搜集瑶族民歌,有的学跳瑶族舞蹈,有的研究瑶族建筑,有的关注瑶家习俗,有的研究瑶族服饰等。然后组织小组同学一起讨论,研究方案,制订具体的研究计划。学生通过多渠道(网络、书籍、报刊、地图、歌本等),获取有关"瑶家风情"的信息资料。以个人或合作的方式,将汇总来的资料信息进行梳理分析。最后以个人或小组的形式,将研究的内容用歌声、舞蹈、剪贴、投影等形式表现出来。

3. 拓展探究式

拓展探究这一环节要求教师用精辟的语言在总结前阶段的基础上开放文本,启发引导学生探究"文本作品"的生成流变、版本变迁、语言转换、意义更新、内容增删、思想结构等拓展性内容。例如,在欣赏中国民歌《孟姜女》时通过讨论、调查、假设、实验等方式,引导学生探究到《月儿弯弯照九州》和东北民歌《摇篮曲》源于同宗民歌《孟姜女》调,二者在调式、结构、各乐句的落音上都基本相同,但二者的歌词内容、艺术特色、演唱形式、演唱风格以及风俗民情、方言语调都有很多差异性。通过这种探究式学习学生获得的不仅是丰富的知识,更重要的是学会了一种学习的方法,锻炼了思维的开阔性和灵活性。同时也使学生的探究精神和独立解决问题的能力得到一定程度的培养和提高。

4. 迁移探究式

迁移探究不仅重视学生在音乐体验中所用的方法和所获得的体验,更重视学生在探究过程中的创新精神和实践能力的提高,在充分关注学生参与音乐探究的态度和交往合作的情况下,引导学生把学习的内容、学习的方法、学习的时空进行迁移探究,实践应用。例如,根据"陕北民歌王的故事"这样一个主题,可以拓展其他专题性的探究学习活动,如"各地民歌手的故事",还可以迁移探究民歌手的演唱形式和风格特点、各地民歌与舞蹈的关系、各地民歌与诗歌的关系、各地民歌与绘画的关系、各地民歌与地理环境的关系、各地民歌与劳动人民的关系等。通过开展这样多角度、多层次、多方面的探索活动,师生双方相互进入对方的精神领域,在理解接纳中承认并保持独立性、完整性和包容性,使双方都有强烈的归属感和价值感,从而促进教育的可持续性发展,使师生都树立终身学习的观念。

学生在探索和创造过程中,音乐的想象和表现能力都会得到很大的提高。如一位音乐教师在引导学生创作表现"报春鸟"时,考虑到学生的个体差异、兴趣差异,鼓励不同兴趣和特长的学生都能充分地表现和展示自己,允许学生可以用演唱、演奏的方式;也可以用诗歌的形式;或者用舞蹈、绘画的方式,等等。学生通过讨论和交流,或独立或以小组合作的形式创作表现音乐。在《报春鸟》的背景音乐中,他们或朗诵自己创作的诗句,或表演自己创编的舞蹈,或展示自己创作的图画……同学们或听、或看、或动,不知不觉融入了音乐创造美的境界。这种将音乐、舞蹈、绘画、诗歌融合在一起的综合表现方式,符合学生的音乐审美心理需要,能有效调动学生的学习兴趣,能使学习充分发展审美想象和创造,有利于把音乐所包含的抽象信息转化为具体信息,从而加深对音乐作品的理解。

三、探究性学习中的教师指导[①]

探究性学习强调学生的主体地位,也重视教师的指导作用,只是指导的内容和形式与以往的学习指导相比有了很大的变化。

(1) 探究性学习实施过程中,教师要及时了解学生开展探究活动的情况,有针对性地进行指导、点拨与督促;要组织灵活多样的交流、研讨活动,促进学生自我教育,帮助他们保持和进一步提高学习积极性;指导的内容不是将学生的研究引向一个已有的结论,而是提供信息、启发思路、补充知识、介绍方法和线索。

(2) 在探究性学习的实施过程中,教师的重要工作是争取家长和社会有关方面的关

---

① 钟启泉,等.基础教育课程改革纲要解读[M].华东师范大学出版社,2002:144.

心、理解和参与,与学生一起开发对实施探究性学习有价值的校内外教育资源,为学生开展探究性学习提供良好的条件。

(3)在探究性学习实施过程中,教师要采取有效手段对学生的学习活动进行监控。要指导学生写好探究笔记,及时记载探究情况,真实记录个人体验,为探究的总结和评价提供依据。

四、探究性教学应注意的问题

首先,应尊重学生的差异性、多样性、独特性,并在此基础上根据学生的兴趣、爱好、特长,有机地开发课程资源,带领学生在互相对话中展开学习、研究活动。

其次,要激发学生探究的欲望,激发探究的动机。教师在教学时应创设问题情境,激发学生想成为探索者、发现者、研究者的动机,鼓励学生超越自我,超越同学,超越老师。因此,在探究性教学中,要做到三点:一是让学生敢于探究。对学生提出的问题或解答的问题不轻易地否定,即使学生不正确也要耐心引导,认真分析,让学生感受到教师对他的信任与尊重。二是让学生乐于探究。音乐教材中有许多内容都会让学生产生好奇,这种好奇就是学生求知的动力,也是探究性学习中最现实、最活跃的心理成分。在教学过程中,教师要善于利用学生的好奇心,充分挖掘教材的新奇因素,创设情景、变换形式,使其更具趣味性、思考性和开放性。三是让学生勇于探究。教师对学生的每一次探究都应给予鼓励,使学生体验到成功的喜悦,这种喜悦是巨大的情绪力量,往往是学生形成永久的主动参与和持续探究的动力。所以在音乐教学中,教师要有意识地创设各种情境,为学生提供表现自我的机会,无论是演唱、伴奏、指挥等方面都设计不同层次的探究性活动,为学生的探究性学习搭桥铺路,使他们体验成功的喜悦,进一步增强探究的信心。

最后,要加大教学内容的开放性,让学生在"探究"中创新。学生只有通过主动探究、实践参与,才能促进个性发展,才能使探索精神和创新能力得到发展。教师要引导、鼓励学生从不同角度去观察和思考问题,多方位、多角度探究,努力寻找与众不同,而又合情合理的答案。教师要充分尊重学生的意见,鼓励学生充分发表自己的独特见解,从而培养学生的创新精神和能力。

教案 5

暴 风 雨

教学目标

1. 探索用打击乐器和非音乐音源表现"暴风雨"的场景。
2. 能积极参与音乐创编与表现活动,从中体验音乐要素蕴含的丰富情感。

教学准备

音像资料、打击乐器、非音乐音源材料(旧报纸、塑料盒、矿泉水瓶……)。

教学过程

(一)探索与交流

师:暴风雨是大自然的一种现象,请你们说说暴风雨来临时,自然界有什么变化。

1. 学生讨论暴风雨来临时,自然界的变化。(狂风、暴雨、闪电、雷鸣)
2. 学生尝试用图形谱表现自然界的狂风、暴雨、闪电、雷鸣等现象。
3. 对创作的图形谱进行选贴、解说、评价。

(二)实践与创作

师:同学们刚才所表述的都不错,下面请你们想想用什么音响来模仿自然界的狂风、暴雨、闪电、雷鸣等现象。

1. 学生讨论并探索用什么音源材料可以模仿自然界的狂风、暴雨、闪电、雷鸣等现象。
2. 学生按图形谱的要求,分别模仿狂风、暴雨、闪电、雷鸣。

(三)比较与鉴赏

1. 将学生创作的"暴风雨"进行录音。
2. 欣赏音乐家创作的音乐"暴风雨"。
3. 比较。将学生创作的"暴风雨"与音乐家创作的"暴风雨"进行比较。

(四)归纳与总结

师:同学们的表现让老师发现了你们的创作才能。你们通过描绘自然界的狂风、暴雨、闪电、雷鸣的图形谱并用各种音源创造性地表现了一场"暴风雨"的场景。虽然你们的创作比不上音乐家成熟,但你们创作了一幅你们心目中的"暴风雨",给这原始音乐"暴风雨"注入了生命力,老师为你们感到自豪!

(本课例由长沙市芙蓉区八一路小学王嘉提供)

教案与点评:

这节课的最大亮点是运用了探究性音乐教学方法。探究性音乐教学方法的实施给学生创设了一个平等、和谐、宽松、自由的学习氛围,能最大限度地发挥学生的各种潜能。它改变了学生的音乐学习方式,探索与交流使学习过程更多地成为学生发现问题、提出问题、分析问题、解决问题的过程。

新课程标准强调发现学习、探究学习、研究性学习,学习的实质是学习者的主动建构。即学习不是老师向学生传递知识信息、学生被动吸收的过程,而是学生自己主动建构知识意义的过程。这一过程是不可能由他人所代替的,但学习者可借助他人的帮助,在一定情境下,利用必要的学习资料,通过意义建构方式而获得。这节课的教学设计不是单向的教学行为,而是以建构主义理论为基础,充分体现了教师的主导与学生的主体作用。

这节课赋予学生、教师、教学内容和教学环境四方面因素新的含义。在这里,学生是知识的发现者,学习意义的主动建构者;教师是学习的引导者、帮助者、激励者;教学内容"以学生为本",突出人文主题;教学环境重视课堂学习气氛,重视元素性音乐的应用。

另外,老师在课堂上为学生营造了一个愉快、宽松、合作、共振的学习气氛,学生自主、探究、合作、交流式的学习过程,极大地激发了他们学习的主观能动性。

(点评人:龙亚君)

第四节　重视合作交流

所谓"合作交流学习"是指学生在小组或团队中为了完成共同的任务,有明确的责任分工的互助性学习。合作学习是目前世界上许多国家都普遍采用的一种富有创意和实效的教学理论与策略体系。合作交流学习是在教师主导作用下,群体研讨、协作交流的一种学习方式,它能有效地改善学习环境,扩大参与面,提高参与度。在合作交流过程中,学生在与同学共同操作、互相讨论中促进学习进步和智力发展,通过交流与合作,有利于引导学生用不同的方式探讨和思考问题,培养其参与意识、创造意识,产生创新思维。合作交流是新课程倡导的学习方式之一。2001年,国务院关于基础教育改革与发展的决定中明确规定:"鼓励合作学习,促进学生之间的相互交流、共同发展,促进师生教学相长。"

如何在新课程背景下引导学生开展合作学习与交流,切实转变学生的学习方式,是每一个教师都应该认真思考的问题。

一、强调师生之间的合作交流

合作交流应强调"教师主导、学生主体、平等互助、教学相长"的师生互动合作关系。在师生合作交流中,教师要培养学生学会倾听、尊重他人的合作意识;培养学生的人际交往技能,学会对话和共事。合作过程中,教师必须对各个小组的合作交流情况进行现场的观察和介入,提供及时有效的指导和帮助。如果小组活动开展得非常顺利,教师要给予及时表扬;小组提前完成任务时,教师应检查任务完成情况;发现小组内角色分工不清、讨论混乱无序时,教师要帮助学生明确角色和合作程序,尽快进入有效的讨论;当讨论偏离主题或声音过大时,教师要及时发现、及时制止,将学生引到任务中来;当讨论受阻时,老师要及时点拨,引导学生寻找解决问题的恰当方法和途径;有的问题教师也可提供给各小组思考讨论、解决,教师进行适当总结。

合作交流学习结束后,教师要给学生充分展示成果的机会,并给予及时的反馈和总结。小组选出代表发言,组内的其他成员可以补充,其他组的成员有不理解的地方可以提问。教师要鼓励学生对问题提出不同的看法,互相交流、辩论,以激发学生更深入地思考问题。教师可以根据对合作学习过程的观察,选择比较有特色的小组发言。课上没有机会展示的小组,可以课下与教师交流汇报,也可将其成果在教室里展出,以培养学生合作交流的积极性。在小组总结发言时,教师要对各小组展示结果的科学性给予及时的评价。评价是以小组的表现而不是个人的表现为依据,可从不同的角度肯定各小组的合作,并予以奖励。

有效的合作学习离不开教师的指导。教师对学生合作学习的指导,除了要注意异质分组,加强评价外,还应重点加强提高合作技巧与解决学习困难的指导。教师要根据学生的身心发展规律,对学生进行必要的合作技巧的指导。即,指导合作学习小组如何分配学习任务;指导合作学习小组如何分配学习角色;指导小组成员如何向同伴提问;指导小组成员如何辅导同伴;指导小组成员学会倾听同伴发言;指导小组成员学会共同讨论;指导小组成员学会相互交流;指导小组成员如何协调小组成员间的分歧;指导合作学习小组如何归纳小组成员的观点。

在合作学习的背景下,教师的角色是合作者,教师应当参与到不同学习小组的学习活动中,与学生平等对话。

二、加强学生之间的合作交流

合作交流是指学生在小组或团队中为了完成共同的任务,有明确责任分工的互助性学习。它是指有指导地进行小组教学,让学生在一起学习交流,通过集体智慧的充分发挥,使所有学生的学习效果最佳化。合作交流强调同学之间在学习过程中展开真诚的交流、研讨、协作,学生不仅可以从教师那里获取知识,还可以从同伴身上获取知识。例如,对歌曲进行演唱处理,由各小组自行讨论设计演唱形式,编创表演动作,制作表演道具,选择伴奏乐器及音型、节奏型等。利用融合游戏、竞赛等因素,促进小组间的良性竞争,增加学习的趣味性。

合作学习应"着眼于互补、异质分组、合作交流"的生生合作关系。合作学习中的小组活动与传统教学中的小组活动有着重大区别。这主要表现在传统小组(如兴趣小组)往往是同质小组,而合作学习小组则主要是以异质小组为主。异质小组通常是由性别、学业成绩、能力倾向、性格爱好等方面不同的成员构成,成员之间存在着一定的互补性。要求各小组总体水平基本一致,每个小组都应是全班的缩影或截面。同时,全班各合作学习小组之间又应具有同质性。组内异质、组间同质为互助合作提供了可能,而组间同质又为保证全班各小组间展开公平竞争创造了条件。教师要让合作小组明确合作学习的程序要求和规则,比如小组内要有分工,人数多的小组可增加一些角色,并向学生说明以后每讨论一次,角色互换一次,让每位学生都有充当不同角色的机会,实现小组角色的互相依赖,增强学生互动的有效性。

对学生的合作学习,教师须做一个有心人,留意学生在合作学习中的一举一动,及时发现学生的闪光点加以肯定与鼓励,引导学生用心感悟、思索,在与同伴的合作交流中享受那份独特的愉悦。如一位教师在给学生上"真情呼唤"一课时,首先把学生分成几个合作学习小组,分别探究不同的"真情"主题。在学生开展交流探究活动时,一学生惊喜地说:"我学会上网了!小组合作学习时,我和×××同学分在一个小组,他耐心地教我搜索网站、下载《爱之歌》资料,真是受益匪浅。下次我还要和他合作,向他学习如何制作网页、动画。"学生一旦体验到合作学习的优越性,亲身感受其中的乐趣,就会乐于与同伴合作。

三、提倡教师之间的合作交流

传统教学虽然也时有教师集体备课的活动或形式,但并没有将之纳入教学的流程之中加以统合。合作交流则不同,它将师师互动作为教学的前导性因素纳入教学系统,扩大了教学系统的外延,并将之视为教学过程中不可或缺的一个环节,这是一种创新。教师之间的合作交流与学生一样,他们之间在知识结构、智慧水平、思维方式、认知风格等方面也存有重大差异。即使是教授同一课题的教师,在教学内容处理、教学方法选择、教学整体设计等方面的差异也是明显的。这种差异就是一种宝贵的教学资源。通过教师与教师之间就所教授内容的互动,教师之间可以相互启发、相互补充,实现思维、智慧的碰撞,从而产生新的思想,使原有的观念更加科学和完善,有利于达成教学的目标。

音乐教师之间的合作交流有许多具体方式,例如集体备课、相互听课,以及在各种音乐教研活动中互相交流、沟通,取长补短,相得益彰。此外,互换音乐教学材料,实现音乐教学资源共享也是一个重要的方面。

四、合作交流应注意的问题

1. 合作交流学习需要自主、开放的环境

学生是学习的主体。建构主义者认为,知识不是通过教师传授的,而是学习者在一定的情境,即社会文化背景下,借助人际间的协作活动(包括教师和学习伙伴的帮助),利用必要的学习资料,通过意义建构的方式获得的。因此,在音乐教学过程中,我们一方面引导、激励每一个学生积极参加学习活动,做学习的主人;另一方面充分利用集体学习、小组学习的优势,开展合作学习。通过创设开放的合作交流学习环境,来营造科学学习的氛围,促进学生学科知识的建构。在合作学习的班级授课中,要创设满足学生个体内部需要的学习环境。"只有愿意学,才能学得好",只有满足学生对归属感和影响力的需要,他们才会感到学习是有意义的,才会愿意学,才会学得好。

2. 合理安排合作交流学习

合作交流学习是一种非常好的教学方式,但不能滥用。合作学习的内容要有一定的难度,有一定探究和讨论的价值,要避免走过场,无目的、无针对性、无必要性的小组合作。如果学生对合作的内容毫无兴趣,他们就会趁机聊天,或者扰乱课堂,合作学习便失去了意义。因此,教师要把握合作学习的内容,在备课时要深入研究教材,明确教材所要体现的新理念。合作学习只有建立在个人努力的基础上才能完成,因此,在合作学习之前要让学生独立思考,然后再将自己的想法和同伴探究、交流,寻求解决问题的办法。这样做既可以避免部分同学的依赖思想,也可以使一些学习有困难的学生能够有独立思考的机会而不是直接从其他学生那里获得信息。合作学习能够给学习有困难的学生提供思考、进步的机会。

3. 把握好合作交流的时间

在课程改革实验过程中,我们常常看到有些课堂也采用了小组合作交流学习的形式,而且很热闹,可是开始讨论才几十秒,学生刚投入,有的学生还没来得及阐明自己的观点,教师就拍手叫停,这种现象是不可取的。而有的教师让学生在合作交流学习过程中,让学生漫无边际地说下去,浪费了大量课堂时间,这种合作交流也不可取。教师要始终作为小组合作交流的设计者和引导者,把握合作学习与交流的度,教给学生小组合作的方法,提高小组合作的质量。

总之,合作学习与交流以现代社会心理学、教育社会学、认知心理学、现代教育技术学等理论为基础,以研究与利用课堂教学中的人际关系为基点,以目标设计为先导,以师生、生生、师师合作为基本动力,以小组活动为基本教学形式,以团体成绩为评价标准,以标准参照评价为基本手段,以大面积提高学生的学业成绩、改善班级内的社会心理气氛、形成学生良好的心理品质和社会技能为根本目标,是一种极富创意与实效的教学理论与策略体系。

第五节　加强综合实践

综合,是音乐新课程的一种基本理念,它体现了现代教育的一种发展趋势,是学科体系向学习领域的伸展,是精英文化向大众文化的回归。以审美为核心的基础音乐教育,之所以提倡"综合"的理念,根本的意义在于:综合有益于改变人格的片面化,使人格向完整化和谐发展。

综合艺术具有整体性,它是由多种因素相互融合、相互支持而形成的动态系统。综合艺术教育则是通过各学科互相补充、互相升华、互相支持、互相整合的动态系统来实现其综合价值。综合不仅包括音乐、美术、戏剧、舞蹈、影视等艺术学科,还包括人与自然、人与社会的关系。注重天人合一,知情统一,情景统一,等等。

美国心理学家、教育家加德纳在他的"多元智能"理论中提到,人具有八种智能(① 语言智能,② 音乐智能,③ 数学逻辑智能,④ 身体运动智能,⑤ 视觉空间智能,⑥ 人际关系智能,⑦ 自我认识智能,⑧ 自然观察智能),而这八种智能差不多都能从艺术教育中得到运用和提升。

美国教育家穆塞尔(J. Meusel)提出,音乐同广泛的文化有着天然的密切关系,因此,音乐教学应该同其他领域互相交织在一起,这样可以互相增强活力。否则,音乐教学将是贫瘠的,不可能作为发展学生个性的一种媒介而获得它的全部价值。

德国音乐教育家奥尔夫说,从来就没有孤立的音乐,而只有与动作、舞蹈、语言同时存在的音乐。因此,在著名的德国奥尔夫学院中,综合性教学成为其最显著的特点。

教育家舍吉宁认为,如果整个教材被分割成零碎的彼此脱节的条块,知识的世界就将变成彼此隔离的"孤岛",舍吉宁教学法的关键是通过艺术融合启发学生对艺术的兴趣,使所谓"艺术天分不高"的学生的艺术能力迅速提高。

音乐课程的综合很大程度是美学的综合。美国教育家雷默(B. Reimer,1932—2013)提出了"综合审美教育"这一概念,其关心的主要是所有艺术的共同行为范畴。他认为,"每种艺术都有自己的主要要素,音乐中有旋律、和声、节奏,绘画中有色彩、线条、质感;诗歌中有比喻、形象、韵律,如此等等,不一而足。每种艺术都可以借用其他艺术的要素,再与自己的领域同化,而许多艺术又可以借用非艺术的要素,艺术地加以运用,转化成表现素材。"美国学者霍斯曼在《艺术与学校》中指出,一个不需要增加学习时间、教师数量和设备,却能扩充艺术课程的方法,就是让整个艺术教学课程一体化。这种教学强调所有艺术之基础的、共同的东西,即艺术的审美性、创造性、表现性的东西。"就像语言教学能把听、说、读、写综合起来一样,艺术教学也可以把视觉艺术、听觉艺术、触觉艺术等融为一体。"在音乐教学中,可采用综合的教学形式,即利用音乐、舞蹈、绘画以及其他不同的艺术的共同点和不同点去启发学生。

任何艺术门类在本质上都不是单一技能的发展,单一感官的发展不能形成真正的艺术能力,综合教育着眼于人的本能和本质的发展,避免各种感官被人为分裂,为学生的全面发展提供重要的基础。音乐课程的综合不是量的增加,而是质的变化。加强音乐课程的综合实践,可以使儿童的学习领域从传统学科的逻辑体系变为符合人的发展的学习领域。

新《标准》在其基本理念中指出:"音乐教学的综合包括音乐教学不同领域之间的综合;音乐与舞蹈、戏剧、影视艺术等姊妹艺术的综合;音乐与艺术之外的其他学科的综合。"这就是说,加强综合实践,可以通过以上三条途径来实施。

一、音乐教学不同领域之间的综合

音乐教学虽划分为感受与鉴赏、表现、创造、音乐与相关文化四个不同领域,体现在教学中却是一个整体。

新《标准》在"实施建议"中对音乐教学不同领域之间的综合做出了如下阐释:本标准设定的四个音乐教学领域是一个相互联系、相互渗透的整体。教师应全面理解和掌握音乐教学各领域的内容要求及其相互联系,并在教学中将其融合成有机整体,全面提高学生的音乐素养。

例如"感受与欣赏"即包含有"音乐与相关文化",音乐表现的过程同时也是音乐感受和培养、展示创造力的过程。音乐感受与欣赏能力的提高,可以丰富音乐的表现,促进音乐创造力的发展。同理,"音乐与相关文化"也只有在音乐欣赏、表现和创造中才能真正得以理解和体现。

从上面阐释中可以理解:感受与欣赏、表现、创造、音乐与相关文化四个教学领域是一种相互渗透和互为依存的关系。比如,欣赏和表现,乃是体验与创造、认识与实践、审美与立美的关系。从一定意义上说,感受与欣赏是整个音乐学习活动的基础,是音乐表现活动的出发点与归宿,反之,表现则是音乐欣赏活动的客观表征。欣赏水平的提高可增强音乐表现力,同样,良好的音乐表现则有利于欣赏经验与审美体验的获得。因此,不同教学领域的相互渗透与整合,可以最大限度地发挥音乐教学的整体效应,从而促进学生感受力、欣赏力、表现力和创造力的和谐发展。

教案6

粉 刷 匠

教学目标

1. 能了解手的用途,理解劳动的愉快;能用自信的声音,较准确的音高、节奏,有表情地演唱《粉刷匠》。

2. 能够在《粉刷匠》的歌唱表演活动中参与表演,并从中体验上音乐课的乐趣。

3. 能用身边的材料模仿打击乐的声音为歌曲配伴奏。

教学重点

1. 了解人们的双手不但能劳动,还能传情达意。

2. 在为《粉刷匠》编配伴奏的过程中,掌握歌曲的基本节奏。

教具准备

课件、多媒体、钢琴、打击乐器(碰铃、响板)、玻璃杯、瓷杯、铁棒、钢笔等。

教学过程

(一)感受音乐,激发兴趣

1. 律动《幸福拍手歌》拍手进教室。

2. 欣赏幼儿歌曲《巧巧手》,师生一起做手指游戏。

(二)游戏导入,激活思维

1. 猜一猜(教师在投影灯下做手的动物灯影游戏,请同学们猜一猜。)

师:今天这节课,老师首先要用双手模仿一些动物的造型,请同学们仔细观察投影仪上有些什么动物。

2. 学一学(模仿动物的叫声或有特点的动作。)

师:谁能用自己的声音来模仿一下它们的叫声,或者模仿一下它们的动作?

3. 说一说(说说手的用途。)

师:我们每个人都有一双能干的手,它们能干些什么呢?

4. 做一做

(教师鼓励学生根据自己对手的描述,到台前表演示范,然后教师带领学生将学生的示范动作按节奏重做一遍。)

5. 看一看

影视资料、图片(生活中有关手势的内容:劳动、做事、舞蹈、各类手语。如表示胜利、真棒、OK 等的手势。)

(三)参与学习,感受体验

1. 听一听(欣赏《粉刷匠》,初步感受歌曲情绪。)

师:我们的双手能做各种各样的事情,下面我们听听《粉刷匠》唱了些什么,它们的双手都做了什么。(播放课件伴奏音乐,教师范唱表演。)

2. 学一学(复听歌曲,随着歌曲录音,模仿粉刷匠做各种动作。)

3. 试一试(为歌曲编配伴奏。)

(1) 认识碰铃,并在教师示范下学会演奏碰铃的正确姿势。

第一步:让学生用碰铃为歌曲配伴奏。(节奏谱 2/4 ×—|×—||)

第二步:让学生尝试用笔敲瓷杯、玻璃、瓷砖以及用两支钢笔对敲等方法模仿碰铃声,并用这种自制的碰铃为歌曲伴奏。

(2) 认识响板,并在教师示范下学会演奏响板的正确姿势。

第一步:学生用响板为歌曲《粉刷匠》配伴奏。(节奏谱 2/4 ××|××||)

第二步:引导学生找找身边的"响板"并敲一敲,然后用自制的响板为歌曲伴奏。

(四) 情感表达,寓歌于乐

1. 哼一哼

第一遍:教师弹奏,学生模仿响板声用"哒"的声音哼唱《粉刷匠》。

第二遍:教师弹奏,学生模仿碰铃声用"叮"的声音哼唱《粉刷匠》。

2. 念一念(按节奏强弱规律念歌词)

3. 拍一拍(结合念歌词,一拍拍手掌,二拍拍手心)

4. 唱一唱(随着教师伴奏演唱歌曲)

师:如果你是粉刷匠,或者帮妈妈做了一点事,得到妈妈的夸奖,你的心情是怎样?

方法:可展开讨论,结合歌词"小鼻子变呀变了样",讨论小鼻子为什么变了样,由此让学生懂得劳动要不怕脏和累,理解小粉刷匠忘我的劳动精神和看到劳动成果的喜悦。

5. 演一演

(1) 听课件伴奏音乐,试着编创自己的动作,也可试着用旧报纸把自己打扮成粉刷匠的样子,边唱边表演。

(2) 教师根据学生自愿将学生分成三组(碰铃组、响板组、表演组)进行综合艺术表演。

(五) 创作表现,延伸课堂

1. 听一听(欣赏《我有一双万能的手》)

师:我有一双万能的手,样样事情都会做……,听听下面的小朋友是怎样唱的。(播放课件音乐《我有一双万能的手》)。

2. 学一学

师：歌曲中小朋友都做了些什么呀？我们也学学他们的动作。

3. 说一说

师：为什么妈妈说我是个好孩子？劳动会给你们带来什么样的心情？

（师生共同讨论，历数一双手的功劳：洗衣服等家务劳动；订图书、平整操场等爱校园的劳动；拾麦穗、拔野草等生产劳动，真是样样事情都会做，使学生明白劳动光荣的道理，要求自己的事情自己做。）

4. 表演唱

跟着音乐边唱边模拟歌中的情境表演。音乐反复，学生随着音乐表演走出教室。

（本课例由湖南第一师范学院龙亚君提供）

教案6点评：

这是一节综合性的艺术表演课，学生在律动、游戏、综合性的艺术表演过程中，感受、体验、表现、创造了音乐，并从中体验到参加音乐艺术活动的快乐。此课设计具有以下特色：

1. 以兴趣为前提，激活思维

导入部分设计猜一猜，学一学，说一说，做一做等教学环节，极大地激发了学生的好奇心与参与意识，学生在这些教学环节中初步感知、体验、表现、发现了手的用途，为进一步了解手的作用做了铺垫。

2. 以感受体验为核心，鼓励音乐创造

音乐是时间的艺术，又是表演的艺术，学生在初步感受歌曲的同时，教师便引导学生用动作表现歌曲中的人物形象，鼓励学生创造，用自创的碰铃、响板，用自己的独特方式为歌曲伴奏，学生在即兴创造表演中感受、体验了音乐，也在自由创造中发展了他们的求异思维，提高了艺术能力。

3. 突破传统唱歌教学模式，学生主动参与学习

传统歌曲学习先是基础训练（节奏、听音、视唱等），然后学唱歌曲（词），最后是情感处理。此课的歌曲学习突破传统唱歌教学模式，以感受、体验为主要学习方式。学生不是被动地学习歌曲，而是主动参与，通过模仿歌曲中的人物形象，为歌曲创编节奏等方法，一次一次地感受、体验音乐，在感受、体验中，学生熟悉了歌曲，喜爱上了音乐。

4. 以"手"的功能为主线，体现音乐教育的"育人"目的

以手的游戏导入，观察了解手的功能；在学习《粉刷匠》的歌曲中，体验劳动的双手所

带来的愉悦；在歌唱表演活动中，理解手的作用，使学生明白劳动光荣的道理，从而要求自己的事情自己做。音乐教育正是通过各种感受、体验、表现、创造活动散发着育人的光辉。

（点评人：龙亚君）

二、音乐与舞蹈、戏剧、影视艺术等姊妹艺术的综合

从艺术的本质上来说，一切艺术都是心灵的艺术，只是各自所有的感性材料不同而已。不同的艺术形式或同一艺术形式的不同方向在审美意蕴、表现手法等方面有许多相通之处。从心理学的角度而言，艺术具有"通感"这一心理现象，使得艺术之间的相互融合成为必要和可能。另外，艺术同广泛的文化领域有着密切的联系，这也使得艺术同其他非艺术门类的相互之间的融合成为可能。

音乐是人文学科的一个重要领域，音乐与相关艺术和文化的融合是音乐课人文学科属性的集中体现，是直接增进学生文化素养的学习领域。它有助于扩大学生音乐文化视野，促进学生对音乐的体验与感受，提高学生音乐欣赏、表现、创造以及艺术审美能力。

在音乐教学中，我们可根据教学内容，把音乐与舞蹈、戏剧、美术等艺术形式有效地结合起来进行。如用形体动作配合音乐节奏，用表演及情节表现音乐情绪、情感，用色彩或线条表现音乐的明暗、相同与不同等。

下面的教学案例《我的家乡日喀则》，将音乐与舞蹈两种艺术形式进行综合，在音乐教学中不仅通过音乐要素，而且借助舞蹈的形式来帮助学生体会藏族人民热情好客、能歌善舞的民族风情。

教案 7

我的家乡日喀则

教学对象

小学六年级学生。

教学目标

1. 了解藏族歌舞的风格特点，培养对藏族歌舞的兴趣。
2. 能够用欢快、热烈的情绪演唱《我的家乡日喀则》。

3. 能够运用藏族基本舞步初步表现歌曲《我的家乡日喀则》。

教学重点

1. 用欢快、热烈、奔放的情绪表现歌曲。

2. 藏族基本舞步的掌握及运用。

教具

钢琴、录放机、多媒体电脑、投影仪、课件光盘。

教学过程

(一) 情境导入(听歌曲《青藏高原》进教室,投影仪同步显示青藏高原的背景画面。)

1. 感受藏族题材歌曲的风格特点

师:同学们,进教室时播放的歌曲是什么民族的歌曲?下面请同学们继续欣赏一首这个民族的歌曲。边听边想这种歌曲有什么风格特点。(播放歌曲《珠穆朗玛》,投影仪同步出现《珠穆朗玛》的背景画面。)

师:同学们所熟悉的这种风格的歌曲还有哪些?能哼唱几句吗?这些歌曲有些什么共同的特点呢?

2. 了解藏族文化

师:藏族文化博大精深,从哪些地方体现出来呢?(师生共同讨论,教师可启发学生从藏民的生活习俗、文化特点、服饰、宗教信仰等方面来讨论。)

3. 激情范唱

师:下面老师为同学们演唱一首歌曲,请同学们边听边想这首歌曲表现了什么样的情绪。(教师随着伴奏录音,满腔热忱地载歌载舞。学生的情绪被调动起来。)

(二) 自主学习(主动学习)

1. 学唱曲谱

(1) 随伴奏轻声视唱,要求划拍;

(2) 用母音 Lü 模唱歌曲旋律。

2. 突出重点

着重练习二声部合唱,注意装饰音与延长音的时值,最后用 La 母音模唱全曲。

3. 朗读歌词(吐字、正音)

(喀 Ka 稞 Ke)

4. 学唱歌曲:随伴奏轻声唱词。

(三) 情感体验

师：同学们已经熟悉了这首歌曲，下面我们一起来讨论一下这首歌曲的结构。

1. 这首歌曲分几个乐段？（两个乐段。）

2. 第一乐段的旋律有什么特点？用什么声音演唱？

（旋律以模进的方式上下进行，用欢快、活泼的声音演唱。）

3. 第二乐段为我们展现了一幅什么样的风景图？用了什么样的演唱方式？基本情绪怎样？

（用卡农式的轮唱方式形成二部人声合唱，展现了藏族人民载歌载舞的热闹场景，应用热情、奔放的情绪来演唱。）

（教师指导学生用热情、奔放的情绪演唱第二乐段。）

4. 这首歌曲的风格特点怎样？（热情、奔放）

教师小结：这首歌曲的合唱部分反复运用衬词，表现藏族人民热情、奔放的性格。（教师伴奏，引导学生用热情、奔放的情绪来演唱这首歌曲。提示学生最后一个音用衬词"拉索"演唱。）

(四) 情感表达（创造表现）

运用藏族舞蹈配合表达歌曲情感。

1. 介绍藏族舞蹈的基本舞步

师：藏族人民热情好客，能歌善舞。下面，老师为大家介绍一种藏族舞步。

（教师指导学生学习藏族舞步，然后随着歌曲练习基本舞步。）

2. 对基本舞步进行改编

（鼓励学生对基本舞步进行创作组合。）

分组讨论，随着歌曲练习。教师巡视指导。

3. 表演展示

各小组运用多种创作组合的各种舞蹈动作进行表演。

(五) 课堂总结、综合表演

师：这节课我们学习了歌曲《我的家乡日喀则》，了解了藏族民俗文化，通过音乐实践活动（对藏族舞蹈的学习及运用）获得了愉悦的感受与美的体验。最后请你们选择自己喜欢的表演方式，将你们的创作成果一起来表演一遍。

（本课例由湖南第一师范学院龙亚君提供）

这是一节音乐与舞蹈相结合的综合课,通过变化多样的教学方式,引导学生参与感受、鉴赏、体验音乐活动,了解藏族音乐文化。教学中充分调动了学生的积极性、主动性和创造性,体现以学生为主体、引导学生全身心地参与音乐活动的教学思想。

这节课以"聆听""欣赏"音乐导入课堂。优美而又熟悉的歌曲立马会将学生的注意力从课外吸引到课堂,学生会情不自禁地跟着音乐哼唱熟悉的旋律,音乐画面会进一步把学生拉进音乐课堂,进入特定的情境教学中。这种情境将引发学生联想、想象。通过讨论,让学生了解藏族歌曲的特点与特定的地域文化息息相关。

此课最大的亮点就是运用藏族舞蹈配合表达歌曲情感。自古以来,就有"乐舞"之称,音乐与舞蹈就如同一对亲姐妹,从立意到风格,从情调到节奏,从气氛到意境都应是水乳交融、浑然一体,达到高度的和谐统一,从而使人们的"听"与"看"互相充实,获得艺术享受。藏族音乐因其独特的地域文化而形成有别于其他民族的音乐特征,其中藏族舞蹈就独具特色,强烈而欢快的节奏体现藏族人民能歌善舞,热情好客的性格。学生在学习藏族基本舞步的基础上进行自由创编,在欢快的节奏中,在舞蹈体验中,学会了歌曲,享受音乐带来的愉悦。

奥尔夫认为,从来就没有孤立的音乐,而只有与动作、舞蹈、语言同时存在的音乐。音乐与姊妹艺术的综合是音乐课人文学科属性的体现,有助于扩大学生音乐文化视野,它体现了现代教育的一种发展趋势,是学科体系向学习领域的延展,有益于人格从片面化向完整和谐方向发展。

(点评人:龙亚君)

三、音乐与艺术之外的其他学科的综合

加强音乐与艺术之外其他学科的综合不仅具有广阔的发展前景,同时也有着十分丰富的教学资源。如语文,可以选用适宜的背景音乐为诗歌、散文配乐,烘托审美意境;相反亦可运用诗化的语言和散文式的表达来描述音乐的情境,营造浓郁的课堂艺术氛围。

一位音乐教师在主题为"走进西藏"的欣赏课堂教学中,在聆听关于西藏题材的歌曲前,使用了创设情境的散文诗式的导言:"美妙的诗,感人的歌,像从高原雪山倾泻而下的河。时间、空间挡不住它奔向大海的冲动,藏族人日夜聆听的歌早已跨过时空,飞向远在千里万里之外的我们。它引导我们飞过高原,飞过雪山,到达美丽而神奇的西藏。"可以设想,这种极富想象力和哲理性,同时又充满了诗情画意与人性光辉的语言配以《走进西藏》《阿姐鼓》《天唱》等音乐的感人旋律,会对学生的情感与心灵产生怎样的感染力!我

们相信,在这样的教学过程中,学生的体验已不仅仅是音乐本身,而是对更深层次的文化背景与人文精神的感悟与思索。

同样,音乐与历史、地理学科综合,可以学习和了解不同历史时期、不同地域和国家的一些代表性音乐,以及相关的风土人情。音乐同体育学科综合,可以运用韵律操配合不同节奏、节拍、情绪的音乐。音乐同数学、理化学科综合,可以联系"黄金分割线"将美学概念与数学概念整合起来,以及将音乐的高低、长短、强弱等声音性质同物理学的频率、振幅等知识联系起来。

下面的教学案例《游击队歌》是音乐和历史学科有机结合的生动课例,它不仅使学生在音乐课上受到难忘的革命传统教育,而且这种教育是通过艺术的方式进行的,也就是说——音乐,让人们记住历史!

教案8

游 击 队 歌

教学对象

小学五年级学生

教学目标

1. 了解《游击队歌》的相关文化及历史背景,感受抗日战争时期游击队战士英勇、豪迈的精神风貌。

2. 能辨别歌曲的演唱形式,用轻巧、弹性有力的声音与他人一起背唱《游击队歌》。

3. 能积极参与听赏、创编等音乐实践活动,并从中体验上音乐课的乐趣。

教学重点

1. 用轻巧、有弹性的声音背唱《游击队歌》。

2. 感受歌曲的情绪,用声势节奏表现歌曲内容。

教具准备

钢琴、电视机、VCD、音响、打击乐器等。

教学过程

一、情境导入

播放视频《咱当兵的人》,师生一起踏步、行军礼,体验军旅歌曲的特点(热情、乐观、坚强、豪迈)。

师:军旅歌曲大多反映了军人热情、乐观、坚强、豪迈的性格,同时,这些歌曲也表达了人们对军人的一种情感。一些经典的革命歌曲常常传承着一定的历史与文化,讲述着一段段难忘的流金岁月。

二、新课教学

(一)听赏不同演唱形式的《游击队歌》

1. 听赏《游击队歌》(合唱)(整体感受)

要求:引导学生感受歌曲的情绪,并思考歌曲描述了怎样的一个音乐场景。

方法:结合所了解的历史,谈谈歌曲的时代背景、游击队员的作战方式、学生眼中的抗日战争。

(影视作品《地道战》《南京大屠杀》《平原游击队》《铁道游击队》等。)

师小结:这是一首描写抗日战争时期游击队战士战斗生活的歌曲,歌曲生动地刻画了游击队战士在艰苦环境中的革命乐观主义精神和机智、勇敢、顽强、豪迈的人民英雄形象。抗日战争时期,游击队战士深入敌人后方,在平原上、在铁道上,配合八路军作战。当时人们都相信,抗日战争一定能胜利,因为真理在我们广大人民的手中。

2. 观看大型音乐舞蹈史诗《东方红》片段,再一次听赏《游击队歌》

要求:引导学生分析歌曲旋律、节奏的特点,进一步感受歌曲的情绪。

(旋律采用级进、四度跳进逐渐上行的创作手法,节奏紧密、富于变化。歌曲具有鲜明的进行曲风格,生动刻画了游击战士坚强、勇敢、豪迈、乐观的英雄形象,深刻地反映了抗日战争时期中国人民反击侵略者的坚强决心。)

3. 聆听《游击队歌》(轮唱),进一步感受歌曲的表现形式以及音乐的艺术魅力

要求:帮助学生分析歌曲的几种演唱形式,区分合唱与齐唱、轮唱与重唱、领唱与独唱。

(二)学唱歌曲

1. 学生轻声视唱旋律,要求划拍,注意后拍起唱的弱起节奏"×× | ×× ×× ×"。

2. 随琴用 Lü 模唱旋律,声音要求轻巧、有弹性。

3. 学生按节奏有感情地朗读歌词(重点朗读一音多字的读法)。

4. 学生跟琴唱词(引导学生用急吸缓呼的方法和富有弹性的声音演唱歌词)。

三、分析歌曲结构

1. 分析歌曲的结构（带再现的单二部曲式结构 A—B—A）

2. 歌曲第一乐段的旋律、节奏特点，采用什么样的声音演唱？

（旋律：级进、四度跳进逐渐上行。节奏：紧密轻快、舒展有力。表现游击队员神出鬼没、英勇善战的英雄形象和乐观自信的革命精神。用轻巧、有弹性的声音演唱，力度：p＜ff＞p）

（学生用轻巧、有弹性的声音演唱第一乐段的旋律）

3. 第二乐段旋律、节奏有何变化？表现游击战士怎样的精神面貌？用什么样的情绪演唱？

（节奏由紧密变为宽松，旋律给人一种豪迈有气势并且乐观向上的感受。用坚定、有力的声音演唱。力度：p＜ff）

（学生用坚定、有力的声音演唱第二乐段的旋律，然后完整演唱全曲，注意歌曲的情感与力度表现。）

四、创编表现

声势节奏创编：

师生共同创编简单、富有动感的声势节奏，通过跺脚、拍腿、拍手等动作，使学生学会灵活地运用身体的节奏动作为歌曲伴奏。

声势节奏谱例：

$1=G$ $\frac{4}{4}$

| | 5 5 | 1 1 2 2 3 | 2 3 4 | 3 1 2 1 7 6 | 7·6 5 5 5 ‖

| 拍手 | O O × | O | O | O × | O ‖
| 拍腿 | O ×× O | O | O | O ×× | O ‖
| | 右左 | | | 右左 | |
| 跺脚 | × O O O | × O | | O O O | ‖

1. 声势节奏练习时，可先将学生分成三个小组，每组练习其中一种节奏型，然后交替进行，各种节奏熟练以后，可将拍手、拍腿、跺脚同时并用，进行声势节奏练习。

2. 根据学生的兴趣和能力，可在此声势节奏基础上，进行再创编。

3. 教师、学生对再创编的声势节奏进行点评。

五、小结

1. 学生小结本节课的学习内容(学生之间可相互补充)。

2. 教师小结：这节课我们学习了《游击队歌》，了解了《游击队歌》的相关文化及历史背景，通过音乐实践活动，获得了愉悦的感受与美的体验，最后，请同学们再一次演唱《游击队歌》并用声势节奏为歌曲伴奏。

(学生演唱全曲，声势节奏伴奏，下课。)

(本课例由湖南第一师范学院龙亚君提供)

教案 8 点评：

这是一节音乐和历史学科相融的综合课。综合课并不是大拼盘，什么都来一点，综合的内容必须与此课内容相关，而且是为此课内容服务的。这节课以情境导入，让学生在踏步走、行军礼的情境中，感受军人的豪迈气质，通过听赏不同歌曲的演唱形式，综合音乐与相关的历史文化，使学生进一步感受军人在革命战争年代英勇、顽强、乐观、自信的精神风貌。

本课最大的特点体现了音乐课程的人文性。音乐与相关文化是音乐课人文学科属性的集中体现，是直接增进学生文化素养的学习领域，对于扩大学生音乐文化视野，培养人文精神具有重要意义。本课以人文理念为主线，注重情感体验，从情境切入，启发学生积极思考，回顾历史，注重培养学生的情感态度与价值观；注重学习的过程与情感处理方式，通过听赏、分析、创编等音乐实践活动，不断加深情感体验的深度，体现了音乐新课程"以审美体验为核心"的理念。

此课第二个特色是教师设计了声势节奏创编活动。师生通过跺脚、拍腿、拍手等动作，使学生学会灵活运用身体的节奏动作为歌曲伴奏，通过声势节奏创编活动，既增强了学生的节奏感，又丰富了歌曲的艺术表现力，同时也让学生体验了音乐所带来的愉悦。

音乐课程的综合，是以音乐为本的综合，这是音乐新课程实施中的一个重要原则。诚然，基于综合理念的贯彻，音乐课中可能会不同程度地涉及一些艺术门类和其他学科的知识内容，但涉及它们是为了更好地学习音乐，激发学生对音乐的情趣。如果把学生的注意力和学习兴趣引向了探究其他学科或艺术门类的方向，用文学、政治、历史、地理、舞蹈、美术、戏剧等内容作为学生音乐课学习、探究的主要对象，那音乐课的自身功能必然会受到削弱和损害。这显然是同新《标准》的理念和精神相悖的。

(点评人：龙亚君)

第八章　小学音乐课外活动

第一节　小学音乐课外活动的意义

音乐课外活动是小学音乐教育的有机组成部分。学校音乐教育包括音乐课堂教学和音乐课外活动两个方面。虽然音乐课堂教学是实施音乐教育的主渠道，但是，音乐课外活动对于提高音乐教育的质量，拓宽音乐教育的空间，具有不可忽视的重要作用。从某种意义上讲，音乐课外活动对于学生的音乐素质和综合素质的培养，比音乐课堂教学更为广泛和深入。因此，它是小学音乐教育的重要组成部分。

（1）音乐课外活动可以使学生在音乐课堂教学中所学的知识和技能得到巩固和提高，同时，为学生提供更多的学习音乐、表现音乐、创造音乐的机会。

（2）音乐课外活动可以使学生获得愉悦，消除文化学习带来的疲劳，在一种轻松愉快的状态下进行学习。同时，可以培养他们综合运用各学科知识的能力，使所学的知识得到巩固提高、吸收内化。

（3）音乐课外活动可以使学生的音乐才能得到充分的发挥，此外，在活动之中，可以培养他们的组织能力、交往能力、协作精神、独立能力和创造能力。

（4）音乐课外活动可以活跃校园文化生活，使学生的身心得到健康的发展。在活动中，可以加强教师与学生之间、学生与学生之间、学校与学生之间的情感交流，形成合作、理解、友好的良好氛围。

第二节　小学音乐课外活动的组织与训练

小学音乐课外活动的形式多种多样，概括起来可以分为两大类：普及性音乐课外活动和提高性音乐课外活动。普及性音乐课外活动的目的侧重于丰富学生的课余文化生活，提高学生的音乐基本素养和综合素质。其活动形式有：班级歌咏比赛、音乐欣赏讲座、学校文艺会演、音乐广播站、音乐墙报、音乐专栏等。提高性音乐课外活动的目的侧重于培养、发展学生的音乐特长,组织学生为校内重要活动进行演出,参加教育部门和社会文化部门组织的音乐活动和比赛活动。其活动形式有:合唱队、乐队、舞蹈队、音乐兴趣小组等。下面主要介绍合唱队和乐队的组织工作和训练工作。

一、合唱队的组织与训练

1. 合唱队员的选拔和合唱队的编制

合唱队员的选拔以自愿报名为前提,在选拔时应从三个方面进行测验:第一,具有较好的嗓音条件;第二,具有较好的音准、节奏感;第三,具有良好的乐感。合唱队的编制以 60~80 人为宜。

2. 合唱队的类型及合唱队员的声部划分

由于小学生都还没有变声,所以在小学只有童声合唱队。童声合唱队可以由女孩和男孩组成。这种合唱队在演唱多声部歌曲时,合唱队员需要划分为 2~4 个声部,由于童声合唱队队员的男女声在音色上并无多大区别,在划分声部时,不一定要严格按照男女声来划分。划分声部主要根据队员的嗓音音色和音域。划分声部一般采用练声的方法,即 3~5 个学生为一组进行练声,在此过程中,教师将每个学生的嗓音音色和音域情况进行登记,作为声部划分的主要依据。

3. 合唱队训练的基本步骤

① 基本训练。包括发声练习、力度、速度控制练习等。

② 熟悉、体验作品。可采取听合唱录音或教师范唱的形式。

③ 讨论交流。就作品的情感、风格、特点、结构,以及演唱技能技巧等展开讨论,教师最后做概括性发言。

④ 声部教唱。将不同声部的队员分开进行教唱。如果只有一个教师,可指定一名音乐能力较强的学生担任教唱工作。

⑤ 分声部检查。将全体队员集中起来,分声部检查,解决存在的问题和难点,同时让大家熟悉各个声部的旋律,为声部合成打下基础。

⑥ 提出演唱要求。例如,要求各声部之间做到声音平衡、融合,不要有意突出自己的声音或声部之间相互压制,声部合成的开始阶段要轻声演唱等。

⑦ 声部合成。用钢琴慢速带唱,分段合成。

⑧ 解决难点。

⑨ 作品艺术处理。要启发、引导队员,从音乐语言、文学语言,演唱的力度、速度,演唱技巧的运用等方面,对作品的演唱处理提出意见和建议,教师可挑选几种演唱方案让大家进行演唱,通过比较最后确定一种方案。

⑩ 激情演唱。要求大家根据对作品的演唱处理方案,用正常速度,激情地、有表情地歌唱,教师用钢琴伴奏。

⑪ 小结。

二、乐队的组织与训练

1. 乐队队员的选拔

乐队队员的选拔以自愿报名为前提,在选拔时应从三个方面进行测验:第一,能演奏一门乐器;第二,具有较好的音准、节奏感;第三,具有良好的乐感。

2. 乐队的类型及编制

小学乐队的组合比较自由,因此,乐队的种类繁多。但常见的学生乐队类型主要有四类:民族乐队、西洋乐队、混合乐队、管乐队。现分述如下。

(1) 民族乐队

民族乐队由四组乐器组成:吹管乐器(包括笛子、笙、唢呐等)、拉弦乐器(包括二胡、中胡、板胡、革胡等)、弹拨乐器(包括扬琴、琵琶、筝、阮、三弦、柳琴等)、打击乐器(包括鼓、锣、钹、碰铃、木鱼等)。

民族乐队根据乐队队员人数的多少,可以分为大、中、小型三种。大型民族乐队的人数一般是40~60人。中型民族乐队的人数一般是20~30人。小型民族乐队的人数是8~16人。民族乐队的乐器配置,一般是把四组乐器按高音乐器、中音乐器、低音乐器的合理结构来考虑分配的。例如,组建一个40人左右的乐队,建议各种乐器的配置为:笛子2支、笙2支、唢呐1支、二胡8把、高胡2把、中胡2把、革胡2把(可用大提琴代替)、扬琴2台、琵琶6把、阮2把、柳琴2把、三弦2把、筝2台、大鼓1面、云锣1套、大锣1面、小锣1面、钹2副。如果是8人的乐队,建议乐器配置为:笛子1支、二胡2把、革胡1把(可用大提琴代替)、扬琴1台、琵琶2把,打击乐根据需要来配置。

(2) 西洋乐队

西洋乐队一般由五组乐器组成:即弦乐器(包括小提琴、中提琴、大提琴、倍大提琴等)、木管乐器(包括长笛、短笛、单簧管、双簧管、大管等)、铜管乐器(包括小号、圆号、长号、大号等)、键盘乐器(包括钢琴、手风琴、电子琴等)、打击乐器(包括定音鼓、小军鼓、钹、三角铁、木琴等)。

西洋乐队也可以分为大、中、小型三种,大型西洋乐队的人数一般是40～80人。中型西洋乐队的人数一般是20～30人。小型西洋乐队的人数是8～16人。西洋乐队的乐器配置,一般是把五组乐器按高音乐器、中音乐器、低音乐器的合理结构来考虑分配的。例如,组建一个40人左右的西洋乐队,建议各种乐器的配置为:小提琴8把、中提琴2把、大提琴2把、倍大提琴2把、长笛2支、短笛1支、单簧管2支、双簧管2支、大管2支、小号2支、圆号2支、长号2支、大号2支、钢琴1台、手风琴2台、电子琴1台、定音鼓1套、小军鼓1面、钹1副、三角铁1个、木琴1台。如果是16人的小乐队,建议各种乐器的配置为:小提琴4把、中提琴2把、大提琴2把、长笛1支、单簧管1支、双簧管1支、小号1支、圆号1支、长号1支、电子琴1台,打击乐器根据需要来配置。

(3) 混合乐队

混合乐队是由民族乐器和西洋乐器混合组成的乐队。中西乐器的搭配可以是以民族乐器为主,西洋乐器为辅。也可以是以西洋乐器为主,民族乐器为辅。或者是中西乐器各一半。

混合乐队的乐器配置很难固定,主要根据学生能演奏乐器的品种来考虑,不过在组建混合乐队时,必须要按高音乐器、中音乐器、低音乐器的合理结构来配置。

(4) 管乐队

管乐队一般由铜管乐器(小号、圆号、长号、中音号、大号等)、木管乐器(长笛、短笛、单簧管、双簧管、萨克斯管等)、打击乐器(大军鼓、小军鼓、钹、三角铁等)组成。

乐队编制可以按大、中、小三种类型组建。大型管乐队由40～60人组成。中型管乐队由20～30人组成。小型管乐队由8～16人组成。管乐队的乐器配置,是按高音乐器、中音乐器、低音乐器的合理结构来考虑的。例如,组建一个30人左右的管乐队,建议各种乐器的配置为:长笛2支、短笛2支、单簧管2支、双簧管2支、萨克斯管2支、大管2支、小号2支、圆号2支、中音号2支、长号2支、大号2支、大军鼓2面、小军鼓2面、钹2副、三角铁2个。

3. 乐队训练前的准备工作

(1) 确定曲目。可根据乐队的编制及学生的演奏水平对作品进行改编。

(2) 熟悉、研究总谱。

(3) 设计弓法、指法。

(4) 抄写分谱。

4. 乐队训练的一般步骤

① 校音。由弦乐的首席或队长负责。

② 感受、体验作品。可采取听录音的方式,也可以由教师进行范奏。

③ 讨论交流。就作品的情感、风格、特点,作品结构、演奏技能技巧等展开讨论,教师最后做概括性发言。

④ 分声部排练。将不同声部的队员分开进行排练,由声部长负责组织。

⑤ 分声部检查。将全体队员集中起来,分声部检查,解决存在的问题和难点,同时让大家熟悉各个声部的旋律,为声部合成打下基础。

⑥ 提出演奏要求。例如,要求各声部之间做到声音平衡、融合,不要有意突出自己的乐器声音或声部之间相互压制,声部合成的开始阶段要轻声演奏等。

⑦ 声部合成。开始几遍用慢速,分段合成。

⑧ 解决难点。

⑨ 作品艺术处理。要启发、引导队员,从作品的音乐语言、体裁、风格特点,演奏的力度、速度,演奏技巧的运用等方面,对作品的演奏处理提出意见和建议,教师可挑选几种演奏方案让大家进行演奏,通过比较最后确定一种方案。

⑩ 激情演奏。要求大家根据对作品的演奏处理方案,用正常速度,激情地、有表情地演奏。

⑪ 小结。

第九章　音乐教学评价

音乐教学评价是指人们根据音乐学科教育的性质、目的、理念和课程标准,对音乐学科的教育目标、教育手段,对实施音乐教学活动的过程与效果以及对个体完成和满足音乐学习与发展需要的程度做出的价值判断。

在音乐教学评价中,可利用科学可行的评价技术,对音乐的教与学以及教学过程的诸因素给予价值上的判断。它是以音乐教育的价值观为标准,以达到音乐教学目标的程度来考量音乐教学成绩和效果,它要求对音乐教育和音乐学习进行知情意各方面全面性的考察。

广义的音乐教学评价以音乐教学的全部领域为对象,它涉及音乐教学的一切方面,除了涉及教师、学生和教学管理以外,还涉及音乐教学与社会、家庭等方面的问题。狭义的音乐教学评价是以学生为评价对象,专指在学生的音乐学习领域中对学生的音乐素质发展、音乐才能、审美能力、艺术情操的形成给予价值上的判断。

通过音乐教学评价,促进学生不断发展,促进教师不断提高,促进学校不断发展,促进课程不断完善,以达到音乐教学价值增值的目的。

第一节　音乐教学评价的目的、功能与意义

一、音乐教学评价的目的

所谓教学评价的目的,就是指评价者在开展教学评价之前设想或规定的教学评价活动所欲达到的效果或结果。评价的目的指导和支配着整个教学评价过程,决定了教学评价的发展方向。

教学评价是从测量中发展而来,早期的教学评价主要是为了测量教学目标的达成度或为了比较与鉴别。随着教育改革的不断发展,现代教学评价更注重通过评价促进教学工作的改进,促进教学质量的提高。对于评价的改革,《基础教育课程改革纲要(施行)》

明确指出:"改变课程评价过分强调甄别与选拔功能,发挥评价促进学生发展、教师提高和改进教学实践的功能。"

新《标准》指出:"音乐课程评价应充分体现全面推进素质教育的精神,贯彻本标准所阐述的课程理念,着眼于评价的诊断、激励与改善的功能。通过科学的课程评价,有利于学生了解自己的进步,增强学习的信心和动力,促进课程教学质量的不断提高。"

二、音乐教学评价的功能

音乐教学评价是整个音乐教学活动中不可缺少的重要环节,它在整个教学活动中具有其他活动不能替代的功能。

1. 导向功能

教学评价的导向功能是指教学评价起着引导评价对象朝预定目标前进的功能和能力。合理的评价行为具有明确的评价目的与标准、一定的评价指标系统、严格的评价程序及科学的评价结论。教学评价的目的与标准将直接引导评价对象向标准方向努力。这就是说,评价的内容与标准将有力地引导评价对象在教与学的过程中做什么、怎么做。这使得教学评价就像一根"指挥棒"、一把"标准尺",对教育教学的发展起着"定标导航"的作用。它可以为学校教育教学工作指明方向,明确目标,可以帮助教师与学生诊断教与学过程中存在的问题,改进教学策略,促进其不断地发展等。例如,若评价以情感为第一目标,那么音乐教学必然重视师生之间的心灵的沟通与对话,教学中将重视学生的情感体验与情感培养,重视教学的愉悦性与趣味性。因此,音乐教学评价对教与学具有推动、导向的作用。

为了更好地发挥教学评价的导向功能,必须依据教学目标与课程标准制订恰当的评价内容与评价标准,对评价对象进行全面、科学的评价。教学评价要适应时代的发展变化,了解教育改革的动态,了解课程进展的信息,使教学评价既适合教学实际,又体现发展性与前瞻性。

2. 鉴定功能

教学评价是一种价值判断的活动,对教学具有鉴定功能。教学评价的鉴定功能是指对教学对象或教学工作的目标性、合格与否、优劣程度、水平高低进行诊断与判断以确定其能力与功用。即评价者通过评价,给评价对象(包括教师、学生、教育机构和方案)的教学、管理情况做出价值判断,排出名次,分出等级或层次,最终评选出先进,或甄别、筛选出优劣。它主要通过对教学评价对象相关资料的收集、整理、分析、判断的运作机制得以实现,通过检查、比较、判断等评价工作而获得。教学评价的鉴定功能通过对评价对象的认可与鉴定为教育决策服务,如进入高等学校的入学考试制度、各级各类学校学生是否符合毕业条件的学业成绩考试制度等直接影响教学评价体系的制订。另外,教学评价也具有资格鉴定的作用,如教师的资格评定,学生的毕业鉴定等。教学评价的鉴定功能为我国高等学校选拔合格的人才起了十分重要的作用,也对教育和其他社会领域有着重要的影响。

3. 激励功能

所谓教学评价的激励功能,是指通过教学评价对评价对象进行某种刺激,使评价对象对教学活动处于积极活跃的状态之中。教学评价的正确运用,能够激发评价对象的内在动力,调动评价对象的潜能,增进他们学习、工作的积极性与创造性等。通过教学评价,激励教师与学生努力工作与学习,使教学取得最佳效果。在教学评价的过程中,首先要肯定师生的工作和学习成绩,以赞扬、鼓励为原则,从而激发他们对工作、学习的兴趣与热情;其次,要帮助师生发现自己工作和学习的差距,从而产生对自己工作和学习状态的不满足,进而主动要求改进工作、学习方式方法,不断提高自己工作、学习能力;最后,通过评价要给评价对象一定的心理压力,这种压力能转变为动力,促使他们认真工作,努力学习,在工作和学习中保持积极向上的心态和愿望。

4. 改进功能

教学评价的改进功能是指通过教学评价将获得的信息向评价对象做出反馈,使评价对象反省自身状态,用以调整、改进教学策略,克服不足,促进发展。教学评价的目的之一是提供评价对象优缺点的反馈,即获取评价对象的各种信息,发现教学活动的成功之处或存在的问题,通过分析,提出解决问题的对策。在肯定成绩的同时,指出存在的问题及其成因,并设计出针对性的解决方案。教学评价的改进功能主要通过教学信息反馈,及时调整、改进教学状况,有利于教学目标的实现,使教育教学工作朝着良性的方向发展。

5. 调控功能

教学评价的调控功能是指其对评价对象的教育教学或学习情况进行调节和监控的功能和能力。教学评价可以通过依据预期目标而制定的评价指标体系和评价标准,监控评价对象的变化情况,对于偏离目标的行为及时进行调整,实现对评价对象的调控。教学评价的调控功能主要表现在两个方面：一是管理者对教学工作进行调控。如学校领导根据教学目标加强对教学工作的调控。二是评价者对评价对象的调控。如通过评价，评价者认为评价对象已达到教学目标，于是，便将教学目标适当调高；如评价者认为评价对象难以达到教学目标时，就将教学目标调低，使之符合评价对象的实际情况。

此外，音乐教学评价还有教育、管理、反馈、服务等功能。

三、音乐教学评价的意义

音乐教学评价不仅具有导向、鉴定、激励、改进、调控的功能，而且对于促进学生发展、教师提高和课程的建设与发展具有非常重要的意义。

1. 音乐教学评价工作能促进音乐教育的改革

教学评价通过评价信息的反馈，能及时发现教学工作中存在的问题，通过对问题的分析与研究，提出改革的方案与措施。通过对教学改革信息的反馈可以使评价者洞察音乐教学改革情况的变化，掌握音乐教学改革的发展状况，以便对改革做出合乎逻辑的调整，进一步深化改革，使改革保持良好的状态。

2. 音乐教学评价工作能促进教师提高

音乐教学评价可以帮助教师更好地理解音乐教学的基本特征，明确音乐教师的职责，明确音乐教学的发展方向，从而调整教学方式方法，改进教学策略，进行富有创造性的音乐教学活动，使音乐教学工作更加具有针对性，不断提高素质教育的能力与水平。

3. 音乐教学评价工作能促进学生发展

合理的音乐教学评价，能使学生增强自信，激发学习音乐的兴趣与愿望；丰富学生的情感体验，提高其音乐审美能力，培养良好的审美情趣与人文关怀。

4. 音乐教学评价工作能促进学校音乐教育管理

科学地对音乐教学进行评价，有利于学校领导对音乐教师加强业务能力培训，建立符合具体校情和学情的音乐教学目标，从而达到和完善学校各项管理目标。因此，搞好音乐教学评价工作不仅有利于音乐教育的改革，而且能促进学生与教师的主动发展，使教师的教育工作更加令人满意，学校目标和教师目标的关系得到协调。

第二节　音乐教学评价的形式与方法

音乐教学评价形式与方法因音乐学科的特点而具有多样性。不仅有封闭式的、静态的笔试考试测验方法，而且有开放式的、动态的实践表演活动评价形式；不仅有他人评价，还有他评、互评与自我评价相结合的形式；不仅有结果评价，更有过程与方法的评价、全程性的学生成长记录袋的评价与实地考察研究的评价方式等。这些评价方式贯穿于音乐教学全过程，并形成生动活泼的良好评价氛围。

本节将从形式与方法的角度对学生学习的评价和教师教学的评价进行研究。

一、学生音乐学习的评价

（一）学生音乐学习评价的形式

1. 考试或测验

考试或测验是音乐教学评价中的一种常见形式。考试或测验通常采用综合测量的方式，即通过试卷考题对学生进行多方面的测试，包括音乐常识、乐曲欣赏、音乐创作等内容，并进行量化评定。考试的方式可以是开卷，也可以是闭卷。

考试或测验方式的评价具有操作简便，评价范围大，内容广等优点。但由于考试内容是统一的，学生的参与形式是被动的，因此，无法对学生进行分层评价，尤其是对于后进生来说缺少鼓励作用，学生的主体地位得不到体现。

考试或测验应与其他评价方式相结合，要根据考试的目的、性质、内容和对象，选择相应的考试方法，要从单纯通过书面考试检查学生对音乐知识、技能掌握的情况，转变为运用多种方法综合评价学生在情感态度与价值观，过程与方法，知识与技能以及创新意识与实践能力等方面的变化与进步，使考试真正有利于学生的发展。

2. 音乐实践活动

音乐教学过程就是音乐艺术的实践过程。因此，音乐教学评价应重视学生的音乐实践活动。学生的音乐实践活动非常丰富，既有课堂教学的活动，也有课外实践活动。对学生音乐实践活动的评价可将课堂与课外有机地结合起来，使音乐教学生活化。如果将学校音乐教育与平时的音乐休闲活动结合起来，让课余音乐生活进课堂，让学生把平时爱唱的"卡拉OK"、课余学习的乐器及其他与音乐有关的节目在课堂上进行展示，并将这些作为学生评价内容之一,这对提高学生音乐学习兴趣及丰富课余生活具有很大的导向作用,同时为学生终身学习音乐奠定了基础。

音乐实践活动的评价方式不仅符合音乐艺术的特点,而且符合学生的心理特点。音乐艺术是一门实践性很强的学科,学生的音乐能力只有在音乐实践中才能显露出来。在实践中考查学生一方面可信度高,可测的内容比较多,如唱歌、乐器演奏、创作等;另一方面,这样也能减轻学生的心理负担,使学生不感到紧张,乐于接受。且实践活动的评价方式不受时间与场合的限制,如期中与期末结合、校内与校外结合、课内与课外结合,也可以通过音乐会、音乐小品、音乐擂台赛、艺术迷宫等形式进行,在不知不觉中对学生进行考查。

3. 音乐成长记录袋

音乐成长记录袋是重要的质性评价方式,它体现了课程、教学与评价的整合。音乐成长记录袋渗透在学生的日常课堂生活中,是一种用来记录学生整个音乐学习成长过程的资料夹。建立音乐成长记录袋,旨在帮助学生对自己的音乐学习过程进行反思和评价。音乐成长记录袋主要是提供学生音乐学习情况的资料夹,既包括音乐学习过程中的感受与体会,也包括学生对音乐的表现与创造;既记载有学生的学习态度、音乐学习习惯、音乐学习兴趣,也有学生音乐学习过程中的"成果"与"闪光点";既有他人的评价,更有自我反思以及各种学习资料及学生搜集到的音乐资料等。成长记录袋是一种学生自我收集、自我记录、自我反思和评价的方式,它通过如音乐日记、随笔、反思、录音和录像等形式记录,是教师与学生、家长与学生、学生与学生交流的纽带。

音乐成长记录袋注重对"过程"的记录,特别注意记录学生在真实情境中对音乐的感受与体验、表现与创造的心理过程,尤其注意记录在音乐教学过程中,老师对学生的表扬与奖励。这种评价通过对记录袋的反思,使学生对自己的独特性有了更明确的认识,他们意识到自己究竟关心什么,自己的优点和弱点是什么;透过记录袋,学生了解自己的进步与变化,体验到成功与自信,能看到自己良性发展的轨迹,从而明确自己的发展需要,主导自己的学习进程,变被动为主动;反复观看和评价自己的作品,重温别人对自己的评价以及摘录的各种音乐评论,可以使学生从多角度思考问题,加深对音乐艺术的认识和理解,提高音乐艺术修养。

(二)学生音乐学习评价的方法

1. 自评、互评与他评相结合

自评是评价主体根据一定教育教学活动的价值、理念、目标,对自己的教育、学习工作进行评价的一种方法。如学校对自身的教育教学管理和教育教学质量的评价;教师对自己的教育思想、业务能力、教学方法、文化素养的评价;学生对自己审美情感、学习过程与方法、知识与技能的评价等,都是自我评价在教育教学、学习评价中的具体体现。自评的最大优点是评价者能够对自己的教育教学工作、学习情况进行反省,且评价不受时间和场合的限制,简便易行,省时、省力,花费少,可在较长时间内连续操作,机动灵活。但自评缺少外界参照系数,不易进行横向比较,主观性强。

互评是评价主体之间互相进行评价的一种活动。如学生与学生之间的评价,教师与教师之间的评价等。

他评是指评价对象以外任何评价者的评价。上级教育行政部门对下属学校教育教学质量的评价,学校管理者对教师教学工作的评价,教师对学生、学生对教师的评价以及社会舆论对学校教学质量的评价等,都属于他评。他评也包括互评。他评是评价者独立于评价对象之外的评价方式,一般来说,他评要比自评相对客观、真实一些,容易使评价对象看到成绩和问题所在。但他评要求严格,在组织实施的过程中花费的人力、物力、财力较多,因而不宜频繁进行。

学生音乐学习评价应将自评、互评及他评三种评价方式相结合,主张把被评价者的自评作为整个评价过程的预评阶段。这样做,有利于被评价者自己发现问题,改进学习方法,同时,有利于被评价者在自我评价的基础上接受和理解教师以及其他方面所给予的评价。对学生的自评要根据不同学段和年级,广泛地、灵活地加以运用。学生的自评应以描述性评价为主。通过生动活泼的形式,让学生对自己的音乐学习进行总结、回顾和比较。学生自评应该注意调动学生的积极性,注意承认学生音乐学习的个体差异。为此,学生评价的重点应该放在自我发展的纵向比较上面。

学生之间的互评也是值得提倡的一种音乐学习评价方式。要根据不同年级学生的实际能力,采用简便、可行的方式方法,开展阶段性或经常性的学生自评和互评活动。学生的自评和互评,与单纯由音乐教师对学生进行"成绩考核"相比,在评价的价值和效果上,有着很大的差别。通过各种形式的自评或互评活动可以充分发挥学生的积极性,以达到相互交流和激励、发展学生各种能力的目的。

为了使音乐教学评价能够更加真实,在评价对象自评的基础上还应尽量采用多元决策的评价方式,即采取教师、学生、领导、本人相结合的参与决策的评价方式。通过各种形式的评价,我们可以从多种渠道获取改善音乐课程的信息,及时调整和改善教学,提高音乐教学质量。评价活动要注意讲求实效,尽量简化评价过程和方法,评价不宜过多、过滥,防止流于形式。

2. 形成性评价与终结性评价相结合

形成性评价是一种检验学生阶段性学习效果的评价方式,其功能是了解和检验学生一定阶段的学习效果,把握教师阶段性教学的进展情况,以利于及时调整教学计划,改进教学方法。音乐教学的实践过程是音乐教学评价的一个重要方面,应该予以充分的关注,教学评价应该在教学过程中经常进行。对于学生音乐学习的评价,可采用观察、谈话、提问、讨论、抽唱(奏)等方式进行。在音乐教学过程中,教师经常采用对学生口头表扬的形式,如果没有具体记载,时间一长就容易丢失。建立"资料档案袋"或"成长记录册"不失为一个较好的方法。每次上课,学生将受到的表扬及奖励记录下来,形成阶段性评价,反映自己一段时间内不同方面的进步,体会到成功与自信,看到自己良性发展的轨迹。音乐教师要对学生的形成性评价加以记载,尽可能地对所有学生(至少是大部分学生)实施日常的形成性评价。

终结性评价是指对期末课程结业的检测。所检测的内容为整个学期内的全部学习内容。它是在形成性评价的基础上,对学生学期和学年音乐学习所进行的终结性检测评价。每个学期或学年的阶段性终结性评价,学生和家长、社会都比较关注,这对学生总结、回顾音乐学习具有重要作用,应该予以重视。要把平时经常性评价和阶段终结性评价相互结合起来。

3. 定性述评与定量测评相结合

定性述评是指用较为准确、形象的文字对被评价者简要地加以描述的评价方法。定性述评的优点是可以对被评价者进行较为具体的、个性化的描述。例如,对学生的音乐学习定性述评,可以针对学生的兴趣爱好、情感反应、参与态度、交流合作、知识与技能的掌握情况等评价。但定性述评的缺点是工作量大,实际操作起来比较困难,在学生班级人数不太多的情况下可以实行。

定量测评是指用分数或等级形式对被评价者进行评价的方法。定量测评具有比较准确、便于实施等优点,但由于该方法主要使用分数或等级的形式进行评价,因此,对于学习中的许多因素无法进行评价,如情绪情感、学习态度、学习兴趣等。

采用定性的评语进行描述性的述评和采用测量进行定量的评价这两种评价方式各有其优点和局限性,为了使评价的各项原则能够更好地得以实现,使评价更加科学、真实、准确,便于实际操作,必须尽可能地将这两种方法结合起来,使其利弊互补。

二、教师音乐教学的评价

(一) 教师音乐教学评价的形式

音乐课堂教学评价一般采用课堂观察与录像评价两种形式。

1. 课堂观察

(1) 听课

听课是指听课者深入到课堂教学中,和学生坐在一起认认真真听教师上课。听课者在听课前应首先明确听课的目的任务,选好角度,突出重点,使听课有针对性,解决主要问题。如果听课比较盲目,或者没有侧重,就抓不住重点,效果就不会太好。一般情况下,评价人员听课时,应将教师和学生的语言、行为、活动转换的时间记录下来,记录的内容必须根据评价的重点有所侧重和选择。应重点记录教师的导入语和过渡语、教师的提问、教师的范唱(奏)、教师独特的见解与创意、学生的表现与参与度、学生完成各项活动所用的时间等。通过对这些内容的记录,可以分析教师的教学设计、教学方法和教学效果。

听课的目的是为评课搜集信息资料,为评价提供有价值的事实依据。根据听课的目的不同,听课类型可分为以下五种。

第一,指导帮助型听课。指导帮助型听课多数是针对新上岗的青年教师或教学能力较差的教师,评价者去听课,然后给予帮助、指导,使这些教师更好地进行教学工作,从而达到提高教学质量的目的。指导帮助型听课要求评价者须有一定的理论修养和教学经验,在本学科具有骨干带头作用,这种指导帮助要贯穿于教学的全过程,评价者与授课教师一起备课,研究教材、教法,设计教学思路与教学案例,必要时还要指导试讲。每次听课后应及时交换意见,帮助授课教师改进教学方式方法。这种类型的听课要经常不间断地进行,直至该教师在教学中有了明显的进步为止。如教育实习的学生、老教师带新教师等属于此类型。

第二,优课推广型。优课推广目的是帮助骨干教师总结推广他们的教学经验,为广大教师交流课堂教学经验提供一个很好的平台,特别是为青年教师提高课堂教学水平提供一条重要途径。优秀课首先要适应教育改革的需要;其次,要激发学生的兴趣,有利于师生共同发展。优秀课的推广可在本地区进行,也可在省级甚至全国范围推广。优秀课只是相对的,不同地区、不同对象,应有不同的要求,切不可用同一模式来规划。

第三,教改研究型。教改研究型听课的目的在于进行教改实验,实验的课题可以根据教学的实际情况由学校领导或课题主持人提出。教改研究型听课对象一般应选择有一定教学经验的中、青年教师骨干。要做充分准备,课题组成员首先要共同研讨制定试教方案,设计教学思路,然后教师试教实验,最后共同研究总结。因为是实验研究,试教过程中可能会出现许多问题,听课者要善于发现问题,提出改进意见,然后设计修改下一步方案并再次进行试教实验,经过反复试教最后得出结论,看看教改实验是否可行,是否具有推广价值。

第四,了解检查型。了解检查型听课的目的是为了进一步了解学校教学情况,包括教师执行《标准》与教学计划情况、教学理念与教学改革情况、教学态度与教学能力情况等。这种类型的听课方式在运用上有一定的灵活性。开学后一两周听课,主要了解教师有无充分准备,以达到督促目的。期中或期末听课则可以了解教学进度执行情况等。

第五,考核评比型。考核评比型听课的目的是为了评定业绩、职称或选拔优秀课。听这类课要按有关规定的条件,客观、公正,结论力求准确。

上述五种类型的听课是相对而言的,在实际听课过程中,有时是完成一项听课任务,但多数情况是几项听课任务同时完成。例如,听课既是了解教师情况,又帮助指导教师进步;听课既是学习他人先进教学经验,同时又指出他人不足,提出改进意见;听课既是评比选拔,又是了解情况,同时也推出优秀课,等等。

(2) 看课

对教师的课堂教学情况进行观察与评价,不仅要会听课,而且要会看课。看教师如何组织课堂教学;看学生能否积极参与课堂学习;看教师是否注重学生的情感体验,如何处理知识技能与情感的关系、如何处理课堂偶发事件等等。

看课活动一般包括以下三种情况。

第一,看教师的上课情况。看教师上课准备工作是否充分,教具准备是否完善;看教师安排的教学内容是否适当,是否根据学生身心发展规律组织课堂教学内容;看教师精神是否饱满,教态是否亲切、自然,富有激情;看教师运用教具是否熟练,教学方法与手段的选择是否得当;看教学反馈是否及时,教师是否能及时调控教学;看教师范唱、弹奏是否流畅、规范、富有感染力等。总之,看教师主导作用发挥得如何。

第二,看学生学习情况。看学生在音乐学习过程中是否主动参与表现,是否真正对音乐感兴趣;看课堂气氛是否活跃,学生是否真正感受、体验了音乐,获得了审美体验,增强了音乐表现的自信心;看学生思维是否活跃,是否善于想象、创造,创新思维是否得到培养;看学生与教师的情感是否交融等。总之,看学生主体地位是否得到真正体现与发挥。

第三,看教师上课教案。教案是教师上课的重要依据,教案既能反映教师的备课情况,也能反映教师课堂教学的设计思路。看教案是否符合新《标准》要求,是否符合学生实际,教学结构是否科学合理等。看教案的同时可向对方提问。还可以要求看学生的听课笔记和作业,以求进一步了解教师课堂教学情况。

总之,看课应是全方位的。除了上述几种情况外,还要看师生合作是否愉悦、和谐,等等。

(3) 整理课堂观察记录

整理课堂观察记录的主要任务有两个:一是理清课堂教学的过程与思路。对课堂教学进行观察记录,同时也是评价者领会教师的设计思路和教学活动安排的过程,课堂观察结束后,评价人员应重新看一遍课堂记录,有必要对课堂教学的过程和思路进行再次梳理,这样有利于对教师的教学设计与目标、内容等作出统筹考虑和评价;二是补充重要的细节。在听课看课时,往往来不及把细节记录下来,只是大概地记一两个提示性关键词,在课堂观察结束后要及时整理,以免随着时间的延长而丢失许多有价值的内容。

(4) 课堂教学评价结论

评价结论指评价者对评价对象的教学工作所下的总结性言论,它是评价者对评价对象所要进行的一项非常艰巨的劳动,也是集中体现评价价值的劳动。评价者的评价是否能深入评价对象内心,他的评价是否具有社会效益,要看他的评价结论是否科学公正,看他下结论的方法是否能为评价对象所接受。评价结论是教学评价的关键环节,它关系到评价工作的再评价,甚至决定着整个教学评价工作进行得成功与否。

音乐课堂教学评价有两种方法。

① 用定性描述的评价方法。它主要从教学理念、教学目标、教学内容、教学方法与手段、学生参与情况和教学效果等方面评价这节课的得失,既要有观点,又要有依据,要体现这节课的"质"。这种评价要突出重点,不必面面俱到,要选择一些比较有创造性、有典

型性的方面作点评，评价者要从评价对象的实际出发，提出有建设性的评价意见。

② 采用指标体系的评价方法。这种评价方法在基层课堂音乐教学评价中经常使用，但这种评价只重视评价结论，对教师教学水平的提高难以有切实的帮助。着眼于教师发展性评价应避免采用这种评价方式。发展性评价是对教师个人教学水平和个人进步进行比较，而不是与他人作比较。所以，在使用指标体系评价的同时，要重视"质"的描述。

2. 录像评价

录像评价有别于课堂观察，评价者与被评价者并不是面对面地进行评价，而是评价者通过看被评价者的课堂录像进行"非直接"的评价。录像评价一般包括录像分析、教师访谈过程纪实和录像评价结论三个步骤。

（1）录像分析

① 把录像内容转述为文字。这是录像评价重要的基本工作，虽然烦琐，但有利于评价分析。

② 课堂教学过程分析。根据录像和文字描述，把课堂教学过程划分为几个有机的环节，对每个环节进行的教学活动进行概括性的描述，并记录下各个环节的开始时间和持续时间。

③ 制作课堂记录表。课堂记录表概要地记录课堂教学活动的过程和主要内容，可以让人一目了然地了解课堂教学的基本过程。记录表可分为三列。第一列是课堂教学环节和每一个环节的开始时间、结束时间；第二列是学生活动描述，记录活动的行为类别以及是全班学习还是个别学习、小组学习，还要注明个别学习和小组学习的时间；第三列是教师活动描述，概括地描述教师的教学行为以及教师提出的主要问题和要求。表格中的一行用于记录一项活动。如学生音乐课活动可以分为：准备活动、感受、体验、表现（演唱、演奏）、创造、讨论、课堂交流或问答、学生提问等。教师音乐课活动也可分为几个基本类别，包括示范讲解、板书、范唱（奏）、提问、总结等。

（2）教师访谈过程纪实

在课堂录像之后，要进行教师访谈，并将访谈的过程记录下来。教师访谈之前，应拟定访谈提纲，并把访谈提纲发给任课教师，向其说明访谈的目的。提纲可以起到提示的作用，使访谈紧扣主题；也可让教师对访谈的主题有大致的了解，使教师有心理准备。访谈的目的主要是为了进一步了解教师的教学理念、教学设计与目标、教学背景以及教师对这节课的自我评价等。

教师访谈的参考提纲:

① 教学理念。(这节课你是否运用一些先进的教学理念?为什么要运用这些理念?)

② 教学目标与教学设计。(这节课你要达到怎样的目标?你希望学生在这节课中能学会什么?你做了哪些设计来达到这一目标?为什么要这样设计?)

③ 教学过程与方法。(你是否根据学生的表现来调控课堂教学?采用了哪些调控策略与教学方法?)

④ 教师的基本情况。(主要指教育与培训经历、教学经历等。)

⑤ 对教学的自我评价。(你对这节课满意吗?与平时的课相比表现得怎样?你认为这节课成功之处在哪里?哪些达到了你设计的目的要求?你认为这节课不足之处在哪里?应怎样改进?)

⑥ 课的背景。(主要指与这节课相关联的内容,包括这节课与前后教学内容的联系,与单元教学内容的关系等。)

(3) 录像评价结论

录像评价结论与课堂观察的评价结论是相同的,在此不再复述。

(二) 教师音乐教学评价的方法

1. 反馈法

课堂教学评价的功能在于激励教师对教学加以整合,提高教学质量。所以评价者在评价时,注重将课堂教学中所呈现的客观状态,反馈给授课教师,并对此加以分析、阐明,用以促进和强化成功的效应,避免失败的效应。采用这种方法,要注意避免信息反馈给授课者带来的不安感和消极反应。

2. 归纳法

从若干个教学事例中分析、归纳、总结出体现一堂课教学特色的评价结论。这种方法非常便捷,关键在于听课时需要收集相关的教学实例,然后对其做出分析、归纳、总结。采用这种由具体事例分析推出结论的方法,有利于帮助教师形成个人教学风格。

3. 演绎法

先提出理论依据,然后从课堂教学中撷取实例加以印证。这种方法高屋建瓴,对教师教学观念的快速更新、教学方法的创新具有实效。但在采用这种方法的同时,要注意理论贴近课堂教学实例,不牵强、不生硬,否则评价将缺乏价值。评价者只有注意理论联系实际,听评价的人才能心领神会,在须臾之间有顿悟之感。

评价者初学评课时,可能生搬硬套上述某一种方法,但到自己能驾轻就熟做出评价结论时,多种方法可能糅合在一起,针对不同时间、地点、对象,灵活选择。

4. 量的评价与质的分析相结合的方法

在评价课堂教学时,我们通常会设计一个提供客观数据的表格,这是课堂教学中量的记述。评价结论则根据量的记述,从教学目标、教学观念及要求等方面,做出解释。

我们采用这种量的评价和质的分析相结合的评价方法,就能比较客观、公正、有效地对课堂教学做出评价结论。

此外,对音乐教师的教学评价还可以采取自我评价、同行评价、专家评价、领导评价等方法进行,即把自评、互评、他评结合起来进行综合评价。

第三节 音乐教学评价的内容与要求

音乐教学评价包括学生、教师和课程管理三个方面,本节主要研究怎样对学生、教师进行教学评价。

一、学生音乐学习评价

在音乐新课程中,学生音乐学习评价是一项重要内容。新《标准》指出:"音乐课程评价应充分体现全面推进素质教育的精神,贯彻本标准所阐述的课程理念,着眼于评价的诊断、激励与改善的功能。通过科学的课程评价,有利于学生了解自己的进步,增强学习的信心和动力,促进课程教学质量的不断提高。"对学生音乐学习评价的研究应着重于具体操作和实施,应从评价内容(情感态度与价值观、音乐学习过程与方法、音乐知识与技能)和评价方式(学生自评、学生之间互评、教师和家长等他评)两个方面来进行。

(一) 音乐学习评价的目的

音乐学习评价的主要目的是考核学生的学习情况,促进学生的学习。通过评价,教师既可以考察学生的学习现状,对学生的学习提出更加合适的要求,同时也可以对自己的教学进行反思和调整。音乐学习评价应以表扬和鼓励为主,要有利于激发学生的音乐学习兴趣,有利于学生了解自己的进步,发现和发展自己的音乐潜能,建立自信,促进音乐感知、表现和创造能力的发展。

（二）音乐学习评价的内容及相关要求

1. 情感态度与价值观评价

（1）作为学生音乐学习评价的重要方面，情感态度与价值观目标的具体表现

① 丰富情感体验，培养对生活的积极乐观态度。音乐学习可以丰富学生的情感体验，使其情感世界受到潜移默化的感染和熏陶，建立起对人类、对自然、对一切美好事物的关爱之情，进而养成对生活的积极乐观态度和对美好未来的向往与追求。

② 培养音乐兴趣，树立终身学习的愿望。通过各种有效的途径和方式引导学生走进音乐，在亲身参与音乐活动的过程中喜爱音乐，掌握音乐的基本知识和基本技能，逐步养成欣赏音乐的良好习惯，为终身喜爱音乐奠定基础。

③ 提高音乐审美能力，陶冶高尚情操。通过训练学生对音乐作品情绪、格调、人文内涵的感受和理解，培养学生的音乐欣赏能力，养成健康向上的审美情趣，使其在真善美的艺术世界里受到高尚情操的陶冶。

④ 培养爱国主义情感，增强集体主义精神。通过音乐作品中所表现的对祖国山河、人民、历史、文化和社会发展的赞美和歌颂，培养学生的爱国主义情感；在音乐实践活动中，培养学生良好的行为习惯和宽容理解、互相尊重、共同合作的意识，增强集体主义精神。

⑤ 尊重艺术，理解世界文化的多样性。尊重艺术家的创造劳动，尊重艺术作品，养成良好的欣赏音乐艺术的习惯。通过系统地学习母语音乐文化和不同民族、不同国家、不同时代的作品，感知音乐中的民族风格和情感，了解不同民族的音乐传统，热爱中华民族音乐文化，学习世界其他民族的音乐，理解音乐文化的多样性。

（2）情感态度与价值观的评价要点

① 情感体验，生活态度，音乐兴趣，人生规划能力，终身学习愿望。

② 音乐鉴赏能力，音乐批评能力，审美情趣与审美观。

③ 社会责任感，民族精神，爱国主义情怀。

④ 国际视野，多元文化观。

（3）情感态度与价值观评价的要求

情感态度与价值观的评价是音乐新课程学生评价的重要内容。这是因为音乐课属于美育的范畴，是实施美育的主要途径，其特质是情感审美，其教育方式是以情感人、以

美育人。传统的音乐学习评价只偏重于音乐知识与技能的掌握,以解决音乐作品中若干个知识点为中心,缺乏对学生的音乐兴趣、需要和经验的关注,颠倒了知识技能与学习者的关系。实际上,对学生情感态度的关注,远比知识与技能重要,这是关系到人的情感内涵、人生态度、人格健全的重要问题。因此,评价学生的音乐学习效果,首先要体现在熏陶、感染、净化、震惊、顿悟等情感层面上。在测评学生对中外不同题材、体裁、形式音乐作品的体验时,首先要关注学生对作品情感内涵的感受、理解和表现力。在评述学生的综合音乐学习成就时,首先要关注学生的音乐趣味、音乐态度、音乐习惯等方面,这是音乐学习评价的核心目标。

2. 音乐学习过程与方法评价

(1)《标准》中学生音乐学习过程与方法的评价的具体要求

① 体验。完整而充分地聆听音乐作品,在音乐体验与感受中,享受音乐审美过程的愉悦;体验与理解音乐的感性特征与精神内涵。

② 模仿。通过亲身参与演唱、演奏、编创等艺术实践活动,并适当地运用观察、比较和练习等方法进行模仿,积累感性经验,为音乐表现和创造能力的进一步发展奠定基础。

③ 探究。培养学生对音乐的好奇心和探究愿望,重视自主学习的探究过程,使学生能够积极参与以即兴式自由发挥为主要特点的探究与创作活动。

④ 合作。在音乐艺术的集体表演和实践过程中,能够与他人充分交流、密切合作,不断增强集体意识和协调能力。

⑤ 综合。通过以音乐为主线的艺术实践,渗透和运用其他艺术表现形式和相关学科的知识,更好地理解音乐的意义及其在人类艺术活动中的特殊表现形式和独特的价值。

(2)学生音乐学习过程与方法的评价要点

① 体验性学习。直接经验,独立见解,感悟能力。

② 模仿性学习。观察仿效,感性经验,模仿能力。

③ 比较性学习。比较鉴别,分析评价,判断能力。

④ 探究性学习。即兴创造,思维方式,研究能力。

⑤ 合作性学习。团队精神,分享意识,协作能力。

⑥ 综合性学习。姊妹艺术,相关学科,整合能力。

(3)音乐学习过程与方法评价的要求

对学生的音乐学习评价应注意考察学习过程与方法的有效性。这是因为音乐学科具有不同于其他学科的特征，对于音乐审美教育来说，许多目标就蕴含在学习中。学会音乐，不如会学音乐。因此，学会学习并努力使自己优秀，善于运用各种学习策略来提高自己的音乐学习水平和效果就变得十分重要。教师要善于引导学生对自己的学习过程和学习结果进行反思，以不断地调整和改进自己的音乐学习。在音乐学习中，注意沟通与交流，学会理解他人的想法与思路，善于运用各种交往手段达到与他人共处的目的。通过音乐学习过程与方法的评价，还要引导学生主动地参与到探究音乐的活动之中，积极地进行思考与推理，能对已有的音乐信息进行合理组织和归类，并参与研讨和论证，提出解决问题的有效策略和方法。要善于在音乐学习中进行有效的合作，能与他人一起确立音乐学习目标和实现音乐学习目标，能把自己当做学习集体中的一员，碰撞交流，集思广益，学会贡献，学会分享。

在音乐学习过程中，应及时了解学生的音乐学习状态和学习水平，将学生对音乐的学习过程与方法，以及其他相关记录和资料加以记载、汇集，形成日常性的评价，作为期末总评的参考。也就是说，要对学生的音乐发展过程不断地给以关注，通过学生音乐发展的各个环节来促进学生整体的音乐发展。可充分利用"学生音乐发展记录表"来全面反映学生的音乐发展过程，记载内容可包括学生的自我评价、教师评价、同学评价、家长评价等各方面信息。

3. 音乐知识与技能评价

(1)《标准》中音乐知识与技能的评价内容

① 音乐基础知识。学习并掌握音乐基本要素(如力度、速度、音色、节奏、节拍、旋律、调式、和声等)、常见结构、体裁形式、风格流派和演唱、演奏、识谱、编创等基础知识。

② 音乐基本技能。学习演唱、演奏、创作的初步技能，能够自信、自然、有表情地演唱歌曲和演奏课堂乐器，了解音乐创作的基本方法。在音乐听觉感知基础上识读乐谱，在音乐实践活动中运用乐谱。

③ 音乐历史与相关文化知识。了解中外音乐发展的简要历史和有代表性的音乐家，初步识别不同时代、不同民族的音乐。认识音乐与姊妹艺术的联系，感知不同艺术门类的主要表现手段和艺术形式特征。了解音乐与艺术之外其他学科的联系，扩展音乐文化视野。根据自己的生活经验和已学过的知识，认识音乐的社会功能，理解音乐与社会生活的关系。

（2）音乐知识与技能的评价要点

① 音乐基本知识。音乐表现手段，音乐体裁与形式，音乐风格与流派，中外优秀音乐创作，中外优秀民族音乐。

② 音乐基本技能。歌唱、演奏、创作、舞蹈、戏剧的基本技能。

③ 音乐与相关文化。音乐简要历史，音乐与社会生活，音乐与姊妹艺术。

④ 音乐与相关学科。音乐美学，音乐社会功能。

（3）音乐知识与技能评价的要求

对于音乐学习来说，音乐知识与技能是必须要掌握的内容。这既是提高人的整体文化素质的需要，同时也为学生进一步学习音乐提供了发展的平台。因此，对音乐知识与技能的评价同样是学生音乐学习评价的一个组成部分。音乐知识与技能的评价内容应以各学习领域和模块的内容标准为依据。

对于音乐知识与技能的评价，要注意体现学生音乐学习的差异性。就音乐学科来说，每个学生都具有音乐先天素质的不同和音乐潜能的不同，所以对不同的学生应体现评价的差异性特点和个体性特点。评价要关注和理解学生个体音乐发展的需要，注重学生在音乐学习上的自我纵向比较，尊重学生认识自我和完善自我的努力，充分调动学生的积极性，从多方面引导学生从不同的角度去正确评价自己和他人，学会自我反思和促进自我发展。

总之，学生音乐学习评价应有利于学生了解自己在音乐学习上的进步，发现和发展自己音乐的潜能，树立音乐学习的自信心，促进音乐审美能力的进一步提高，促进音乐感受、表现和创造能力的进一步发展，使学生音乐学习评价成为激励学生前进的动力。

二、教师音乐教学评价

随着基础教育课程改革的不断深入，教师的角色发生了根本性的转变。教师不仅是知识技能的传授者，更是学生音乐学习的促进者；教师不仅是传统的教育者，还是新型教学关系中的学习者和研究者；教师不仅是课程实施的组织者、执行者，也是课程的开发者与创造者。教师评价就是根据学校的教育目标和教师的根本任务，运用恰当的评价理论和方法手段对教师个体的工作质量进行价值判断。教师评价不仅要关注教师的专业水平，也要关注教师的个性与个人价值、伦理价值等。评价教师的音乐教学水平，不再以学生的学业成绩为唯一标准，而是要注重教师自身素养和专业发展的整体水平，从教育思想观念、文化修养、业务素质、教学过程、教学方式与方法以及创新能力等多方面进行综合的评价。

教师评价的内容很广泛。在实际工作中,对教师的音乐教学评价主要从课堂音乐教学、课外音乐活动、音乐科研成果三方面来考查,这里主要从课堂音乐教学方面来研究音乐教师教学评价。

音乐课堂教学评价是评价教师教学工作的重要方式,也是音乐教学评价最常用的方式。音乐课堂教学评价主要涉及教学设计与教学目标、教学内容、教学过程、教学方法与手段、教师基本功、教学效果、教学特色等方面(见表9-1)。音乐教师的课堂教学水平也可从教师的教学准备情况、教学目标的确定、教学内容的组织、教学手段的选择、教师素质以及教学效果等方面进行评价(见表9-2)。

表9-1 音乐课堂教学评价表

评价指标		听课纪要	评分				得分
一级	二级		优	良	合格	不合格	
教学设计与教学目标（16分）	课前准备充分		4	3	2	1	
	目标明确,紧扣《标准》		4	3	2	1	
	目标具体,切实可行		4	3	2	1	
	富有音乐学科特点		4	3	2	1	
教学内容（16分）	教材分析正确,概念讲解清楚,技能运用熟练		4	3	2	1	
	各部分内容所占分值安排适当,重点突出		4	3	2	1	
	注重学生实际,重能力培养和学习过程		4	3	2	1	
	寓艺术性、思想性、科学性于音乐教学之中		4	3	2	1	
教学过程（16分）	体现体验、参与、愉悦等音乐学科的特点		4	3	2	1	
	突出探究、创造、合作、综合等学习方式		4	3	2	1	
	教学节奏张弛有度,教学环节衔接自然		4	3	2	1	
	教学氛围好,情境化		4	3	2	1	

续表

评价指标		听课纪要	评分				得分
一级	二级		优	良	合格	不合格	
教学方法与手段（16分）	教学方法灵活、多样，针对性强		4	3	2	1	
	激发学生学习兴趣，调动学生学习积极性和主动性		4	3	2	1	
	教学信息反馈及时，调控得力，师生互动		4	3	2	1	
	现代化教学手段运用恰当		4	3	2	1	
教师基本功（16分）	教态亲切自然，语言规范、生动		4	3	2	1	
	范唱准确，富有感染力		4	3	2	1	
	弹奏规范、流畅		4	3	2	1	
	善于处理偶发事件，调控课堂得力		4	3	2	1	
教学效果（16分）	音乐教学能感染学生，学生的音乐兴趣和审美能力得到培养		4	3	2	1	
	学生主体地位得以体现，能较好地掌握所学知识与技能		4	3	2	1	
	学生积极参与表现，创新思维得到培养		4	3	2	1	
	各环节教学任务完成较好，师生合作愉悦、和谐		4	3	2	1	
教学特色（4分）	教学有独创性，体现创新精神		4	3	2	1	
总　　分			100	75	50	25	
等级对应的分值			95-100	80-94	60-79	60分以下	

表9-2　教师音乐教学质量评价表

教师姓名：　　　　　　　　执教年级：

评价内容		比重	分值	评价结果				
				优秀	良好	一般	合格	不合格
教学准备	1. 教案质量	5%	8					
	2. 教具课件	3%						
教学目标	3. 教学核心	5%	10					
	4. 目标确定	5%						

续表

评价内容		比重	分值	评价结果				
				优秀	良好	一般	合格	不合格
教学内容	5. 教材组织	5%	15					
	6. 重点难点	5%						
	7. 协同教学	5%						
教学手段	8. 教学形式	5%	30					
	9. 教学方法	10%						
	10. 师生互动	10%						
	11. 组织教学	5%						
教师素质	12. 示范能力	6%	15					
	13. 教态仪表	2%						
	14. 语言表达	5%						
	15. 板书设计	2%						
教学效果	16. 教学特色	6%	22					
	17. 情感培养	8%						
	18. 知识能力	8%						
合计		100%	100	90~100	80~89	70~79	60~69	60以下

（选自《实用音乐教学论》，吴跃跃著）

（一）课堂音乐教学评价的目的

课堂教学评价具有考查和激励的作用。课堂教学评价能对教师产生一定的压力与动力，促使教师不断地加强自己的业务学习，提高课堂教学的能力与水平。

课堂教学评价按目的不同可划分为两种：一是以奖惩为目的的评价；二是以发展为目的的评价。奖惩性的评价把课堂教学评价的结果与对教师的奖惩结合起来，根据评价结果对教师做出增加薪水、嘉奖、晋升或减少薪水、降级、解聘等决定。目前我国一些地区和学校的教学评价主要是以奖惩为目的的评价，例如各种优课评比、教学基本功比赛和学校中的考评等。以奖惩为目的的课堂教学评价通过外部奖励可以调动教师教学工作的积极性与创造性，而不称职的教师由于害怕惩罚，也不得不改进自己的教学。这种评价在某种意义上可以促进教师进行教育教学改革，最大限度地实现学校的教学目标。但是这种评价的动力是自上而下的，常常只能引起少数人的共鸣和积极响应。因此，这种评价难以引起全体教师的重视，也难以调动全体教师的工作积极性。

这种评价已显露以下几种弊端：① 有的学校或个人为了达到优课效应，请许多有经验的教师集体备课，共同指导"优课"，这种优课追求的是一节课的优质而不是整体教学水平的提高；②优课评比使有的青年教师"一课成名"，各种荣誉接踵而来，但平时大多数课的教学水平都不高；③片面追求基本功而忽视对学生情感、态度等非智力因素的培养；④在录制"优课"时，为了录制出最佳效果参加比赛，将同一堂音乐课在同一个班级进行反复教学，这不仅占用学生的休息时间，而且会使学生丧失对音乐课的兴趣和热爱，失去了音乐课的真正意义。

以发展性为目的的评价注重音乐教师教学水平的提高和发展，评价结果不与奖惩挂钩，评价是为教师提供课堂教学的反馈信息，帮助教师发现各自的优点和缺点，促进教师彼此互相交流，改进教学方法，为教育决策、制定教学目标、提高教学质量服务。以发展性为目的的评价由于没有外部的奖惩制度，因此教师发展的动力来自内部奖励，即工作进步所带来的满足感和成就感。教师作为专业工作者，本身具有"好为人师"的职业本能，如果能满足其必要的工作条件，他们就会发挥极大的工作热情和创造力。因此课堂教学评价应促进教师改进教学工作，促使教师把注意力集中到追求教学质量本身，而不是追求功利的外部奖励。

课堂是促进学生发展、教师提高的主阵地，课堂评价的出发点和归宿就是提高教学质量，特别是提高课堂教学质量。评价教师授课的质量不仅要看其在传授知识、促进学生智能发展上所做的努力，还要看教师的教学是否有利于学生审美素养和良好人格的形成。因此，音乐课堂教学评价应立足于学生与教师的共同发展，运用科学的评价方式与方法，通过信息反馈、自我反思，不断提高教师课堂教学的能力与水平。

（二）课堂音乐教学评价的内容及相关要求

1. 教学准备的评价

（1）教学准备及其作用

教学准备，是指教师在课堂教学前所做的所有准备工作。教学准备评价就是对这些准备工作的实现价值进行实事求是的评价判断。教学准备评价的范畴包括教案书写、教学设计、课件制作、技能准备、学生预习作业布置、教具与学具准备等。评价者应注意，所有这些都是依据瓣《标准》对各年级学段的学习要求和学生现实生活的实际状况，为音乐教学活动进行的准备。

做好教学准备是上好课的前提，教学准备充分，教师在课堂上才能游刃有余，把握好教学的重点和关键，才能使学生有最大效益的发展。否则，教学便会流于形式，不能很好地达成目标。因此教师必须将很多精力放在教学准备上。作为评价者，应注重对教师教学准备的评价,这对全面实施素质教育起着非常重要的导向作用。

(2) 教学准备评价的要求

第一,教师教学准备必须围绕提高课堂教学质量进行,教学准备工作的评价也必须依据教学质量标准,求实而不求虚。

第二,通常的课堂教学准备评价是综合的,评价者应着重从教师对课程的钻研程度和教案的准备、教学设计、磁带、录像资料、课件制作与教学活动的结合程度等方面进行评价。

第三,对教案的评价应注重教学实际。评价者应引导教师不照抄、照搬参考资料,注重教案的创造性,注重对学生情况的分析,设计符合自己教学实际,真正有利于提高教学质量的教案。教案评价要注意教学目标是否恰当;教学过程是否有学生积极参与;教师提问是否能引导学生去理解、感受与表现音乐;教学设计是否有艺术性、是否有激趣和激疑环节等。

第四,磁带、录像资料的收集以及教学课件的制作须依据课程教学内容,使之具有科学性与实效性。要正面评价教师把握课程与教材的基本能力。

对教学准备的评价要灵活掌握,并不是所有的课堂教学都需要进行教学准备评价,应注重抓具有典型意义的教学准备予以评价。评价教师的课堂教学准备,要看其是否立足于为学生服务,是否能有效地促进学生发展。

2. 教学目标的评价

(1) 教学目标评价及构成

教学目标是指教学活动预期达到的结果,或是预期的学习活动要达到的标准。教学目标的评价是对课堂音乐教学中师生所预期达到的学习结果和标准进行客观分析和判断。教学目标是由一系列具有层级关系的目标组成的目标群,包括远程目标,即国家规定的教育目的,它属于最高层次;中程目标,即各级各类学校的培养目标,它是远程目标的下位目标;短程目标,即课程目标、单元目标和课时目标,它是对教育目的和培养的具体化。课堂音乐教学目标评价以音乐课程价值的实现为依据,具体包括对情感、态度与价值观,过程与方法,知识与技能三个维度的评价。

(2) 教学目标评价的要求

第一,行为主体必须是教师和学生。因为教学是教师和学生共同探索、学习的过程。判断教学有没有效益,除了看教师的教学设计和主导作用之外,更重要的是看学生有没有获得具体的进步,而不是教师有没有完成教学任务。如"拓宽学生的音乐知识面""通过教学活动,培养学生的音乐感受能力与音乐创造能力"等,这些写法都是不规范的,因为目标行为的主体是教师,没有包括学生。

第二,行为动词必须是可测量、可评价、具体而明确的,而不是笼统、抽象、模棱两可的,否则就无法评价。例如,通过编配打击乐、即兴创编活动,培养创造性思维。

第三,行为方式必须是灵活、多样、可操作的,而不是单调、乏味、缺少情感与活力的。教师只有真正熟悉、理解、研究学生,才能制订出深受学生喜爱、符合学生年龄与心理特征、贴近学生实际生活与实际水平的行为方式。

第四,行为表现程度(指学生学习之后预期达到的最低表现水平)必须是面向全体的最低线,而不是个别尖子生能达到的最高标准。行为表现程度要适当,用以评量多数学生学习表现或学习结果所达到的程度,既符合大多数学生的实际水平,又能让那些接受快的学生有继续发展的空间。例如设立"能熟悉或记住音乐主题""感受音乐作品浓郁的地方风格""体验创编活动的快乐"等众所能及的目标。

3. 教学内容的评价

(1) 教学内容评价及程序

教学内容是指音乐课堂教学所涉及的有关音乐学习的知识、文化、情感、技能等,它是教师在音乐课堂上的授课行为中所利用的一切相关材料和手段。教学内容的评价则是评价者对评价对象驾驭教材、分配内容分量、把握重点、注重学生实际、重视能力与情感等方面的考查。教学内容评价的目的是使教学内容最优化。

优化设计教学内容的过程是教师科学地艺术地处理教材的过程。在教学过程中,教师应根据教学目标和学生实际,对教材进行某种增减、调整和选择,使教学内容更趋于合理,让教材的教育、教学功能得以充分实现。

教学内容的评价应着重考核教师对教材的驾驭能力与处理能力。教师只有很好地驾驭教材,才能对教学内容进行优化处理,教学才能被学生接受,也才能实现教学的最优化。因此,教师要把自己的教学思想和教材的科学性、艺术性融为一体,根据教学需要合理地、灵活地使用教材,形成自己的教学特色,这是一个教学艺术再创造的过程。

(2) 教学内容的评价要求

第一,在处理教材时要突出教学重点。所谓教学重点是指教材中最基本、最主要的内容,在知识结构中起纽带作用的知识,包括基本概念、基本理论、基本技能等。教师在处理教材时应敢于对教材进行大胆的取舍,以保证突出教学重点。

第二,在处理教材时要突破教学难点。所谓教学难点是指那些教学内容比较抽象、复杂,学生学习较困难的知识与技能。难点不一定是重点,难点要根据学生的实际水平来定,同样的问题,对不同班级里不同学生,就不一定都是难点。

教学难点与教学重点既有区别又有联系。教学重点具有基础性、规律性、全局性,因而占教材总量的比例较大。教学难点多数处于教学重点之中,少数处于教学重点之外,它们占教材总量比例较小。教师在教学中不应把重点与难点混淆起来。

第三,在分析教材时要把握情感要素。传统教学内容的组织评价过度地强调知识技能,忽视对情感要素的评价。而音乐是表达人情感的艺术,音乐教育的本质是情感的教育,情感要素在音乐教学中不仅仅"比知识技能更重要",而且是音乐课堂教学的核心与灵魂。因此,音乐教学内容必须富有情感性。

第四,在处理教材中要抓住新知识的生长点。所谓新知识的生长点是指任何新知识的产生,都是对旧知识的引申与发展。如果教师在教学中抓住了新知识的生长点,在教学设计中适当引入旧知识做铺垫和准备,有助于学生对新知识的学习和掌握。

第五,在组合教材时要有协同教学的观念。这一观念具体体现在三个方面:其一,在教学领域上体现感受与欣赏、演唱、演奏、音乐与相关文化的协同教学;其二,在教学形式和教学方法上体现音乐与姊妹艺术的协同教学;其三,在教学思维和挖掘作品的内涵方面体现音乐与非艺术学科的协同教学。

4. 教学过程的评价

(1) 教学过程评价及流程

教学过程是指课堂教学所经过的程序。因此,教学过程的评价主要是从课堂教学的结构、课堂教学的节奏、课堂教学的整体布局及效果来考虑。在对教学过程进行评价时,评价者应该对局部与整体进行有逻辑思维的分析,评价必须建立在有价值的事实基础之上。首先要做好听课与记录工作,如果听课记录不全,评价者可向评价对象咨询,做到记录和咨询相结合。这样既能明晰客观事实,又能使评价在轻松和谐的氛围中进行。评价中应提出教学过程中的"闪光点"与不足,以引起授课者和听课人的注意。评价者要对闪光点加以肯定,对不足之处进行客观分析,提出建设性修改意见。

(2) 教学过程评价的要求

第一,在教学过程中,注重学生的参与度与教学过程所产生的效能。教学过程是一个教师教和学生学的过程,加上音乐学科是一门实践性很强的学科,因此在教学过程中,不能只是教师一味地灌输,而必须要关注学生的参与度以及对学生日后学习音乐的影响。

第二,在教学过程中,巧妙地将审美性、知识性与趣味性相结合。音乐学科是以审美为核心的学科,在教学过程中,教师要注意培养学生感受美、体验美、表现美、创造美的能力。

第三,在教学过程中,有创意地进行教学内容的优化整合以及与教学形式、教学方法的合理搭配。

第四,在教学过程中,教学层次清楚,各教学环节之间衔接自然且具有整体感。教学结构合理,教学节奏张弛有度,教学高潮安排得当且富有教学特色。

5. 教学手段的评价

(1) 教学手段的评价及作用

教学手段是指教师在教学过程中为完成教学目标与任务而采取的教学形式、教学方法和教学设备的总称。它包括教师"教"的方面,也包括学生在教师引导下"学"的方面,是"教"与"学"的辩证统一体。教学手段的评价是对授课者在课堂教学中所运用的教学手段和策略进行价值判断。

教学手段是为实现教学目的服务的,所以教学手段选择得是否恰当,直接关系到课堂教学效率的高低。然而教学是一种复杂多变的系统工程,一种好的教学手段或方法总是相对而言的,它总是因课程、学生、教师的特点和条件而相应变化的,适合的就是好手段、好方法,不适合,再好的手段和方法也不会取得好的效果。

(2) 教学手段评价的要求

第一,教学手段的选择要符合教育教学改革的方向。当前教育改革强调课程改革,音乐课程的目标注重培养学生爱好音乐的情趣,注重发展学生的音乐审美能力与人文素养。因此,评价音乐教师的教学手段应看其是否有利于学生学习积极性与学习兴趣的培养;是否能丰富学生的情感体验,提高音乐审美能力;是否有利于学生个性特长的充分发挥,等等。

第二,教学手段的选择应切合实际,科学合理。评价音乐教师的教学手段应从教材、学生、教师与教学条件的实际情况来看。首先,应从教材的实际出发。教材不同,教法也应不同,正所谓教无定法,贵在得法。其次,要从学生的实际出发,学生千差万别,不同地区、学校、班级以及个体都有差异,这就需要教师针对不同的教学对象而采取不同的教学手段。再次,要从教师实际出发,每个教师都有自己不同的教学经历、知识结构、教学能力和性格特点,运用到教学中就会形成自己的教学特色与教学个性。因此,教师在选择教学手段时,应考虑是否能够发挥自己的专业特长,施展自己的教学才能。最后,教学手段的选择要从学校教学条件的实际出发,因地制宜。如果教师选择的教学手段与学校实际情况不符,那么,手段再好也不能发挥其作用。

6. 教学基本功的评价

(1) 教学基本功评价及构成

教学基本功是指教师在教学过程中自觉运用教学技能的能力。音乐教师的教学基本功除了包括演唱技能、演奏技能、欣赏技能、识读乐谱技能、创作技能与指挥技能外,还包括语言表达能力、教学设计与组织能力、现代化教学技术的运用能力等。

教学基本功是教师课堂教学的基本条件,教师教学基本功的评价是评价教师是否具有课堂教学的基本能力。

(2) 教学基本功评价的要求

第一,教师的教态要亲切自然,语言要规范、生动。评价音乐教师的教学基本功首先要看教师的语言是否规范,教学语言不规范,便不能很好地传达教学要义,尤其是讲究字正腔圆的歌唱教学,更需要教师准确地吐字与发音。

第二,教师的范唱(弹唱)与范奏要准确、规范且富有感染力。音乐课堂教学离不开演唱与演奏活动,因此,音乐教师必须具备一定的范唱与范奏能力。评价音乐教师的范唱与范奏能力要看其是否能把握音乐形象与情感,是否具有艺术感染力并能激发学生的学习兴趣。

第三,教师应具备一定的课堂教学组织能力。课堂教学组织能力主要包括:维持正常的课堂教学秩序,激发学生的音乐学习兴趣,引导学生积极主动地参与学习,艺术地处理课堂教学偶发事件,等等。

7. 教学效果的评价

教学效果是指教师为了达到教学目标,在课堂教学中运用一定的教学策略和教学手段所产生的结果。良好的教学效果是教学活动所预期达成的目标。对教学效果的评价就是对教学活动是否达成预定教学目标的评判。理想的音乐课堂教学效果应该是:音乐教学能感染学生,学生的情感、音乐审美能力、音乐表现能力和音乐创造能力得到培养;教学效率高,学生思维活跃,课堂气氛热烈;学生主体地位能够得以实现,学生受益面大,不同程度的学生在原有的基础上都有进步;学生学得轻松,积极性高,当堂问题当堂解决;教学各环节任务完成较好,师生合作愉悦,共同发展。

第十章　小学音乐教师

对小学音乐教师的专业知识与技能技巧等方面的要求,具有特殊的专业标准。小学音乐教师的专业工作又有别于中学、大学的音乐教师,一般来说,小学音乐教师的教育对象是从六七岁至十二三岁的小学生,要求教师熟悉、掌握该年龄阶段的学生在生理、心理发展中所具有的特点,以便进行科学的音乐教育和教学。

小学音乐教育教学的这一独特性和复杂性,对小学音乐教师提出了较高的要求。本章将从小学音乐教师的角色转变、小学音乐教师的素质结构、小学音乐教师的科研论文写作三个方面进行阐述。

第一节　小学音乐教师的角色转变

当前我国新课程改革的出发点,在于力图超越原有的课程与教学范式,从而确立素质教育课程体系的内在性格,是一种深层意义上的变革。这一变革势必对教师的角色和权责进行重构和重组。这也给小学音乐教师们带来了前所未有的机遇和挑战。

一、新课程理念下小学音乐教师角色的内涵

(一) 教师角色的内涵

教师是在学校中专门从事教育教学活动的角色,这个角色的特殊身份以及与其相适应的行为规范,要求教师在其角色行为上,表现出与其他职业不同的特点。教育社会学家比德尔在前人的基础上提出,教师角色概念包含以下三种含义。

1. 教师角色即教师行为

教师行为指教师在教师角色特有的工作环境中,即在学校或课堂上的行为。不过,教师的行为在工作环境之外也是存在的,因此,有时也包含教师在家庭、社会场合的行为。持此种观点者认为,教师的行为是客观存在的事件,是能够直接观察到的。另外,教师角色也可以被其他行为者看到,因此就有可能影响某些学生和与其来往的其他人的行

为或者受到对方行为的影响。

2. 教师角色即教师的社会地位

另一些人用教师角色来表示教师们的身份或社会地位。角色在这样使用时既指教师这一职业限定语,又指这一职业所包括的个体。这一解释侧重于教师的静态特征,如承认教师具有独立的社会地位以及教师的组成、状况、进入或脱离这一领域的条件。

3. 教师角色即对教师的期望

还有一种看法认为,教师角色指的是对教师的期望,其中有教师对自身的期望,也有学生家长、学校领导、学生或社会公众对教师的期望。有些期望属于一般规范性的,如要求、标准、责任等,而有些则可能反映了某些信念、偏爱或别的思想方式。有些期望可能是一致性的,另一些则可能代表了分歧的意见并由此产生教师角色上的矛盾。持这种观点者是把教师看成是能够进行理性思考的人。他们通过学习提高,达到被期望的标准,而所期望的东西一旦形成,就会影响学生(被期望按预定方式成长的人)的行为。[①]

(二)新课程理念下小学音乐教师角色的内涵

小学音乐教师在学校生活中的角色内涵应包括哪些方面呢？我们认为,除了作为一名教员外,小学音乐教师还充当学生音乐学习过程的平等交流者,音乐兴趣的引导者,音乐知识和能力的培养者,音乐学习方法的指导者,音乐学习活动的参与者和合作者,音乐课程资源的开发者,课程教学的实施者与研究者,学校文艺活动的组织者和表演者,教育教学理论的研究者和创新者,音乐专业的爱好者和学习者,乐曲、舞蹈的创编者等多重的复合的角色。同时,小学音乐教师的角色特征也是随着社会的变化而变化的。在当前音乐基础课程改革中,教师应不断地进行角色转变、角色适应、角色调整,从而塑造完美的教师角色,实现自身的发展。

二、传统小学音乐教师角色所面临的挑战

传统教师角色的形成,源于师生间知识、地位、年龄、经验的差异。教师往往认为学生是幼稚的、不成熟的,其本身并不具有与成人一样的资格。因为他们还处在学习中,因此,教师往往把学生看作一个不懂事的人,认为自己比学生高明,是教育者。实际上,现在的学生正在发生变化。他们的思想观念、生活方式、行为方式,对整个社会已经有一种

[①] 李瑾瑜、柳德玉、牛震乾. 课程改革与教师角色转换[M]. 北京:中国人事出版社,2003:104—105。

现实的作用,具有了一种现实的社会功能,而不单纯是向社会学习,也不仅仅是等待将来。这与社会变化、学生自身发展及教育变化有关。

当今社会已发展成为一个终身学习的体系,当前社会的变化和知识的更新,迫使现在的成年人也要不断更新知识,重新社会化。现在的小学生在某些方面的知识能力已经超过了普通的成年人。在音乐知识技能方面尤其如此。教育观念的更新、教学方式方法的进步,使很多孩子在学龄前就接受了正规、系统的专业音乐教育。在小学阶段,器乐、声乐过十级的孩子大有人在。儿童精力充沛,记忆力好,接受新事物快,可塑性强,他们所掌握的音乐专业知识技能往往超过成年人,在许多方面与成年人有了同等的地位,甚至高于音乐教师。同时,由于社会文化的多元化趋势,同一文化的标准打破,使得儿童可以从不同的方面发展,而不必一定要认同成人的文化标准。

首都师范大学谢维和教授早在1992年就提出了一个概念:"年轻的成人"[①]。所以,尽管儿童在一些方面缺乏经验,我们仍然应尊重他们在学习过程中的自我体验、自身价值观念的意义和现实性。而教师居高临下的传统角色显然已经不能适应时代的发展。在新课程条件下,传统的小学音乐教师角色在教学观念、教学习惯、教学情境、知识储备以及学习方式的方面都面临着严峻的挑战。

(一)音乐教学观念上的挑战

教育思想和教育观念制约着教师的教育行为,影响着教育教学的全过程。任何教育行为的实施,都必须建立在正确的教育思想和教育观念的基础上。

长期以来,音乐教师常常把音乐教育看作是音乐知识和技能的教育,尽职尽责地扮演着传统的音乐知识与技能的传授者这一角色。这种传统的音乐教育观是十分片面和狭窄的,它既忽视了音乐教育在培养和提高人的全面素质方面所具有的诸多功能,更忽视了学生个体生命多方面的价值。这一陈旧的教学观念致使教师教法死板,与音乐艺术的本质背道而驰。教师过多地注重音乐技能、技法的传授与训练而忽视了音乐艺术的审美特性,忽略了学生的兴趣爱好及音乐情感。课程改革强调:学生是课堂的主体;"生活世界"是课程内容的范围;课程是由学生反思创造性实践而构建人生意义的活动。我们应当清楚地认识到,音乐教育作为一门基础学科,它首先是一种基本素质的教育。它通过教授音乐这门听觉艺术,来反映人们的思想、情感以及社会生活,使学生对音乐产生浓厚的兴趣、爱好,具有对音乐美的感受能力、表现能力和初步的鉴赏、创造能力,教会学生

---

① 刘微. 当代教师应该具有怎样的学生观[N]. 中国教育报. 2002-9-29.

如何认识生活、感受生活并在一定意义上创造生活,从而促进学生健全人格和健康个性的发展,以达到培养学生全面发展的目的。

为此,新《标准》根据音乐艺术的特征和现代教育的要求,按照小学生身心发展特点和审美认知规律,提出了崭新的音乐理念。我们从新课程标准的角度审视新时期的教师角色,这就要求教师从传统的音乐知识技能的传授者、课堂纪律的管理者、学科本位的教书匠转变为新课程条件下的新型知识传授者、学生学习过程中的优秀组织者、帮助者和引导者、教育改革的反思者和研究者。

(二)音乐教学习惯上的挑战

以往在教学中,教师常常把学生当作被动的接受教育者,课堂的主动权始终掌握在教师手中。尽管过去也已经强调学生的主动性与主体参与,但这在教师的教学行为中始终难以体现。探其原委,一是以教师为中心,从教师的教出发,易于为教师所接受。二是教师以知识的传播和技能的训练为主要任务,在教学上存在着明显的可操作性。教师只要有教材和教学参考用书,就能进入程序化的教学中,甚至可以参照现成的教案进行教学,这种可操作的教学程序已牢牢地扎根于教师的日常教学观念与行为中。随着信息时代的来临,知识更新的速度越来越快。学生在学校所掌握的知识肯定不能够享用终身,甚至已不能满足其自身全面发展的需要。个体的发展水平将越来越取决于不断地利用信息,培养自我学习和自我教育的能力。"授人以鱼,不如授人以渔。"在知识迅猛发展的今天,教师如何关注学生的需求和发展,调动学生的学习主动性和积极性,培养学生的自主学习、探究学习以及充分利用信息资源快速高效地解决问题的能力,在教学中如何体现以审美为核心的思想,这是对音乐教师的教学习惯提出的挑战。

(三)新的教学情境的挑战

1. 新的课程结构

(1)从系统的知识性课程转向发展性课程

同其他学科一样,在学科中心课程论的影响下,音乐课程历来以系统的知识为线索编制课程结构及内容,其优点是学科的逻辑性强,结构较严密,由浅入深的教学内容较符合学生的认知规律,较容易进行传授与评价。但随着心理学的发展与教育理论的完善,人们对音乐的教育功能有了更深刻的认识:音乐课程必须全力追求、促进学生和社会的发展,必须具有可持续发展性。音乐课程的结构可以不断有所调整;音乐课程内容可以不断拓展;对教材内的作品可以不断补充修订。因此,发展性的音乐课程更能体现人文价值：释放人的价值，重视人的发展、个性的培养、情感的和谐、内心的体验、环境的陶冶等，并根据音乐艺术的特点，注重想象、直觉和创造性的表现。同时，发展性的课程对音乐教师从知识更新、对学生的人文关注上提出了挑战。

（2）从单一性课程转向多元性、综合性课程

在新课程的理念指导下，新《标准》对音乐课程进行了整合，从原来的单一性课程转向多元性课程。课程的内容包括了四个方面：感受与欣赏、表现、创造、音乐与相关文化。它不同于以往"课程是教学内容和进展的总和"的观念，而是倡导积极利用并开发各种课程资源。除了知识、技能之外，人类创造的所有的物质文明、精神文明，以及自然存在物都可以是构成课程的素材。同时，课程改革要求，要充分考虑地域不同、城乡差异以及各个层面所达到的要求，课程资源的开发应具有弹性，呈多样化格局。除国家统一的课程以外，地方和学校应结合当地人文地理环境和民族文化传统，自主开发具有地区、民族和学校特色的音乐课程资源，加强建立校内外课程资源的转化机制。比如农村的孩子可以自制简易的乐器代替各种正规的乐器，用"元素性"音乐教学，在自然原始的音乐素材中，给学生一个综合性、自然性的音乐经验。学生在自由且自然地参与音乐活动之时，感受音乐、欣赏音乐、创造音乐、学习音乐。因此，新的课程结构要求教师积极拓展课程资源、拓宽学生学习音乐的渠道，改狭隘、封闭的课堂式教学为广阔、开放式的音乐教学，把学生的目光引向生活，引向自然，引向社会，使他们了解音乐与艺术之外的其他学科的联系。

2. 新的课程环境

教学环境因素很多，张楚廷教授在《教学论纲》一书中提到，教学环境包括自然环境、物质环境、人际环境、观念环境、班级环境、社会环境。[①] 社会的前行，科技的进步，教育的发展也将促使新的教学环境出现。本书着重谈论的是校园的课程环境。课程改革所颁布的《课程改革纲要》和《课程标准》为教师提供了一个新的课程环境，改变了过去以教材作为唯一课程因素的状况。新课程强调教师、学生、内容、环境四因素的整合，从而使课程变成了一种动态的、生长性的"生态环境"，使课程成为四因素之间持续活动、互惠沟通的动态过程。为了有效地实施新课程，教师需要了解这一新的课程环境。表10-1是对传统课程环境与新课程环境的比较：

---

① 张楚廷.教学论纲[M].北京：高等教育出版社，1997：163.

表 10-1 传统课程环境与新课程环境的区别①

表现方式	传统的课程环境	新的课程环境
教师与学生的位置	教师中心	学生中心
学生发展的关注范围	单方面发展	多方面发展
学生的学习方式	独立学习	合作学习
学生的学习状态	接受学习	探究式学习
学生的学习反应	被动反应	有计划的行动
学习活动的内容	基于事实知识的学习	批判思维和基于选择、决策的学习
教学的背景	孤立的人工背景	仿真的、现实生活中的背景
教学媒体	单一媒体	多媒体
信息传递	单向传递	(双向)多项交换

3. 教学过程的不确定性

过去,基础教育课程的确定性十分明显:教学内容、教材、教参、考试甚至评价标准都是完全统一的。在这种情况下,教师往往依赖于教材和教参,从而丧失了自身的独立性和创造性,使教学成为复制教材和教参的重复性、机械性的活动。教学过程也成为教参上的一个既定部分,同一教学内容的课堂千篇一律。新课程增加了教学过程中的不确定性:教师具有较大的教学资源选择的权力;教学方法和教学过程强调个性化;教学内容的综合性、多元性加大;允许学生在知识、能力、态度、情感、价值观方面的多元表现;尊重学生的个性差异,针对学生的不同特点进行个别化教学;教学评价更趋多样性、科学性、合理性。

新课程带来的这些变化使教学过程充满了不确定的、积极的变动因素。这就使教师具有了更多的创造新形式、新内容的空间。同时,这也对教师能否灵活睿智地采用合理恰当的教学策略提出了挑战。教学过程的不确定性、变动性要求教师是一个决策者、研究者、创造者,通过个性化、创造性的教学表达自己的教育理念。

(四) 知识储备的挑战

"要给学生一碗水,自己要有一桶水。"这一隐喻强调的是教师知识和能力的必要储备,对教师的职业能力提出了一定的要求。随着高科技、信息技术的飞速发展,随着学生

---

① 钟启泉,崔允漷,张华.为了中华民族的复兴 为了每位学生的发展[M].上海:华东师范大学出版社,2001:428—429.

学习方式的更新,每一位教师在知识储备方面都面临着新的挑战。信息技术使教学内容的呈现方式、学生的学习方式、教师的教学方式和师生的互动方式都发生了巨大的变革,为学生的学习和发展提供了丰富多彩的教育环境和有力的学习工具。学生在日常生活中有很多机会接触新鲜事物,通过电视、电台、网络源源不断地获取音乐信息,通过主动的、探究的学习方式学到老师不知道的东西。此外,社会音乐教育力量的蓬勃发展,使部分学生的音乐素质朝专、精、深方向发展。因此,教师必须随时吸收新知识、新信息、新技能、新方法、新观念,经常吐故纳新,及时"充电",不仅自己要有"一桶水",甚至要有"一条河",这样才能担负起音乐教育和培养下一代的重任。

(五)新的学习方式的挑战

课程改革要求转变学生的学习方式,倡导自主学习、合作学习、探索学习,改变过去单一的接受式学习,采用具有开放性、活动性的新型学习方式。随着学生学习方式的改变,教师必须重新建立自己的教学方式。

(1)教师的目标意识要加强

我们以前只考虑知识目标,现在要从整体上考虑音乐课堂教学的以美育人、寓教于乐的育人目标。

(2)教师的创造意识要加强

以前可以照本宣科"讲"教材,而现在必须一切从有利于学生的发展出发,关注学生的兴趣与需要,在教材的选择、教学形式与教学方法的设计、教学内容的整合上体现教师的创造性,使音乐教学个性化、本土化。

(3)教师的合作意识要加强

改变了学习方式以后,教师应从高高的体现教师权威的讲台上走到学生中来,与学生一起探讨交流,只有与学生交流互动,才能发现学生的创造性,才会允许学生"异想天开"。

(4)教师的调控能力要加强

开放性的课堂教学,很多情况是无法预料的,尤其在音乐课堂上,学生的歌声、乐器的演练、综合的创造性表现,如不很好地进行调控,就会出现乱哄哄的局面。这就需要我们教师不断加强学习,增强课堂调控能力,适时地调整课堂教学。

三、新课程中的小学音乐教师角色特征

（一）从专业发展的角度看，小学音乐教师是教育家、艺术家

教师专业化要求教师不仅是任教学科的学科专家，同时也必须是教育学科的专家，应具有像律师、医生、工程师一样的专业不可替代性。作为小学音乐教师，从教师的职责看，首先，应是拥有精湛的音乐教学专业知识技能和崇高师德的音乐教育家。其次，小学音乐教师以音乐为手段，通过审美教育的途径，来促进学生的全面发展。从这个意义上来说，小学音乐教师是熟练掌握音乐专业知识和技能，具备良好的专业音乐修养的音乐家。他们的演唱演奏技巧不必很高，但是要具有艺术性，音乐表演要完善，有艺术形象，能使学生从他们的范唱或范奏中感受到艺术美而为音乐所吸引。所以说，小学音乐教师首先应是讲台上的音乐教育家，而后才是舞台上的音乐家。这也对小学音乐教师们提出了专业化发展的要求。

（二）从师生关系的角度看，小学音乐教师是学生的良师益友

只有良好的师生关系才能有效地激发学生的参与热情和创造激情，获得理想的教学效果。新《标准》在其实施建议中对21世纪新型的师生关系进行了明确的表述，即："学生是教学活动的主体，应充分发挥学生学习的主动性。教师作为教学的组织者和指导者，是沟通学生与音乐的桥梁。在教学过程中建立民主、平等的师生关系，突出学生在教学中的主体地位和教师在教学中的主导作用，加强教学过程中的师生互动交流。"

这一新型的师生关系摒弃了过去师生间那种上下级命令与服从的关系，也否认了那种知识传授者与接受者间主动与被动的关系。它对教师的角色提出了新要求：小学音乐教师应是学生的良师益友。良师即学生音乐学习的促进者。教师应从过去仅作为知识传授者这一核心角色中解放出来，促进以学习能力为重心的学生整个个性的和谐、健康发展。益友即学生音乐学习的伙伴，学生可以信赖，平等交流、乐于分享的朋友。教师即学生学习的良师益友是教师最明显、最直接、最富时代性的角色特征，是教师角色中的核心特征。这一崭新的角色内涵具体体现在：在师生交往、共同发展的互动教学过程中，教师是学生音乐兴趣的激发者、音乐生活的指导者、学习过程的交流者、音乐活动的组织者、音乐表现的欣赏者。

1. **热爱学生，民主平等，成为学生音乐学习的促进者、指导者，音乐表现的欣赏者**

传统教师对学生之爱不溢于言表，常以"严师"之爱来表现。殊不知这种自以为越严

格越是对学生负责的爱造成了师生关系的隔阂。它的结果或是引起学生的逆反心理,或是培养出的学生对老师亦步亦趋,自己的思维、个性被弱化甚至被磨灭。新《标准》指出要改变学生的学习方式,变接受学习为自主学习、探究学习、合作学习。因此,师生关系就必须是以民主平等为基础的。教师的爱应是一种宽容、宽厚、宽和的爱。教师要充分信任学生,把主动活动的机会提供给学生,这样才能够使学生的学习热情真正地燃烧起来。

我们可以考虑通过以下途径来实现师生关系的民主平等。

(1) 更多地让学生尝试

如可以安排每次课前或课后5分钟时间,由学生自行设计音乐表演活动,表演人数、内容、形式由学生自己决定,以此培养学生对音乐的爱好,充分激发学生的自主意识与创新思维。

(2) 为学生做一些初步的设计

也就是为学生设计学习活动,包括提供学具。

(3) 经常按学生的要求组织和设计课堂

不要忽视学生对课堂教学组织的各项建议。

(4) 帮助学生制订完善的计划

在欣赏音乐和表现音乐的过程中,每个人都可能有自己的情感体验和情感表达,应当允许学生对同一音乐作品有不同的理解和感受。只要学生所产生的心理反应是有道理的,而且的确引发出了符合本人心情的联想与想象,教师就应给予承认。学生所富有的对音乐的强烈好奇心、奇特的想象力、丰富的创造性,甚至连伟大的艺术家有时也会自愧不如。在音乐教学实践中,教师与学生面对的是同一件属于师生共享的艺术品,双方不是一种音乐家与观众的关系,而是平等的、相互尊重的关系。音乐本身就是一种创造性的产物,人们欣赏音乐的同时也进行再度创作活动。这种创作活动是多样的,教师不能把自己对作品的理解确立为唯一的标准,而要让学生提出问题,主动思考,鼓励学生积极探索与切身体验。教师应是音乐活动的引导者、参与者,还应该是学生的音乐活动、音乐行为的欣赏者。实践证明,给学生一个能使想象自由驰骋的空间,不仅不会影响教学,而且有可能收到意外的效果。

2. 尊重个体差异,倾注期待,成为学生学习兴趣的激发者、真正意义上的因材施教者

我们的教育正从"精英教育"走向"大众教育",教师的责任不再是挑选合适的教育对

象,而是为一代人的教育质量负责。新《标准》明确规定:"义务教育阶段的音乐课,应当面向全体学生,使每一个学生的音乐潜能得到开发并从中受益。"因此,教师应尊重学生的这种个体差异,因材施教,满腔热情地对待每一个学生,要努力发现每个学生的闪光点,对其倾注期待。

在罗森塔尔实验中,仅仅是一张"最佳发展前途者"的纸条,就使普普通通的学生获得了所期待的进步。可见,教师对学生的评价和期待具有很大的影响力。这是因为,学生学习能力的唤醒、激活、发展是需要自信的。教师倾注的殷切期待,会作用于学生的内心世界,学生从中获得力量,进而形成诱发和驱动,于是这种"期待"转化为学生的"自信"。那么,教师如何来把期待效应的作用发挥到最佳呢?

(1) 创设良好的学习氛围

学生的行为在很大程度上是以他们的感情和情绪为转移的。使学生置身于师长对学生的浓厚期望中,时时感受到师长的关心体贴,能唤起他们的自我意识和自我价值感。

(2) 保护自尊

自尊心和自信心是成功的种子,教师要向学生表明对他们抱有高度的期待。这种期待一方面可以通过教师直言向学生表明自己的较高期望,从而调动学生的内动力;另一方面,可以通过教师对学生的具体指导与帮助传达对学生的爱和暗含的期待。

(3) 鼓励自信

教师要始终注意恰到好处地给学生以多多的鼓励,尽可能采取多种教学手段和教学方法使学生获得和掌握知识,感受音乐、理解音乐。让学生体会到自己成功的喜悦,使他们感觉通过自己的努力,任何知识、技能、技巧都能学会,都能掌握。

(4) 扬长教育

清除某些音乐学习能力差的学生的定势心理,善于从他们身上捕捉闪光点。每一个学生都有音乐才能,教师应发扬孩子的长处,让每个层次的孩子都享受成功,得到发展。

(5) 目标适度

教师要根据每个学生的不同心理特征及发展水平,提出不同的期待和要求,使学生经过一番努力可以获得成功。

3. 交流互动、共同发展,成为学生学习过程的交流者、参与者、合作者

当代教学论认为,教学活动是一个人与人相互作用的系统,交往是教学活动存在的根本标志。只有在交往中,我们才能谈得上培养人。教学过程是师生间、学生间信息传

递的交流互动过程。有了这种平等的交流互动，学生才会有"我们"一起感受、表达和表现音乐的感觉，才会重视对音乐的兴趣和爱好的培养，发挥音乐学习的主动性和创造性；教师才能及时调整教学活动进程，设计各种动口、动手、动眼、动脑相结合的教学活动，创设悦目、悦耳、悦心的美妙意境，动员学生多种感官参与活动。因此，师生的平等交流、合作互动必将产生最佳的教育效果，并促进学生合作、共处意识的形成。交流互动、共同发展也就成为新型师生关系的核心。

在科学技术迅猛发展的今天，人们获取知识的途径越来越广泛，教师已经不可能成为无所不能，无所不会的权威。教师的知识也很有限，教师自己也会经常犯错误。因此，现代教学还应包括学生之间的互教互学，师生间的互教互学。这样才能使学生获得一种具有批判意识的主体精神，使他们学会主动学习，培养他们的终身学习观念。从音乐教育来看，曾经那种只有到音乐教室才能听到音乐的现象再也不存在了。学生在走进音乐教室之前，通过大量的音乐音像制品，不仅已经接触到了广泛的音乐作品，而且已经在一定程度上形成了自己的音乐审美趣味和修养。教师在20世纪初所处的那种垄断音乐资源的地位，如今发生了根本的逆转。将音乐课简单地当成传授音乐知识技能课，已经远远不能适应学生的真实情况。教师也不可能仅凭着自己的音乐表演能力，就能充分地吸引学生。音乐教师必须真正深入地和学生交流互动，才能有效地引导学生去创建属于他们自己的音乐生活。

此外，强调师生共同面对人类文化，共同分享人类文化，共同提高各自主体素质，为"教学相长"赋予了新的内涵。老师将自己的知识和体验与学生的知识和体验进行交流，不仅学生从老师那里学到知识，老师也从学生那里学到知识，而且，教师和学生都获得了一种从未有过的体验和收获。这一切都是因为，教师与学生共存于一个整体内，师生间形成了交流、合作、共享、共进的新关系，而不再是分离的施与受的双方关系。师生共同成为学习的主人，师生双方都同时感受教与学的无穷乐趣与自身的无法估量的潜力，使教学活动进入了一个师生对话、充满生命活力的完美境界。因而，教育过程不再是一个简单传授知识的过程，而是一个知识再创造的过程。在这一交流互动的过程里，教师与学生都获得了自身的发展。教师成为学生学习过程的交流者、促进者。

在音乐教师转变为学生学习的促进者的同时，我们还应注意以下两点问题：

（1）学生学习的管理者这一角色不能丢

目前不少教师把时间和空间还给了学生，这样做的指导思想无疑是对的，但在实际教学中,我们面对的是自学能力和理解能力处于培养起始阶段的小学生,因此要避免"撒把式""放羊式"的教学。在课堂上不能出现学生随便走动,互相打闹,教学秩序一片混乱的现象。不要以为把每节课组织得像小孩做游戏那样敲敲打打、热热闹闹才是改革。音乐的审美目标只有在教师的组织下,在能动能静的、有序的课堂中才能得以实现。这就需要教师在建立平等、和谐的师生关系的同时,树立教师威信,关注学生的学习心理,以美为突破口,以情为纽带,鼓励学生积极体验、热情参与、大胆创新,在轻松活跃的课堂气氛中适时地调控学生情绪,因势利导,使课堂有动有静,活而不乱,动中有序。总之,教师应该是学生学习的管理者、指导者、组织者。

(2) 音乐知识技能传授者这一角色不能丢

在对新课程理念的学习、理解过程中,不少老师产生了片面或偏激的观念,认为在新的音乐课程改革中,知识技能应忽略不教。所以我们可以看到在有些音乐课堂上,教师完全不教学生应该怎样唱歌,对学生的演唱技巧不作要求,对歌曲的结构特点不作分析,对音符、节奏等音乐知识不作讲解,而是反复地要求学生体会歌曲的美感和情绪,对音乐进行想象。简单地演唱了几遍后,就要求学生将音乐用舞蹈、绘画、情景剧等形式创造、表现出来。这样的课不免流于形式,掩盖了音乐课的本质。殊不知,音乐知识技能是进行音乐审美的必然手段,任何缺失音乐知识、技能的审美都是盲目的、表面的、肤浅的。新《标准》中针对以往过于注重音乐知识技能的传授这一误区,提出了淡化基础知识的要求,但淡化并不意味着舍弃,知识技能应作为一条隐线,贯穿于音乐教学过程,为音乐审美提供有利的基础支持。

(三) 从课程的角度看,小学音乐教师是课程的创新者

在传统的教学中,教学与课程是彼此分离的。教师被排斥在课程之外,教师的任务只是教学即传递知识,按照教材、教学参考资料和标准答案去教。课程游离于教学之外,教学内容和教学进度是由国家的教学大纲和教学计划规定的。教师只是课程规范的机械执行者,教学参考资料的简单照搬者。以教学大纲为"纲",讲授教科书已成为教师职业行为的常规,即便是创造性很强的音乐教育学科也不例外。在这种传统约束下,众多教师自觉或不自觉地扮演着知识传递者的角色,往往固守在重复知识,照搬经验的机械、程式化的模式中不能自拔。有专家经过调查研究后尖锐地指出,不少教师离开了教科书,就不知道教什么;离开了教参,就不知道怎么上课。教学与课程的分离,使教师丧失了课程的意识,丧失了课程实施的能力。

课程改革倡导民主、开放、科学的课程理念,同时确立了国家课程、地方课程、校本课程三级课程管理政策,这就要求课程必须与教学相互整合,教师必须在课程改革中发挥主体性作用。教师不能只成为课程实施中的执行者,更应成为课程的建设者和开发者,课程运作的创新者。教育劳动天然地带有创造性的特点,教师天然地应担负创新知识的职能。为此,教师进入新课程,必须形成强烈的课程参与意识和课程创新意识,转变角色,改变以往学科本位论的观念和消极被动执行的做法,把自己作为新课程实施的主体,全方位地进入新课程的开发、实验、实施等活动中去,实现传授知识与开发、创新课程的双重组合,在课程参与、创新的过程中,不断升华自我、完善自我。

作为课程的参与者、开发者,这就要求教师了解和掌握各个层次(国家、地方、学校、课堂和学生层次)的课程知识、特点以及它们之间的关系;教师要提高和增强课程建设能力,使国家课程和地方课程在学校、在课堂实施中不断增值、不断丰富、不断完善;教师要锻炼并形成课程开发的能力,针对学生的心理特点和已有的知识、经验,设计符合学生成长的新课程,开发本土化、校本化的课程资源;教师要培养课程评价的能力,学会对各种教材进行评鉴,对课程实施的状况进行分析,对学生学习的过程和结果进行评定。

作为课程运作的创新者,教师应提高自身的课程理论素养,增强自我创新意识,确立创新的追求和目标;研究新课程的理念,开拓教学的新思路,设计新的教学模式,参与创新性的教改实验,创造出自己的教学风格;在教学设计上,要从"教"教科书转向"用"教科书,着力突破狭义的"知识""学科"的封闭性课堂教学,拓宽课程的内涵和外延,注重课程要求的多样化和选择性,把自己对学生个体和课程内容的独到理解融入新课程的实施之中,成为音乐新课程的开拓创新者。

(四) 从教师自身的角度看,小学音乐教师是终身学习者、研究者

未来的社会是终身学习的学习化社会,科学技术的突飞猛进,社会竞争的日益激烈,让几个问题摆在了教师的面前。

① 社会在进步、科技在发展、知识在更新,教师如何敏锐地捕捉、学习有用的知识,防止自身的驻足不前。

② 在科学技术迅猛发展的今天,现代化的信息传媒使得知识的空前传播成为现实。我们的学生通过电视、书本、网络可以获取大量的知识。作为"传道、授业、解惑"的教师,如果只钻研一门学科或只具有"经验型"这个层面上的教学能力,将难以面对思想活跃、

求知欲强、兴趣广泛的学生经常提出的这样或那样的问题。

③ 面对教育改革的发展，教育观念的更新，教师如何转变教师角色，在音乐教育实践中进行具体操作与实施。以上问题的解决，都有赖于教师的终身学习。从另外一个意义上来讲，我们音乐教师对于最新音乐的动态，对学生喜欢什么都应该随时关注，关注的过程就是我们学习的过程。一位教育家说过："教师的定律，一言以蔽之，就是你一旦今日停止成长，明日你就将停止教学。"因此，从教师自身的角度看音乐教师角色，教师是终身学习者。

苏霍姆林斯基说过："如果你想让教师的劳动能够给教师带来乐趣，使天天上课不至于变成一种单调乏味的义务，那你就应当引导每一位教师走上从事研究的这条幸福的道路上来。"课程改革使音乐课堂更具有挑战性和开放性。面对全新的教学情境和教师重新组合的教学内容，教学实践中免不了要出现不少磕磕碰碰，新的问题和收获也肯定会源源不断地出现，这时对自己的教学能否时常进行反思就显得尤为重要。不断反思自己的教育教学理念行为，不断自我调整、自我建构，找到研究的起点，通过记成功之处、记失败的教训、记教学的应变、记学生的见解、记教案的修正、记课后的随想等课堂教学记录，可以积累大量的教学资料。对这些一手的资料及时地整理、思考和研究，可以更好地掌握学生的需要、兴趣和发展现状，客观地评价学生，同时有助于进一步改进教学行为和提高教学水平，为下一步的教学规划提供依据。抓住关键的问题，思考、研究，向专家请教并与其合作对话，再进一步实践，将其中的所思所得记录下来，归纳整理写成研究性的文章，从而获得持续的专业成长。这就是教师的研究者角色。

（五）从教师与他人的关系角度看，小学音乐教师应是人际关系艺术家

基础音乐课程改革在实施中，会遇到来自各个方面的问题，主要表现在新旧教育观念之间的矛盾。音乐教学无论是上课还是开展课外活动，或是演出、参赛，仅仅凭教师出色的专业能力和指导能力是不行的，是否被领导、同事、学生、家长和社会理解、认可，很大程度上要看教师是否善于与人相处、沟通、合作。

1. 争取领导的支持

学校领导对新课程的理解、支持是至关重要的。教师要勇于阐释自身的教育理念和改革设想，并积极争取领导的支持。对音乐教师而言，想举行一个大型的活动，排一个高质量的节目，或者添置一些现代化的多媒体设备，都必须有领导在心理层面、时间、经费、

协助人员上的支持。这时教师应拟订一个详细的可行性活动方案,做出合理的材料预算,提前安排好设备到位以后的维护和使用工作,以争取领导的支持。

2. 处理好和其他学科教师的关系

日常工作中,作为音乐教师,注重与其他教师的合作,善于与人沟通,对于自己工作的开展是非常重要的。因为音乐活动往往带有群体性、社会性,需要多方面的支持、协助和配合才能开展起来。

3. 善于处理和其他音乐教师之间的关系

音乐教师之间既是团队协作者,又是教学业绩上的竞争者。所以在关系处理上必须真诚以待,有宽阔的胸怀,在教学上互相帮助、互相学习、互相切磋,教学资源共享,以求得共同的发展和提高。

4. 增强与家长的合作

教育是一项学校与家庭共同的事业。只有家长和教师共同合作,才能取得高效进展。新课程的实施,必须取得家长的理解和支持。让孩子重视音乐课,积极地参加音乐课外活动,参加校内外音乐竞赛,平时注意音乐素质的培养,都与家长对音乐教育的重视和理解分不开。因此,音乐教师必须增强与家长的合作,与家长建立密切的关系,和他们共同促进孩子音乐兴趣、才能的提高。

5. 要具备一定的社会事务处理能力

随着社会的发展,学校渐渐地不再只是社区中的"象牙塔",正越来越广泛地同社区发生各种各样的内在联系。学校引导学生参与社区的一些社会活动,如社区文艺表演、慰问军烈属等。社区也向学校开放自己的可供利用的教育资源,参与、协助学校的教育活动。因此,教师应具有社会活动能力,向社区说明课程改革的意图和理念,使社区支持改革,更加热心参与社区孩子的音乐教育。教师应注重利用社区资源来丰富学校教育的内容和意义,有意识地把学校音乐教学与社会音乐环境结合起来,如社会音乐生活中的某些机制(广播、电视、艺术团体等)可为音乐教学所用,以形成合力,最大限度地提高音乐教学效果。同时,音乐教师肯定免不了社会上的一些事务,诸如比赛、会演、联系场地、主持购买大宗设备等,这也要求教师必须具备一定的社会事务处理能力。

第二节　小学音乐教师的素质结构

素质是人的内在之物,是智力因素与非智力因素的统一,可以通过人的外在行为表现出来。一般来说,影响个体外在行为的内部因素有很多,如个人的知识水平、经验、智力、能力、思想观念、理想、个性、行为习惯、自我意识等诸多因素。从广义上讲,我们可以把这些诸多的因素分成三大类:个体掌握的知识,具有的能力,已经内化的思想修养与心理素质。这三种因素相互影响、相互渗透、相互作用,构成了个体的素质结构。本节试从这三个方面来对小学音乐教师的素质结构进行分析。

一、开放的生态型知识结构

作为新时代的音乐教师,具有良好的知识结构尤为重要。新课程提出的学科综合、理解多元文化、注重音乐审美中的音乐文化等新理念,对具有地区、民族、学校特色的校本课程、乡土课程资源的开发,对由师生互动产生的新知识作为课程内容的重视,更是要求小学音乐教师具有开放的超越学科的生态型知识结构。作为音乐教师,去打破美学、音乐史、音乐批评、音乐创作、音乐心理学、音乐社会学、文化人类学等不同学科之间的隔离状态,建立它们之间的生态关系,使各种不同信息、不同文化、不同要素在自己头脑中相互交叉和融合,从而不断产生出新的思想、新的观念和新的发明,这就是开放的生态型知识结构。[1] 很明显,这种知识结构正是知识经济时代最需要的。这些知识大致可分为以下四类:

（一）全面的文化基础知识

作为人类反映自然和社会现实生活、表现思想感情的一种方式,音乐艺术与社会、人文、自然等学科之间存在着内在的必然的联系。因此,音乐教学提倡音乐与艺术之外的其他学科的综合。学科综合也是新课程改革的一种新理念。小学音乐课程的综合是以音乐为本,以拓宽小学生接受音乐教育的广度与深度为目标的综合。小学各门学科,如语文、英语、体育、科学、数学等都或多或少与音乐有着一定的联系,小学音乐教师只有具备广博的知识和宽广的知识结构,才能使得音乐课程同其他非艺术课程之间的相互融合

---

[1] 佚名.关于"生态式艺术教育"的对话[J]. http://www.wisdomedu.net/ReadNews.asp? NewsID=4764。访问日期:2006-10-21

成为可能。例如,教师在指导学生欣赏《大刀进行曲》时,首先要分析音乐作品的创作背景,了解我国抗日战争时期社会、政治、文化等背景知识,才能准确地把握这个音乐作品的精神内涵,才能够从更高的层次、更广的层面赋予音乐教学新的内涵,正确、成功地引导学生欣赏、表现和创造音乐。

现代教学技术已成为新时期音乐教师学习、工作、提高自身素质必不可少的工具。《课程改革纲要》明确指出:"要大力推进信息技术在教学过程中的普遍应用。"由于小学生思维方式以具体形象思维为主,形象直观,是教师创设音乐情境,激发小学生音乐学习兴趣,引领小学生走进音乐的重要途径。所以,要将现代多媒体技术引入音乐教学,利用视听通感作用,通过现代教学技术,创设图、文、声、色并茂的音乐呈现形式,使音乐课堂丰富多彩。

(二) 丰富的教育理论知识

音乐课程改革的贯彻和实施,首先需要音乐教师理解、接受新的理念,具备崭新的课程意识、学生意识、开放意识和问题意识,"根据音乐艺术的特征和现代教育的要求,按照中小学生身心发展特点和审美认知规律"[①]来实现新的教育目标。这就需要音乐教师们具备丰富的教育学、心理学、音乐教育学、音乐心理学、教学法等教育理论知识,树立新的教育观、教学观、课程观、知识观、学生观、人才观、质量观、考试观。

其中,熟知小学生的生理、心理发展特点,掌握小学生的音乐审美心理发展规律是小学音乐教师最为重要的教育理论知识,也是其区别于中学、大学音乐教师的所在。小学生正处于人体生长发育的第一个高峰,脑、耳、眼、手快速发展。在心理方面,低年级呈现出无意性、情绪性、再造性、具体思维、外部行为评价。高年级则表现为有意性、稳定性、创造性、抽象思维和内部个性品质评价。意志力也由低年级到高年级逐渐增强。小学音乐教师只有了解了学生的这些生理、心理特点,才会从根本上理解新《标准》在学段目标上的不同要求。

例如,新《标准》要求教师在低年级音乐教学中要"激发和培养对音乐的兴趣,开发音乐的感知力,体验音乐的美感"。在中高年级则要求使学生"保持对音乐的兴趣,培养音乐感受与欣赏的能力,初步养成良好的音乐欣赏习惯。培养艺术想象和创造力"。这种区别表述是因为从小学生的音乐审美心理来看,低年级学生处在模仿、写实阶段,他们喜

---

① 赵自强. 兴于诗 立于礼 成于乐:以音乐审美为核心理念的思考[J]. 中国音乐教育,2003(4):18.

欢具体形象的作品;到了中年级以后,他们才对艺术作品表现出真正意义上的审美态度,并形成自己的审美爱好。理解了这一点,教师才会准确把握不同年级在感受与欣赏教学领域的不同要求。

（三）系统的、综合的音乐学科本体性知识

由于小学教学内容的多样化和综合化,音乐教师需要的是系统的、综合的音乐学科本体性知识。一般包括:音乐基础理论知识、音乐技术理论知识、声乐知识、器乐知识、民族民间音乐知识、音乐史常识等。

（四）广泛的相关姊妹艺术知识

音乐是广博的艺术门类中的一种,姊妹艺术与音乐之间息息相通、相互促进。舞蹈、戏剧与音乐水乳交融;诗歌、影视与音乐相得益彰;美术与音乐更是有着异曲同工之妙。建筑被称为"凝固的音乐",书法被认为是"无声之音",中国画中的留白似是乐音的停顿,墨的浓淡恰如音乐中的强弱、厚薄、层次。音乐教师拥有广泛的姊妹艺术知识,将有利于丰富情感体验,积累更多的审美体验,对音乐产生更深的理解与更广阔的表现和创作空间。同时,将之运用于音乐教学,充分发挥并运用各种艺术门类的不同表现手段,把音乐课整合成综合性的教学方式,如用形体动作表现音乐,用色彩、线条、图案描绘音乐,等等,能够使学生对音乐艺术的独特表现力和音乐的审美经验体验得更加鲜明,把握得更加贴切。

二、全面的能力结构

能力是影响一个人活动成效的心理特征,是一个人顺利完成某种任务的内部条件。能力结构的功能与作用就是通过对个体素质结构中的"知识层"的操作与运作,起到应用知识、解决问题的作用。在新的课程观下,学科综合、多元文化以及重视艺术实践的新理念的提出,使得以下三种能力对音乐教师而言非常重要。

（一）自学能力

联合国教科文组织近年提出了"终身学习"的口号。时代的进步,科技的飞速发展,信息的瞬息万变,要求教师具有很强的自学能力。捷克夸美纽斯(J. A. Comenius, 1592—1670)讲过:"职业本身就责成一个教师孜孜不倦地提高自己,随时补充自己的知识储备。"因而广大教师一定要刻苦钻研,勤奋好学,树立终身学习的观念和自觉性,适应新形势对自己提出的新要求。

(二) 音乐教学、科研能力

音乐教学和科研能力是相互渗透、相互作用、相辅相成的,具体来说,主要体现在"讲、写、唱、奏、演"五个方面。

(1) "讲"是指教师具有较强的音乐课堂教学能力

如驾驭教材能力、语言表达能力、组织教学能力和教具操作能力等。在音乐教育中体现素质教育的思想和方法,并能有意识地将音乐教育与学生的思想素质教育、文化素质教育、心理素质教育和身体素质教育相结合。此外,心理调节能力也是课堂教学能力的重要构成之一。因为教师的心理是指挥教师正确施教的核心,在音乐教学中,教师常常要充当好几种角色,也因为在音乐教学中往往会出现一些预料不到的事情,所以,音乐教师的心理调节能力非常重要。例如:教师在范唱、范奏时,所充当的是演员这一角色,这时要有演员的心理状态,才能把作品的艺术形象和感情充分地表达出来;而在解释作品,启发学生理解作品的时候,教师充当的是演说者的角色;有时为了提高学生的音乐表现能力,要用舞蹈或音乐剧等形式来表现某一音乐作品,教师又要充当导演这一角色。要扮演好这些角色,心理调节能力是关键。又例如:在教唱某一首歌曲的过程中,学生把握不住某些音准、节奏,经过反复教唱仍没有解决问题。这时教师可能会出现不耐烦或急躁的心理状态。作为一名合格的音乐老师,应该及时调整自己的心理,保持冷静的头脑,找出解决问题的方法,使教学顺利地进行下去。

(2) "写"包含两层含义

一是指板书能力。板书要做到重点突出、概括性强、美观清晰、便于记忆。二是指有撰写工作总结和科研论文的能力。能把音乐教育中积累的经验、遇到的问题,上升到理论的高度来认识、归纳,并写出具有一定水平的科研论文。能把教育界的最新科研成果运用于教学实践,积极开展教学研究和教学实验等。

(3) "唱"是指教师的歌唱能力和自弹自唱能力

"唱"是音乐教师应具有的、起码的教学基本功,在音乐教学中具有示范性和激励性,因此,要求教师做到准确无误、生动感人,通过歌曲的艺术感染力来激发学生的学习兴趣。

(4) "奏"是指教师的钢琴伴奏能力和器乐演奏能力

钢琴伴奏包括照谱伴奏和即兴伴奏两个方面,这是音乐教师很重要的教学基本功;

器乐演奏是指教师能演奏一至三门乐器(并不要求有很高的水平),这是进行课堂器乐教学和课外音乐活动所应具备的能力。

(5)"演"是指教师开展课外音乐活动和音乐"第二课堂"的能力

如组织合唱队、乐队、舞蹈队,开展全校性的大型音乐活动;在音乐活动中,创作、改编歌曲、乐曲,为乐队配器,编导舞蹈等。

(三)创造能力

音乐新课程增加了"创造"的教学领域,不仅对音乐教师提出了音乐创作技能的要求,而且对教师在音乐教学的各个领域、音乐活动的整个过程的创新能力提出了高的要求。音乐教师不仅应具备即兴音乐表演、自制简易乐器、编配伴奏、创作儿童歌曲的能力,而且应具有对教学资源进行发掘、对教材综合构建以及理论创新的能力。此外,要思想开放,及时掌握国际、国内音乐教育的最新理论和最新动向,并吸收、消化、运用于音乐教育实践。要积极探索音乐教育中的素质教育,研究如何发挥音乐教育在素质教育中的特殊作用,如何加强音乐教育与其他学科教育的横向联系,并使其相互补充、协同合作,积极进行教学内容、教学形式、教学方法、教学手段的改革。

三、良好的思想修养与健康的心理素质

1. 饱满的音乐教育热情

教师的音乐教育热情是对音乐教育工作的认识、情感和行为特征方面比较持久的强烈的倾向和姿态。它将直接影响学生的音乐学习和终身人格的发展。音乐教师对自己担任的学科必须具有浓厚的兴趣和爱好,只有这样,才能感染、启发学生的音乐兴趣。音乐是以声传情,以情感人的艺术,丰富的情感是音乐教育的先决条件,也是音乐教师的重要心理品质之一。因此,作为一名小学音乐教师首先应具有音乐教育热情,表现出对音乐教育事业的尊重、热爱,才能全身心地投入到教学工作中,才能点燃学生对音乐的求知欲和热情。有研究表明,那些具有教育热情、生动活泼、富于想象并热心于自己学科的教师,其教学工作较为成功,其学生的行为也更富有创造性。

2. 高尚的人格魅力

"学高为师,身正为范"是教师职业道德独特性的体现。师德是教师教育态度的灵魂。教师应善于自我控制,善于进行批评和自我批评,做到"见不贤而内自省",自觉抵制

各种不利因素的刺激和诱惑,使个人的欲望、情感和行为不悖于社会规范,从而成为学生的表率和楷模。

3. 独特的教学风格

教学风格是教师执教时所表现出来的独特技能、手段和方法。它既是教学工作成熟的体现,也是教师个人才华、个性的一种显露。教师的教学风格与其本人的专业状况、文化修养、语言表达、性格、气质等多方面都有间接的关联。音乐教师要深入透彻地理解课程改革的理念,掌握科学的教育理论和方法,学会反思自己的教学实践,实现自我完善和自我超越,从而构建自己独特的教学风格。

4. 良好的气质风度

"教,上所施,下所效也。"小学音乐教师作为美的传播者、美的引导者,在学生的心目中是美的象征。教师自身的仪表风度、举止谈吐,能够带给学生潜移默化的影响。因此,小学音乐教师的气质和风度,应能给人以美感和美的启迪。稳重与端庄、亲切与高雅、风趣与幽默、热情与潇洒,是音乐教师气质、风度的最好展现。教师必须提高自身的文化、艺术修养,注重自身音乐教育者的形象,时刻记住自己是传递美、创造美的音乐教师,使自身内在的艺术气质和外在的优雅表现协调地融合起来,以广博的知识、丰富的内涵、谦逊的态度、善解人意的品格、开阔的胸襟以及强烈的人格魅力成为学生的楷模。

5. 崇高的教师威信

威信是指教师所具有的一种使学生感到尊严而信服的精神感召力量。它是通过教师的人格、能力、学识水平及教育艺术在学生心理上引起的信服而又尊敬的态度,实质上反映的是一种师生关系。古人云:"亲其师,信其道。"深得学生敬重和爱戴的教师,学生往往十分确信其教导的真实性和正确性;有威信的教师能唤起学生积极的情感体验;有威信的教师能被学生视为理想的榜样和行为的楷模,产生向教师模仿的意向。

要获得威信,首先,良好的思想品质和心理品质是基本条件。言行一致和以身作则是教师获得威望的一种重要的思想品质。孔子说:"其身正,不令而行;其身不正,虽令不从。"唐代文学家、教育家韩愈也提出教师应"以身立教",这样才能使学生心悦诚服,享有崇高的威信。其次,拥有渊博的知识是教师获得威信的关键。勤奋刻苦、好学多思、知识渊博的教师在学生中威信最高。要想成为一个受学生尊敬的、有威信的教师,那就要做一个带领学生发现真理的领路人。最后,教师的仪表仪态有助于威信的获得。一个人仪表大方,举止得体,就容易获得别人的尊重和好感。教师的职业更是如此,良好的形象能赢得学生的赞誉。

6. 积极乐观的健康心理

国内外的一些研究表明,在人群中,小学教师的心理健康水平普遍较低,巨大的压力使得教师们的焦虑程度很高。只教知识,而不能在情感上给学生以积极的满足和影响的教师是不称职的。一个孩子在小学的最初阶段,是否能在一个健康、愉快、上进的环境中幸福、安全和健康地发展,将影响他未来的人生是否幸福。教师应从以下四个方面调整自身的心理健康。

(1) 提倡积极乐观的生活态度

学会正确对待紧张和焦虑,正确对待生活和工作中的困难,不断勉励自己,把所有的困难和压力看成是对自己的考验。适当学会转移情绪,等心态调整后再来面对,提倡积极乐观的生活态度。

(2) 学会控制情感

苏霍姆林斯基曾说:"教师最大的幸福和快乐就在于与学生的交往,因为你的每一步、每一句话,你的眼神,甚至你的目光一闪或者一抬手,这一切都会深深地留在学生的记忆中。"教师工作的性质决定了他必须善于驾驭自己的情感,无论个体遇到多大的打击,只要一旦出现在学生面前,就要把影响个人情感的因素置之脑后。

(3) 改善和提高生活质量

如果教师把自己的主要精力和时间都倾注在工作上,就容易忽视自己生活的其他方面。不均衡的生活会使老师处于不良的心理状态,表现为脾气暴躁、语言尖刻等,这也严重影响了学生的心理发展。因此,教师要学习合理地调节情绪、安排生活、善待自己,给自己和家庭留些娱乐和休闲的空间。这样能够有效地改善教师工作的人际环境,提高个体心理水准。

(4) 增强承受挫折的能力

长期面临挫折情境的教师,会形成一种心理压力,阻碍教师角色技能的发挥。只有挫折忍受力强的教师,才能较好地适应环境,产生良好的教育效果。提高个人的文化修养,可以增强承受挫折的能力。

第三节　小学音乐教师的科研论文写作

作为一名合格的音乐教师，不仅要有较强的教学实践能力，而且要有较高水平的教育理论研究能力。因为教学和科研是紧密联系、相辅相成的，教育理论研究可以为教学实践指明方向，提供科学的教学方法，提高教学的质量和效率。反过来，教学实践可以为教育理论研究提供生动的实例和素材，验证理论研究的正误与科学性。因此，广大音乐教师在进行音乐教学实践探索的同时，也要重视音乐教育理论的研究工作。要善于学习新的知识，掌握新的信息，研究新的课题。

音乐教育理论研究工作的主体部分就是撰写科研论文。通过撰写科研论文可以把自己的教学成果、科研成果、学术观点与同行们进行交流，促进教学、科研的开展，与此同时，可以提高自己的科研能力和教学水平。

我们在与许多音乐教师的交往中，发现一些很有教学实践能力的教师，写出的论文却很一般。因此，他们难以把自己的教学经验和教学成果向他人进行广泛的展示和交流，也使自己教学潜力的发挥受到了制约。那么，怎样撰写科研论文，怎样才能撰写出具有一定质量的科研论文呢？本节将就这一问题进行探讨。

一、科研论文的基本要求

1. 观点鲜明、构思严谨、逻辑性强

科研论文写作的目的是要阐明自己的学术观点，展示自己的科研成果，因此，在写作过程中，必须突出自己的观点，有时为了论证的需要，要列举别人的理论和观点，但最后一定要表明自己的态度，不能模棱两可。文章的结构要紧凑，围绕中心论点展开研究，在论证的过程中富有逻辑性，能自圆其说。

2. 语言精练、表述准确、层次清楚

科研论文在文思方面不能像写文学作品那样，刻意追求诗一般的语言和华丽的辞藻，而应该力求用精练的语言，准确地描述事物的性质、特征，并对其进行评价，同时阐明自己的观点。论文要有整体性，且层次清楚。

3. 学术性强、创新性强、指导性强

科研论文的学术性体现在两个方面：其一，论文中所阐述的观点和展示的成果，能对本学科的发展有启发和促进作用;其二,能把教学实践中的经验、现象和问题,上升到理论的高度进行研究。

创新性是科研论文写作成功的关键之一,当然,论文要创新并不容易,因为我们是站在知识巨人的肩膀上向上攀登,但只要我们的研究能在原有成果的基础上有所发展和突破,能有一到两个闪光点,就意味着成功了。怎样称之为创新?我们认为可以从三个方面来理解:第一,提出了独特的、与众不同的意见和观点(当然,提出的意见和观点必须具有科学性);第二,对同一问题选取了与众不同的角度来研究;第三,对同一问题采用了与众不同的研究方法进行研究。

指导性是指科研论文中提出的理论和方法对教学实践有直接的指导意义,对音乐教育改革具有积极的推动作用。

二、科研论文的三要素

科研论文的三要素是指:论点、论据、论证。

1. 论点

论点是整篇论文的核心,也是作者科研成果的集中体现。有时为了阐述方便,也可以把论点分为中心论点和分论点。中心论点是作者的主要观点,一般只有一个,它可以以论文标题的形式出现,也可以在论文的开头部分提出,甚至在论文结束部分再呈现出来。分论点是为了从各个方面、不同的角度来支持中心论点,使提出的理论更具有说服力。分论点常常在论文中以一级标题的形式出现。

2. 论据

论据是作者用来证明自己提出的观点和理论的理由和依据。论据是论点的基础和依托,它必须真实,具有普遍性和典型性,而且与论点有直接和本质的联系。因此,寻找论据要谨慎,要讲究。一般来说,可以从三个方面寻找论据:

① 从事实方面寻找论据。这对于在第一线工作的教师来说,是最好的选择途径,因为他们可以从自己的教学实践中,广泛地发现和收集素材。

② 从数据方面寻找论据。即通过调查研究的方法取得有关数据。

③ 从理论方面寻找论据。从理论方面寻找论据的范围很广,例如,名人的权威理论、国家有关的政策和文件,人们广泛公认的教育理论等。值得注意的是,在引用专家和名人的理论作为论据时,不可断章取义,一定要按原作的本义来引用。如果是引用的原文

必须加引号,如果是原义只需加冒号。

3. 论证

论证是学术论文写作的关键,作者应根据一定的逻辑关系,运用论据和各种论述的方法来说明论点的科学性。因此,在论证的过程中一定要讲究逻辑性、层次性和先后顺序,要把论点和论据的联系讲清楚。在论证过程中,常采用的方法有:道理论证、事实论证、比较论证、比喻论证。

(1) 道理论证。道理论证就是运用被公认的科学原理、理论、国家相关政策文件和名人名言等来证明论点正确性的论证方法。

(2) 事实论证。事实论证就是列举有代表性的事例或实验结果来阐明观点,从而使论证更加具体而有说服力。

(3) 比较论证。比较论证就是将两个相似或相对的事物或观点作为论据进行比较,从而证明论点正确性的论证方法。通常将其分为两类:一类是类比论证,另一类是对比论证。

① 类比论证。类比论证就是借助某个或某几个类似的事物或观点进行由此及彼的推理,或根据两类相同或相似的事物在某些属性上的相同点或相似点,从而得出一般性结论的论证方法。

运用类比论证要注意两点:第一,要使用同类进行类比,不能相对或相反;第二,在类比之后要进行剖析和推理。

② 对比论证。对比论证就是把正反两方面的论点和论据加以剖析对比,通过对比和论证达到否定错误观点树立正确论点的目的。

运用对比论证要注意两点:第一,比较的双方要有可比性,要有突出的互相对立的关系;第二,要有合理的、客观的参照标准。

(4) 比喻论证

比喻论证是指借用比喻的途径来阐明论点的方法。比喻论证可以使论点更加易懂、更加风趣,从而获得读者的认同。

运用比喻论证要注意两点:第一,用来作为喻体的事物应当是为大家所熟悉的、了解的;第二,比喻要贴切、到位,要能恰到好处地说明被论证事物的特点。

三、科研论文的课题选择

科研论文的课题选择非常重要,是影响论文写作成败的主要因素之一。因此,课题选择一定要慎重,要经过周密的思考和研究。因此,建议大家从如下四个方面来考虑。

第一,选择的课题要有研究价值。所谓研究价值是指能够促进教学和科研工作的交流和提高。

第二,要选择自己有新的观点和经验体会的课题。

第三,要选择有利于展开的课题。

第四,要选择自己拥有一定的资料、参考文献和数据的课题。

为方便大家撰写论文,下面提供一些参考选题。

1. 音乐教育理论方面的选题

① 小学音乐教育的价值取向研究

② 音乐教育与国民素质

③ 音乐教育与青少年智力开发

④ 音乐教育在九年义务教育中的地位与作用

⑤ 系统论、控制论、信息论与音乐教育

⑥ 小学音乐教育中的爱国主义教育研究

⑦ 谈音乐教育的民族性

⑧ 小学生音乐学习的心理特征与教学策略

⑨ 小学音乐教育与人才培养

⑩ 小学音乐教学原则与教学方法研究

⑪ 小学音乐教育与个性培养

⑫ 小学音乐教育与"情商"培养

⑬ 小学音乐教育的审美特质探讨

⑭ 小学音乐教师的素质与培养

⑮ 试论新《标准》的几个特点

⑯ 谈新《标准》的五大教育基本理念

2. 音乐教学方法方面的选题

① 小学音乐剧教学中若干问题的探讨

② 小学音乐教学中的音准训练

③ 小学音乐教学中的节奏训练

④ 小学节奏与律动教学

⑤ 浅谈牧童笛教学

⑥ 小学音乐教学模式研究

⑦ 反馈控制在小学音乐教学中的运用

⑧ 直观教学在小学音乐教学中的运用

⑨ 小学音乐欣赏教学中的教学方法研究

⑩ 小学器乐教学刍议

⑪ 音乐教学中的情感体验与创新意识培养

⑫ 音乐课堂教学的高潮处理

⑬ 音乐教学中的电化教学展望

⑭ 浅谈民歌教学

⑮ 小学音乐课的教学艺术

⑯ 柯达伊教学法的特点及运用

⑰ 谈节奏教学中的声势训练

⑱ 奥尔夫教学法的特点及运用

⑲ 音乐课外活动与第二课堂

⑳ 小学音乐教学计划与教案的编写

㉑ "综合音乐感"教学初探

㉒ 如何在小学音乐教学中体现多元文化

㉓ 如何在小学音乐教学中实现协同教学

㉔ 小学音乐教学中的思维方式训练

㉕ 国外著名音乐教学体系的比较与借鉴

㉖ 关于多媒体音乐教学若干问题的思考

㉗ 浅谈小学音乐教学中的导入艺术

四、科研论文的撰写方法

在确定了选题之后,应制订一个研究计划,一般包括:选题、收集资料(含实地调查)、研究整理资料、做读书笔记、明确论点、拟定提纲、执笔写作、修改定稿这几个步骤。下面主要谈谈拟定写作提纲与执笔写作这两个步骤。

1. 拟定写作提纲

写作提纲是论文的写作设计图,它能够帮助作者全面地考虑文章的逻辑构成。写作提纲一般包括：题目、基本论点、内容纲要三个部分。内容纲要中有许多项目可以分别以"一/(一)/1"表示它们的从属关系。在写提纲时首先要把文章的基本论点（中心论点）列出来，然后全盘考虑从哪几个方面，以什么顺序来阐述基本论点。在内容纲要部分把这些考虑好的问题以项目形式写出来，一般是先安排好大的项目（分论点）之后，再考虑每个大项目中的子项目。

项目有两种写法：一种是标题写法；另一种是句子写法。标题写法是以标题的形式把该部分的内容概括出来。它的长处是一目了然，而不足是别人难以了解。句子写法是以一个能表达完整意思的句子形式把该部分的内容概括出来。它的长处是内容具体，不管放多长时间都不会忘记，而且别人也能看懂。其不足是不够简洁、不便于整体思考。用哪种写法好，这要根据文章的内容和篇幅来决定，也可以将两者结合使用。

2. 执笔写作

写作提纲拟定后，便可以开始执笔写作了。写论文和作曲一样，有一个结构问题，即构成形式。学术论文的构成形式有许多，但它还是有一个基本型，即绪论、本论、结论的三段式。

（1）绪论

绪论是文章的开场白，通常它的内容是提出论文所要研究的问题并说明研究这一问题的意义和重要性。因此，该部分一定要写得简练、明确、具体，它的篇幅分量在整篇论文中所占的比例较小。

（2）本论

本论是文章的主体部分，也是阐述自己的学术观点和研究成果的部分。因此，该部分一定要写扎实，观点要鲜明，论据要充足，论证要充分。

（3）结论

结论是论文的结尾部分，也是课题研究的结果。因此，该部分要对本论中提出的观点、分析、研究的问题加以综合处理，提炼、概括出基本论点，提出研究的答案。

值得提出的是，论文构成的基本型并不是一个呆板的公式，作者可根据自己写作的需要灵活地加以运用。俗话说，万事开头难，写论文也是如此，究竟从何处下笔好，这里介绍三种写作顺序：① 自然顺序，即按照写作提纲的顺序从绪论开始，接着写本论和结论；② 从本论入手，即先写好本论和结论部分，再回过头来写绪论；③ 分部分写作，即将论文分为若干部分，哪一部分先考虑好，就从哪一部分开始。将各部分写好后再通读、整理、修改。有些教师写论文不知道怎样开头,用第二和第三种顺序写就会觉得比较顺手。

　　写论文不像写文艺作品那样随意,它要求构思严谨,语言精练,论点突出,逻辑性强;此外,要求段落层次清楚,表达描述准确,容易被人所理解。有时为了阐述和论证某一个问题,可适当地用些图表和引文。不过引文要尽量少用,要有助于作者的论证。引文最好是引用专家或权威的话,有说服力。引用时,不可断章取义,一定要按原作的本义来引用。引用的如果是原话则要加引号,如果是原义只要加冒号。

五、科研论文的撰写格式

　　科研论文的撰写格式一般包括下列六个项目,其具体要求不在此详述。

　　(1)标题。

　　(2)署名。

　　(3)内容提要。

　　(4)关键词。

　　(5)正文。

　　(6)参考文献。

第十一章 国外著名音乐教学体系介绍

本章主要介绍当今全世界范围内比较有影响的音乐教学体系,并对各个体系的教学特点进行分析研究,以便大家进行学习和借鉴。

第一节 奥尔夫教学法

卡尔·奥尔夫(Carl Orff,1895—1982)是德国作曲家和音乐教育家,他所创建的音乐教学法如今已超越了国界的限制,在世界各国被广泛采用。

一、奥尔夫教学法的产生过程

20世纪20年代,欧洲青年对人体,对体育、体操和舞蹈产生了一种新的感觉和狂热。瑞士音乐家、音乐教育家达尔克罗兹的体态律动学在世界上广泛流传、推广。著名舞蹈教育家、舞蹈设计家拉班(R. von Laban,1879—1958)的舞蹈著作,以及他的女学生(也是达尔克罗兹的学生)维格曼所创造的一种新的表现舞,对艺术界和教育界产生了巨大的影响,所有这些都引起了奥尔夫极大的兴趣。1924年,奥尔夫与舞蹈家军特一起在慕尼黑创办了一所体操—音乐—舞蹈学校,即"军特学校"。这是奥尔夫建立其音乐教育体系的理想试验场所,在这里,奥尔夫试图建立一种新的节奏教育,实现他关于使动作和音乐教育相互交融和补充的想法。

军特学校的音乐教育重点是突出节奏性乐器,这些乐器是一些以节奏性为主,并且比较容易学会的原始乐器。例如:各种木琴、钟琴、钢板琴、竖笛以及一些打击乐器等。这些乐器的制作都是按照奥尔夫教学要求设计的,所以也称作"奥尔夫乐器"。教学中尽量让学生自己设计音乐和动作伴奏,培养即兴能力。该校的舞蹈队和伴奏队发展很快,且舞蹈者和演奏者可以交换演出。他们长年在国内外旅行演出,同时还进行教学示范性演出,不但受到了各地的欢迎,还有效地推广了奥尔夫音乐教育思想。所以,军特学校最初受到许多教育家的重视。

1931年,奥尔夫想把军特学校的音乐教学经验运用于儿童音乐教育。于是1932年肖特出版社发了一个预告：奥尔夫音乐教材——为儿童的音乐，由儿童自己动手的音乐——民歌。然而这一计划未能实现，政治浪潮否定了这原计划在音乐教材中发展的思想。军特学校也完全被摧毁和烧光，绝大部分乐器也完全损失了。此后，奥尔夫完全脱离了教育界。

1948年，拜耶州电台的工作人员，发现了一张军特学校时期的唱片。这张唱片的内容是儿童和少年的舞蹈音乐，用奥尔夫乐器配制而演奏。当电台的节目负责人听了之后，马上打电话与奥尔夫联系，问他："您能否为我们写这样的儿童音乐，即儿童们自己可以演奏的音乐？我们深信，这种音乐特别使儿童中意。我们考虑安排一套连续的广播节目。"这一提议成功地吸引了奥尔夫，这意味着被中断了的音乐教育尝试将得以继续进行。同时，奥尔夫也面临着一个全新的课题：以前的音乐教材是为成人设计的，而现在的对象是小孩，并且，以前的乐器已被损坏，造乐器的原材料又弄不到。然而，奥尔夫还是承担了这个任务。

奥尔夫清楚地知道：节奏训练并不是要在青少年发育期以后才能进行，在学龄期，甚至学龄前就可以开始。奥尔夫的教材，始终是以元素性音乐（即原始的音乐）作为基础和内容。他指出，原始的意思是："属于基本元素的，原始素材的，原始起点的，适合于开端的。""原始的音乐绝不只是单独的音乐，它是和动作、舞蹈、语言紧密结合在一起的；它是一种人们必须自己参与的音乐，即：人们不是作为听众，而是作为演奏者参与其间。它是先于智力的，它不用什么大型的形式，不用结构；它带来的是小型的序列形式，固定音型和小型的回旋曲形式。原始的音乐是接近土壤的、自然的、机体的、能为每个人学会和体验的，适合于儿童的。"他认为："靠原始的音乐才能发挥出儿童身上的力量，否则是无以发挥的。所以，应当强调指出：在小学里安排原始的音乐，不是一项外加的，而是一项基本的、奠基性的项目。"

1948年秋，拜耶州电台开始播放由奥尔夫创作的节目。一些8～12岁的小学生，事先不经任何训练，用军特学校残存的乐器演奏，他们的演奏获得了出乎意料的成功，并在学校引起了巨大的反响。许多学生都来询问什么地方能弄到这样的乐器，他们也想按这样的方式演奏。当时有一位年轻的乐器制造师用手头上仅有的材料，赶制了第一批这种乐器。次年他又与奥尔夫合作建起了"奥尔夫乐器"制造车间。不久以后，电台邀请收听节目和学习演奏的学生们参加比赛。良好的比赛结果表明，广播节目已被正确地理解并消化了，并且许多孩子寄来各种图画，这些画是表现歌曲和诗句的，这说明孩子们的幻想力也被激发起来了。

1950年至1954年，奥尔夫先后出版了《学校音乐教材》共五卷，创立了他的音乐教育体系。1961年奥地利萨尔茨堡的莫扎特音乐学院成立了"奥尔夫研究所"，各国教师前去进修、学习。他的音乐教育思想和教育体系,陆续被介绍到世界各国,并得到广泛应用。

二、奥尔夫教学法的教学内容

奥尔夫教学法的教学内容主要分为两大部分。第一部分是节奏、旋律练习。节奏练习主要包括:练习的规则与姿态,反应的训练,节奏基石的提取和训练(即运用语言进行节奏训练),用"声势"进行节奏训练,节奏引导、自编、补充训练。旋律练习包括:音条乐器(如木琴、钟琴等)及其他乐器的演奏规则和方法;演奏歌曲、乐曲;为歌(乐)曲伴奏;自编乐曲,即兴演奏;识谱教学、欣赏教学等。第二部分是基本形体动作训练,主要包括:反应训练、体操练习、动作训练(走、跑、蹦跳、弹、跳、"跑马"、摆动)、动作变奏和动作结合、动作游戏、舞蹈表演、即兴动作、动作的伴奏。

声势就是可以发出声响的人体的各种姿势。它集动作、节奏、演奏于一体,是奥尔夫教学法中的重要内容之一。该训练法是运用拍手、拍腿、跺脚、捻指等动作来进行节奏训练。下面向大家作一个简要介绍:

(一) 拍手

用一只手富有弹性地拍击另一只手,记谱时符干全部向上。

例 1

拍手位置可在身体的前、后、左、右,位置高度一般在腰部,也可在头部。拍法分三种:

(1) 空掌心拍,音色低沉。

(2) 少数手指击掌根,音色清脆。

(3) 平的两掌相拍,音色响亮。

(二) 拍腿

用平的手掌富有弹性地拍击大腿(靠近膝头处),可以站着拍或坐着拍。站立时双脚稍叉开。拍法可分四种:

(1) 双手同时拍,记谱时符干向上。

例 2

(2) 双手交替拍,记谱时右手符干向上,左手符干向下。

例 3

拍腿

(3) 双手与单手交替拍。记谱时右手符干向上,左手符干向下。双手符干同时向上向下。

例 4

拍腿

(4) 交叉拍,用右手拍左腿或用左手拍右腿。记谱时用二线谱,上方线记右腿,下方线记左腿。

例 5

拍腿

(三) 跺脚

用一只脚带有重音地跺地,其方法是:跺脚前小腿稍微向后提,双膝并拢、稍弯曲,跺脚时双膝伸直,但快速跺脚时,可省去双膝的弯曲和伸直动作。记谱时右脚符干向上,左脚符干向下。

例 6

跺脚

跺脚可以单侧跺或双脚交替跺,也可以用脚跟跺或脚尖、脚跟交替跺。

(四) 捻指

用大拇指与中指或无名指摩擦发声。捻指分为四种:

(1) 单手捻。记谱时符干向上。

例 7

捻指

(2) 双手同时捻。记谱时符干向上。

例 8

捻指

（3）双手交替捻。记谱时右手符干向上，左手符干向下。

例 9

捻指

（4）单手与双手交替捻。记谱时右手符干向上，左手符干向下，双手符干同时向上向下。

例 10

捻指

这些声势先分开练习，然后再结合起来练。完整的声势记谱法见例 11。

例 11

三、奥尔夫教学法的教学特点

（1）以元素性音乐作为教学的基础和内容

即用最基本、最初步的，人人都可以学习和演奏（唱）的音乐作为教学内容。注重人的基本感受和情感体验。

（2）强调从节奏入手进行音乐教育

教学中运用语言节奏、动作及舞蹈节奏对儿童进行训练。将音乐与歌舞融为一体。

（3）把由五声音阶组成的民歌、童谣、舞曲作为音乐素材

编写有多声部结构的简单和声教材。在多声部编配时，常常采用设定一个固定不变的低音或固定音型的手法。由于素材采用的是五声音阶，所以具有旋律简单、声部和谐、容易演奏、演唱和记忆的特点。

（4）制作音色优美、节奏性强、易于演奏、便于即兴发挥的乐器用于教学

乐器种类见下表。

奥尔夫乐器表

(参考秦德祥编著《中外音乐教学法简介》)

- 有固定音高的乐器
  - 音条乐器
    - 定音鼓音块
    - 钟琴(分为高音、次高音、中音、低音四种)
    - 金属琴
      - 钢板琴
      - 铝片琴
    - 水琴(整个合奏的核心)
  - 旋律乐器
    - 竖笛(分为高音、次高音、中音、低音四种)
    - 低音乐器
      - 大提琴
      - 低音古提琴
      - 波尔动
    - 有时加入
      - 玻璃杯琴
      - 口哨

- 无固定音高的乐器
  - 人体打击乐器
    - 捻指(代表女高音部)
    - 拍掌(代表女低音部)
    - 拍腿(代表男高音部)
    - 跺脚(代表男低音部)
  - 小型打击乐器
    - 金属类
      - 三角铁
      - 钹
      - 串铃
      - 西斯特
    - 木质类
      - 沙球
      - 响木
      - 双响木
      - 木棒
      - 响板
    - 皮膜类
      - 手鼓
      - 双面鼓
      - 巴斯克鼓
      - 小鼓
      - 大鼓

（5）鼓励儿童即兴演奏、编曲、伴奏，培养儿童的创造力和集体感

由于教材中的歌曲、乐曲是由五声音阶组成，且编配多采用固定音型，所以，只要儿童掌握几个基础的和弦，就可以进行即兴演奏和伴奏。

（6）教学形式生动活泼，充满乐趣

让儿童在轻松愉快的游戏之中，主动地、即兴地歌唱、舞蹈、演奏，在娱乐之中学习音乐。

第二节　柯达伊教学法

柯达伊·佐尔坦(Kodaly Zoltan，1882—1967)是匈牙利作曲家和音乐教育家，他所创立的音乐教育思想和教学方法，对推动匈牙利的音乐教育作出了卓越的贡献，在世界上也具有很大的影响。

一、柯达伊教学法的产生

20世纪初，匈牙利的音乐教育还处在比较落后的状况，即使是音乐学院的学生也不能熟练地演奏(唱)音乐和进行音乐创作，而且他们对本民族的音乐传统和音乐遗产也一无所知。19世纪末，虽然匈牙利政府规定音乐课为必修课，提出要重视民间音乐遗产，但由于缺乏民间音乐材料，这一规定没能实行。当时只有德国和奥地利的音乐被看作是好音乐，而匈牙利自己的民间音乐只能在咖啡馆里小范围的演奏。柯达伊为此十分担忧。强烈的民族意识激励着他，他决心继承民族音乐文化传统，建立匈牙利音乐教育体系，振兴匈牙利民族精神。

从1905年起，柯达伊和匈牙利作曲家巴托克(B. V. Bartók，1881—1945)一起，克服重重困难，开始了收集整理民间音乐的工作，并以此作为创作的素材。1925年，柯达伊满腔热情地投身于普通音乐教育，积极宣传民间音乐的重要性，并动员了大批的专家、学者、优秀教师参加到这一事业之中。他在深入学习研究法国、英国、德国等国家音乐教育体系的基础上，结合本国的实际情况，制定了教育体制、教学大纲，创作改编了许多视唱、合唱教材和适合不同年龄儿童的歌曲。他还积极进行教师培训，编写教师指导手册，以推动匈牙利音乐教育的普及和发展，并逐渐形成了自己的教育思想。柯达伊教学法科学地将英国的首调唱名法、法国舍维发明的节奏简记法、柯尔文的手势音符、达尔克罗兹

(E. J. Dalcroze,1865—1950)的字节音名等融合为一体,以形成自己的独特体系。

1950年,柯达伊与老朋友乃姆斯基在柯氏的诞生地创办了第一所合唱小学,进行每日音乐教育。第二年,他们的教学法就被广泛地传播开来。如今匈牙利已经有150所合唱小学。1964年,国际音乐教育学会和国际民间音乐理事会在布达佩斯举行,柯达伊安排与会者参观了他的实验基地——克奇克梅特的歌唱普通学校。这次参观给与会者留下了深刻的印象。会议对匈牙利的音乐教育给予高度评价,并认为有必要向世界广泛介绍柯达伊教学法的意义。现在许多国家都建立了柯达伊教学法研究会。柯达伊编写的许多教材被翻译成英文,在东欧、大洋洲、南美洲、北美洲等地进行研究和实验。

二、柯达伊的教育思想

1. 以爱国主义教育为主线

柯达伊的音乐教育思想以匈牙利的民族音乐作为音乐教育的内容,使后代了解匈牙利的历史和文化,增强民族意识,以爱国主义教育为主线。柯达伊说:"让我们给城市的孩子看看歌唱声中和音响声中的匈牙利!他们几乎不知道自己生活在这儿,要让他们感到,祖国这个字眼不是要他们歌唱那些少数空洞的陈词滥调,而是轻松活跃的生活,是治愈创伤的温暖,是他们可以尽情爱抚,深深依恋的丰富多彩的原始森林。那么他们才真正算是身在家乡……"

2. 音乐应该属于每个人

柯达伊认为:"音乐和人的生命本体有着密切的关系,人的生命中不能没有音乐。""没有音乐就没有完满的人生。"他期望所有的人都能有学习音乐的机会,他探索使用简单易学的方法,使孩子们从小就能学会音乐基础知识,具有基本的音乐能力。

3. 强调学校音乐教育

柯达伊说:"音乐是世界人类知识中不可缺少的一个部分,因此,它自然必须成为学校全部课程中的一个组成部分。""普通学校的目的是为形成完美的品格建立基础,没有音乐就没有完全的人……音乐教育在普通学校中是如此重要,甚至超过音乐本身,培养音乐的听众就是培养一个社会。"

柯达伊认为,学校音乐教育的任务是使学生获得一般的音乐读写能力,同时唤起匈牙利音乐教育向两方面发展:培养音乐家和音乐听众,其目的是发展匈牙利的音乐文化。

4. 重视音乐教材的思想性和艺术价值

柯达伊在教学中,除了注重使用本民族的优秀作品外,还主张使用世界名作作为教材。他说:"我们一定要考虑到儿童纯洁的心灵是神圣的,我们所灌输给他们的东西一定要经受得住任何考验。如果播种下坏的东西,我们就将毒害他们的心灵,直至终生。"并强调:"只有具有内在价值的艺术才适合于儿童,而其他一切都是有害的。为儿童选择食物毕竟要比为成年人更精细。富有'维生素'的音乐材料对于儿童是不可缺少的。"

5. 重视早期教育

柯达伊认为,早期教育会影响到人的一生,如果一个人失掉了儿童时期的训练就几乎没有机会再去获得音乐能力。他说:"音乐教育应该从幼儿园开始,以便儿童能够在早期领会音乐的基础。因为只有从早期开始才能够成功地发展音乐听觉。"

6. 主张合唱教学,培养集体主义观念

柯达伊认为合唱可以使儿童在欢快中体验、感受音乐,通过合唱可以培养儿童的集体协作精神,促进社会的和谐。他说:"合唱是非常重要的,由集体的努力所完成的音乐作品和带来的愉快培养了高尚品格的人,这种价值是无法估计的。"

7. 重视教师的培养和教学方法

柯达伊认为,教学方法应该是教师来创造的,这个教师必须经过良好的训练,有良好的心理素质,高尚的精神境界,教学中根据不同儿童的实际灵活地运用方法。教师水平的提高、教学方法的改进是关键的一个环节。他说:"做一个好的教师要比做一个布达佩斯歌剧院的导演重要得多。对于一个不好的导演,失败的是一个人;作为一个不好的教师,他会持续他的失败三十年,扼杀三十批儿童对音乐的热爱。"

三、柯达伊教学法的教学内容

柯达伊教学法的教学内容,主要有下列五个方面,但本书不再展开。

(1) 节奏训练。

(2) 五线谱教学。

(3) 多声部视唱训练。

(4) 多声部听觉训练。

(5) 音乐创作能力培养。

四、柯达伊教学法的教学特点

1. 按照"儿童自然发展法"进行教学

即音乐教材的内容和进度根据儿童成长的各个时期中的接受能力来编排。例如：四分音符是儿童步行的速度，八分音符是儿童跑步的速度，在节奏教学时就以这两种音符作为起点。在旋律方面，儿童只能唱五到六个音的音域，而且唱不准半音，就以"sol——mi——la"三个音作为教学起点，并且把五声音阶作为理想的教学工具。

2. 使用首调唱名法

这是柯达伊教学法最基本的原则之一。首调唱名法最接近音乐的自然感觉，注重音级间的相对关系，各音级的倾向性及调式感强，可以很容易地建立和声功能感觉，教学中不以调号多少作为衡量程度深浅的标准，儿童可以不受调号的制约，学唱大量的歌曲。首调唱名法使用方便，只要利用升、降号相加等于"7"的现象（例如：2个升号的 D 调和 5 个降号的降 D 调在五线谱上是同一位置），熟悉 7 个不同的唱名位置，便可视唱所有的 15 个调。但柯达伊教学法并不否认固定唱名法的长处，它认为器乐学习、无调性音乐的学习宜使用固定唱名法。最理想的办法是把两种唱名法结合起来使用。

3. 节奏简记法及节奏读法

柯达伊教学法中吸收了法国约瑟夫·契夫的节奏名称，即除全音符和二分音符外，其余的音符只用符干和符尾。休止符记法不变，作无声的拍来数。

4. 使用字母谱（速记法）

字母谱以每个唱名的辅音头来代表每个唱名。如："d、r、m、f、s、l、t"分别表示"1、2、3、4、5、6、7"。高八度在右上方加一短撇，如：d′、r′、m′。低八度在右下方加一短撇，如：d,、r,、m,。

字母谱结合节奏简记谱即可形成一种音乐速记法。这种速记法方便、迅速，特别是在没有五线谱纸的时候很有用。如：

$\underline{5\ 5}\ \underline{6\ 6}\ |\ \underline{5\ 5}\ \ 3\ |\ \underline{5\ \dot{1}}\ \underline{7\ 6}\ |\ 5\ \ 3\ |$

就可速记成

⊓⊓	⊓			⊓⊓			
s s l l	s s	m	s d'	t l	s	m

5. 运用手势音符

柯达伊巧妙地将柯尔文手势运用于自己的教学体系之中。该手势是借助七种不同的手势在不同的高低位置来表示七个不同的唱名(见图10-1)。

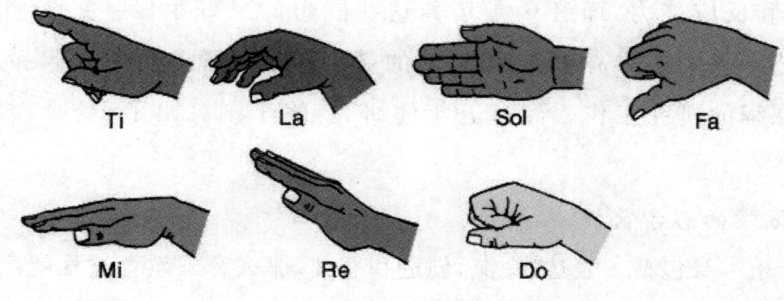

图10-1

手势是在身体的正前方做,"do"的位置高度在腰部,"la"的位置高度在眼部,"re"到"sol"的位置高度在"do"到"la"之间逐渐上升,高八度"do"的位置高度与头齐平。

手势音符使抽象的音高关系形象化,且趣味性强。用它可进行多种音准训练,如:练唱音阶、练唱音程、练唱和弦。还可以进行二声部训练、即兴卡农练习和同主音上的音程、和弦转换等。

6. 利用歌谣进行节奏教学

进行速度变化、力度变化练习以及即兴编唱活动。

第三节 曼哈顿维尔音乐课程方案

一、《曼哈顿维尔音乐课程方案》的产生

1. 课程方案的产生过程

1957年,当苏联发射了第一颗人造地球卫星之后,美国政府马上组织了班子,研

究两国之间存在的差距和赶超的办法,研究的焦点是教育系统。从1957年开始,由于福特基金会和全国音乐教育工作会议的不断资助,每年大批的作曲家被派往基层研究音乐教育问题。当时有许多的研究班子,例如,著名的耶鲁研究班1963年的研究课题是"音乐教育的方向"。他们在报告中写道:"认真地学习艺术和人文学会加强科学的发展,科学家会通过学习艺术而得到发展。"该报告还指出历代科学家都有艺术爱好,并通过研究从幼儿园到第十二年级的音乐教学大纲,发现了一个问题,即过去的教学没有发挥学生的创造力和思维力,提出今后的音乐教育要以发挥学生的创造力和思维力为重点。有的研究班子认为,衡量一个人是否聪明有三个标准:创造力、记忆力和反应能力,而音乐是培养这些能力的最好手段。1965年,在美国国家教育总署艺术人文处的资助下,以纽约的曼哈顿维尔学院为主发起和组织了曼哈顿维尔音乐课程的研究工作。经过五年的研究,终于制订出了《曼哈顿维尔音乐课程方案》。

2. 课程方案的哲学前提

如果说音乐本身包括了表达、交流、创造和意义,那么音乐教育过程就意味着让学生到音乐活动中去体验表达、交流和创造的经验,探索并发现音乐的意义所在。

3. 课程方案的教育心理学前提

每个学科都有自己的基本结构,教育的机制就是帮助学生去发现这些学科中存在的基本结构。如果把学科的认识过程看成是一个螺旋上升的环的系列,每一个环中的学科结构是不变的,那么学生从最基础的环开始,越向上就能越深入、越全面地把握这一学科的结构。

二、《曼哈顿维尔音乐课程方案》的主要内容

《曼哈顿维尔音乐课程方案》的主要内容包括:给幼儿园至小学二年级、小学三年级至中学的教师使用的两套课程指南;一套学生能够理解的、用术语编排的基本音乐概念系列;一套有助于统一各种课程的指导思想;一个教师培训计划。

1. 课程指南

"相互作用课程指南"是为进行幼儿园至小学二年级音乐教学编写的,主要集中于认识音乐的、声音的活动,几乎没有涉及识记乐谱活动。该课程指南把教学设计成具有五个发展阶段的音乐探索过程:自由探索、引导探索、即兴表演、有计划的即兴表演、加强巩

固概念。该课程的目标是:

(1) 技能目标

① 探索各种不同的声源,发现各种不同的声音。

② 在提供的声源中,探索制造声音的不同方式。

(2) 认知目标

① 分辨环境中的声音,分辨儿童或其他人有意发出的声音,形成对各种声音的认识。

② 分辨音乐演奏中的声音,用联系个人体验和描述其物理性质的方式,去感知这些声音的相同与不同。

③ 辨别环境中的不同声源。

(3) 态度目标

① 自由参加由本人或教师发起的探索性活动。

② 与大家一起分享对新的声音和发声技巧的发现,形成对经验的开放性态度并对发现感到激动。

"综合课程指南"是为进行3~12年级音乐教学编写的,这是一个灵活的指南,目的是向教师提供一套有效的工作计划和相应的教材,以使学生的体验产生于自己的认识,而不是教师的认识。

2. 基本音乐概念系列

(1) 实施《曼哈顿维尔音乐课程方案》教学的基本原则

即音乐学习的各个方面应当相互联系并综合成一个整体,教学中结合音乐史、音乐理论来进行音乐素质的培养。采用的音乐资料和文献包括:各国、各个历史时期、各文化圈的音乐大师名作,世界各民族民间音乐。在挖掘这些音乐所具有的共同性因素的基础上,抓住音乐的五个方面要素,通过十六个周期由浅入深的训练,使学生的音乐素质呈螺旋形上升、提高。

(2) 基本音乐概念系列中的五个要素

力度、曲式、音高、节奏、音色这五个要素相互作用并组织起来形成音乐,其组成音乐的主要方式有三种:第一,横向结合。包括节奏、旋律;第二,纵向结合。包括和声、织体;第三,表现性质。包括强度、音色。曲式是这些要素组织起来的整体形式。这些要素构成课程的单元,教师可用它们来规划、设计综合性的课程。

（3）学生音乐素质螺旋式上升的十六个周期

周期	力度	曲式	音高	节奏	音色
周期一	强、弱、中强	全面的听觉方面的设计	不定音高	速度、拍率	表现方面的音色选择（术语、运用谱例）
周期二	渐强、渐弱	设计的要素——重复	指定音高、偶然的选择	乐音与休止在律动方面的一致	对比
周期三	极强、极弱、中弱	固定低音	采用三个乐音（E、G、A）及其八度（见图10-2）	以律动支持的乐音与休止	合唱的组合、和谐
周期四	力度的起伏	模仿、音型	五声音阶的组合	同一律动中的同音或休止	混合音色
周期五	起声及收束（起声及音量的延续）	卡农（模仿的继续）	全音的组合	两拍及四拍的时值	合成音色
周期六	顿音	二部曲式	旋律	切分	捂音（加弱音器）、抑压音
周期七	连线	乐句	复调	小节线、小节	直接的清澈
周期八	跳音	乐句的变化	七音音列	扩大、缩小	点彩派［如威柏（Webern）］
周期九	持续	逆行（倒转模仿）	音程、移调	变化拍子	波动
周期十	加强音	终止式	和声	渐快、渐慢	和声性的和谐
周期十一	强与弱	序列音乐乐式	十二音序及逆行	每一律动四个音	簧振动和弦振动
周期十二	不同声音的层次	回旋曲式	三和弦	三拍子的律动	装饰音、打击乐的滚动
周期	曲式	和声音型	音高	节奏	音色
周期十三	变奏曲式	连接和弦（和弦连接）	非和弦音（和弦外音）	每拍中的不平均音	手指（拨弹）的震音
周期十四	引子	旋律的反复	（四分之一音）四个音组合	六拍子	棍击、敲击
周期十五	复合乐式	（滚动、碎、分解）和弦	七音音阶	不正规的组合	拨奏
周期十六	乐章	分解和弦	音群（音块）	复合节奏	有准备的弱声

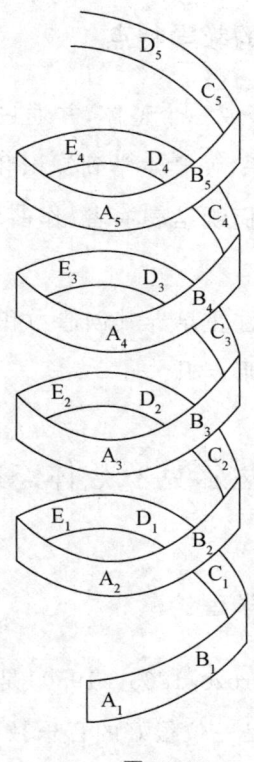

图 10-2

3. 课程指导思想

曼哈顿维尔音乐课程方案的主要指导思想是：教师必须创造机会引导学生从音乐活动的所有方面（如作曲、表演、指挥、欣赏、分析、评价等）去获取音乐经验。因为，只有在一种综合的、与他人不断交往、合作的创造性的音乐过程中，学生才能发现音乐的全部价值。

4. 教师培训计划

由于执行传统课程的教师一般都更习惯于旧有的教学方法，不能顺利地接受创造性的教学要求，难以考虑技能训练和表演以外的目标，因此，该项目在大量实验的基础上，还专门制订了一套教师再培训计划。这个计划包括让受训教师参加 60～90 学时的曼哈顿维尔式的教学活动，以帮助教师理解该课程中包含的音乐观和教育观，理解创造性教学结果的评价标准，学习适应创造性教学的方式和气氛。

三、《曼哈顿维尔音乐课程方案》的教学特点

（1）把音乐学习的各个方面综合成一个整体，并通过综合各种音乐材料及学生的表演、分析、作曲建立起概念之间的联系，使学生学到知识和技能。

（2）在教学中以学生为主体，他们既是表演者、作曲者，又是欣赏者。教师只起引导作用。

（3）鼓励学生主动探索和发现，注重培养其创造力和想象力。

（4）教学进度由浅入深，呈螺旋形上升。

第四节　达尔克罗兹体态律动学

一、达尔克罗兹和他的体态律动学理论

埃米尔·达尔克罗兹（E. J. Dalcroze，1865—1950）是瑞士音乐家和教育家。他出生于一个富裕的商人家庭。他的母亲是一位很好的音乐教师，她研究过教育改革家裴斯塔洛齐（J. H. Pestalozzi，1746—1827）的教育哲学和教学法，也讲授过这方面的课程。由于母亲的培养和支持，达尔克罗兹从小就热爱音乐，7岁时就谱写了他的第一首进行曲和第一首歌曲。

1887年，达尔克罗兹进入维也纳音乐学院随交响乐作曲家布鲁克纳学习作曲。毕业后他回到瑞士从事音乐教育事业。

达尔克罗兹在教学中，发现许多学生尽管演奏技巧很高却缺乏表现力，甚至连简单的节奏都把握不好；有的学生虽然在演奏乐曲时不能掌握好速度，但在平常却能按速度行走。他还观察到，一些音乐素养很好的学生在欣赏音乐时，会随着音乐情绪的变化，不断地摇晃身体，做出不同的表情，而且随着音乐力度、速度的变化而调整自己的动作，他们不知不觉地随着音乐节奏用脚打拍子，当乐曲结束时他们的肌肉就放松。于是他认识到：人的身体就是最好的乐器，他认为人是通过自身运动将内心情绪转释为音乐的。一切音乐艺术的基础是人的情绪。任何乐曲都可以通过身体表现出来，而任何身体动作也都可以被转化为与之相应的音乐形态。他深信只要把仔细聆听和身体反应结合就能产生和释放出音乐的巨大力量。因

此,要学习音乐只训练脑子、耳朵、嗓音、手指是不够的,人的整个身体都应受到训练。

带着这种理论,达尔克罗兹与他的同事和学生们开始了体态律动的教学研究,并得到了瑞士心理学家爱德华·克拉帕莱德,舞台艺术业余爱好者奥尔夫·道恩以及柏西·英格哈姆校长等人的支持和协助。他们前后花了大约五十年时间使他的教学法不断完善。现在,体态律动作为一种教育手段,其运用已经超出了音乐的范围,不仅运用于音乐疗法、康复和特殊教育之中,而且还可作为舞蹈演员、戏剧演员、运动员、诗人和画家的训练内容。体态律动学已成为具有世界影响的音乐教育体系,世界各地都设有专门训练教师学习达尔克罗兹教学法的学校。

二、体态律动学的教学内容

1. 体态律动学的构成

体态律动学主要包括三方面的内容:① 体态律动;② 视唱练耳;③ 即兴创作。这三个部分都有各自的独立性和教学方法,但在实际教学中是结合在一起运用的。

体态律动与舞蹈是有区别的。舞蹈是演员按照编导的意志用有节奏、有美感的造型和姿态动作来表达思想感情的艺术,而体态律动则是以身体作为乐器,通过身体的协调动作来体验、表现音乐的教学方法。

体态律动所涉及的内容与基本乐理、视唱练耳的内容大致相同,但它不是一开始就讲理论知识,而是让学生直接体验音乐,通过音乐刺激听觉、产生印象,再以动作来表现音乐,从印象引导产生概念,最后再联系音乐符号,使之获得理性认识。

体态律动运用学生在拍手、列队行进中的自然节奏,走、跳、跑、跃、单脚跳、摇摆、唱来进行基本节奏训练,同时训练身体各部分的配合,头脑和身体间的协调,动作的控制和反应,时间感和空间感,紧张和放松。体态律动把人的身体作为一支管弦乐队,它包含许多不同的乐器:手指、脚趾、手、手臂、脚、脚跟、髋及头。所有这些乐器都可以分开或一起演奏。例如:柔和的音乐是踮着脚走,强烈的音乐是整只脚接触地面。节奏是体态律动训练的中心课题,共有34种节奏因素。通过节奏运动、游戏使学生感受节奏与乐曲之间的关系,建立和发展节奏感。

2. 体态律动教学的22个基本练习项目[①]

(1) 肌肉放松和呼吸练习,训练学生体验松弛、自然放松

例如,使学生平躺在地板上,引导放松整个身体,然后收缩某一肢体,或收缩更多肢体,或在收缩某一肢体的同时放松另一肢体。在练习过程中须将注意力集中在呼吸上。

(2) 拍和重音

在稳定的拍子中行走,并踏出每小节第一拍的重音,以此训练学生辨别强拍与弱拍。教师发出一个突然的指令"变"(Hopp),学生必须迅速做到终止胳膊的肌肉收缩,或不再用踏步强调拍子重音,即变成了无重音的手势动作或行走。教师再突然发出指令,学生迅速恢复先前节拍重音的手势动作或行走。

再进一步,根据教师的指令,学生迅速将原来用胳膊强调重音的活动改变为用腿强调重音。这是须反复练习才能做到迅速、自然转换的。

(3) 拍律的记忆

根据教师发出的几次变换重音的指令,学生进行变换拍子的身体运动。

(4) 通过视觉、听觉形成拍律概念

一旦学生能够按照各种速度的稳定拍律进行运动,能够按指令变化运动,就将时值标记以视觉符号展示给学生,同时伴以音响(教师用钢琴或打击乐器演奏)反复练习。

(5) 通过肌肉感觉获得节奏概念

对肌肉紧张度的感觉,是随着动作持续时间的变化而不同,并随着动作的空间幅度感的加强而加强。要让学生意识到,动作延续时间的不同和动作幅度的大小,与所使用的力量及肌肉伸缩之间存在着必然联系。训练学生根据动作持续时间的长短使用适当的肌肉活动;根据动作的空间量控制肌肉收缩的强度和速度。

(6) 协调自发力和抑制力的练习

训练学生具有"突然地"和"逐渐地"控制运动的能力。

音乐节奏是由运动和抑制运动构成的。造成节奏误差往往是由于肌肉对大脑指令的反应过快或过慢,在动作的转换过程中不能及时控制,或控制急促而忽略了抑制运动的准备过程。练习中,学生要能够根据指令,及时、准确地改变运动方向和动作。

[①] 蔡觉民,杨立梅编著. 达尔克罗兹音乐教育理论与实践[M]. 上海:上海教育出版社,2005.

（7）意识集中的练习，发展节奏的想象力

当学生能够按照一定的节拍和节奏运动后，还需让他们闭上眼睛想象自己继续在按拍子和节奏运动，巩固运动在大脑中的印象，促进节奏想象力的发展。

（8）保持身体平衡和运动的连续性

自如的运动依赖于平衡。长时值节奏的身体动作、连续动作，特别是变换动作，都要依赖姿势的稳定，才能确保运动的连续性。练习中要能够在各种力度和速度中保持身体平衡，自如地连续进行，自如地控制动作的起止。

（9）迅速转换节奏的练习

缩短动作转换的思考过程，形成迅速反应的能力和身体各部分的协调配合。

（10）准确时值的练习

为各种时值设计相应的身体运动。例如：

四分音符——向前迈一步。

二分音符——迈一步后膝盖弯曲一次。

附点二分音符——迈一步后，膝盖弯曲两次。

全音符——迈一步后，膝盖弯曲三次。

练习中保持时值的准确，逐渐在大脑中形成准确的时值概念。

（11）时值的细分

即对每个四分音符时值再细分为两个、三个或四个节奏单位。

（12）用身体动作再现音乐节奏

将音响节奏转化为形体节奏。敏捷、精确的表演依赖于集中注意和迅速反应的能力。

（13）肢体的分离性配合练习

正像在钢琴上可以用一只手弹奏 f，另一只手弹奏 p 一样，用身体表现生动的音乐节奏也需要肢体配合进行不同的活动。例如，练习中让学生收缩一只胳膊的肌肉，同时放松另一只胳膊的肌肉，进行分离性配合活动，或肢体在同一时间内做不同时值划分，等等。

（14）运动的中断或抑制

训练身体迅速对音乐的休止或分句做出相应活动的反应。

（15）成倍加快或放慢时值的练习

这也是发展音乐主题的一种预备性练习。在赋格曲中，常需将主题做成倍的加快或放慢。这种练习就是使节奏型或节奏句按倍数扩大或缩小时值的节奏运动。

(16) 对位节奏和复合节奏的练习

这些练习着重于体验多声部节奏,能够将音乐中复杂的节奏技术转换为身体运动。

(17) 同上

(18) 情感重音、力度微差、节奏的艺术性处理与弹性速度

这些练习着重于唤醒、发展学生的音乐感,包括控制神经兴奋过程,表现突强和突弱,渐强和渐弱,发展个性化的音乐表现能力,能够根据需要同时对速度和力度的微差变化迅速地做出反应。这些练习可以进一步协调神经系统,使听觉和运动系统迅速连接,更细腻地体验和再现音乐的内在美感。

(19) 节奏记谱练习

训练学生把自己的或别人的以体态律动表演的节奏记录下来,培养记谱能力。

(20) 即兴创造练习

在身体运动中,根据指令,变化各种节拍,包括 2、3、4、5、6 拍子等。

根据教师所给的节奏要素,要求学生用体态律动进行节奏句或节奏段的即兴表演。节奏要素,例如:弱起拍、节拍重音带有休止拍的节奏、切分节奏等。

(21) 节奏变化的指挥与表演

学生需用心记住教师所给的节奏句或节奏段,然后由个别学生用手势指挥小组或全体,在重复这个节奏句或段落时,表现出力度变化和节奏的艺术处理。

(22) 体态律动的组合表演

将学生分成若干小组,各组表演不同的节奏句。由学生自己讨论,构成节奏的回旋曲式或其他曲式结构。

三、体态律动学的教学特点

(1) 要求学生把身体作为一件乐器或一支管弦乐队,把所听到的、感受到的音乐用动作再现出来。

(2) 训练学生有效地利用听觉去聆听、感受音乐,培养学生的注意力。

(3) 训练学生的听觉记忆力。

(4) 培养学生的即兴创作能力。

(5) 教学形式生动活泼,方法多样。使学生在一种轻松、愉快的气氛中学习。

附录一：《义务教育音乐课程标准》(2011年版)

目　　录

第一部分　前　言
　一、课程性质
　二、课程基本理念
　三、课程设计思路

第二部分　课程目标
　一、总目标
　二、学段目标

第三部分　课程内容
　一、感受与欣赏
　二、表　现
　三、创　造
　四、音乐与相关文化

第四部分　实施建议
　一、教学建议
　二、评价建议
　三、教材编写建议
　四、课程资源开发与利用建议

第一部分　前　言

新中国成立以来,我国中小学音乐教育取得了很大的成绩。特别是美育被列入国家教育方针之后,音乐教育事业获得迅速发展。在深化教育改革、全面推进素质教育、努力促进教育公平、实现教育持续健康发展的背景下,本标准的制定,以坚持社会主义核心价值体系为导向,为培养学生良好的审美情趣和人文素养发挥重要作用。

音乐是人类最古老、最具普遍性和感染力的艺术形式之一,是人类通过有组织的音响实现思想和感情的表现与交流必不可少的听觉艺术,是人类精神生活的有机组成部分;作为人类文化的一种重要形态和载体,音乐蕴含着丰富的文化和历史内涵,以其独特的艺术魅力伴随人类历史的发展,满足人们的精神文化需求。对音乐的感悟、表现和创造,是人类的一种基本素质和能力。音乐课程的价值在于:为学生提供审美体验,陶冶情操,启迪智慧;开发创造性发展潜能,提升创造力;传承民族优秀文化,增进对世界音乐文化丰富性和多样性的认识和理解;促进人际交往、情感沟通及和谐社会的构建。

一、课程性质

音乐课程是九年义务教育阶段面向全体学生的一门必修课,音乐课程性质主要体现在以下三个方面。

(一) 人文性

音乐是文化的重要组成部分,是人类宝贵的精神文化遗产和智慧结晶。无论从文化中的音乐,还是从音乐中的文化视角出发,音乐课程中的艺术作品和音乐活动,皆注入了不同文化身份的创作者、表演者、传播者和参与者的思想情感和文化主张,是不同国家、不同民族、不同时代文化发展脉络以及民族性格、民族情感和民族精神的展现,具有鲜明而深刻的人文性。

(二) 审美性

"以美育人"的教育思想与我国的教育、文化传统一脉相承,是培养德智体美全面发展的社会主义建设者和接班人的教育方针的有机组成部分。通过音乐教育培养和提高学生感受美、表现美、鉴赏美、创造美的能力,陶冶情操,发展个性,启迪智慧,丰富和发展形象思维,激发创新意识和创造能力,全面提升学生的素质。

(三) 实践性

音乐音响不具有语义的确定性和事物形态的具象性。音乐课程各领域的教学只有通过聆听、演唱、演奏、综合性艺术表演和音乐编创等多种实践形式才能得以实施。学生在亲身参与这些实践活动过程中,获得对音乐的直接经验和丰富的情感体验,为掌握音乐相关知识和技能、领悟音乐内涵、提高音乐素养打下良好的基础。

二、课程基本理念

（一）以音乐审美为核心　以兴趣爱好为动力

音乐审美指的是对音乐艺术美感的体验、感悟、沟通、交流以及对不同音乐文化语境和人文内涵的认知。这一理念立足于我国数千年优秀的音乐文化传统，与我国教育方针中的"美育"相对应，彰显音乐课程在潜移默化中培育学生美好情操、健全人格和以美育人的功能。音乐的情感体验，应从多样化的文化语境出发，根据音乐艺术的表现特征，引导学生对音乐表现形式的整体把握，领会音乐要素在音乐表现中的作用，增进音乐素养。音乐基础知识和基本技能的学习，应与音乐艺术的审美体验及不同文化认知有机结合。

兴趣是音乐学习的根本动力和终身喜爱音乐的必要前提。在教学中，要根据学生身心发展规律，以丰富多彩的教学内容和生动活泼的教学形式，激发学生对音乐的兴趣，不断提高音乐素养，丰富精神生活。

（二）强调音乐实践　鼓励音乐创造

音乐教学是音乐艺术的实践过程。因此，所有的音乐教学领域都应强调学生的艺术实践，积极引导学生参与演唱、演奏、聆听、综合性艺术表演和即兴编创等各项音乐活动，将其作为学生走进音乐、获得音乐审美体验的基本途径。通过音乐艺术实践，有效提高音乐素养，增强学生音乐表现的自信心，培养学生良好的合作意识和团队精神。

音乐是一门极富创造性的艺术。中小学音乐课程中的音乐创造，目的在于通过音乐丰富学生的形象思维，开发学生的创造性潜质。在教学过程中，应设定生动有趣的创造性活动内容、形式和情境，发展学生的想象力，增强学生的创造意识。

（三）突出音乐特点　关注学科综合

音乐是听觉艺术，学生主要通过听觉活动感受与体验音乐。音乐音响随时间的流动而展现，不具有语义的确定性和事物形态的具象性，然而它又与人类的社会生活、各种文化艺术有着紧密的联系，这就为学生感受、表现音乐和想象力、创造力的发挥，提供了广阔而自由的空间。同时，也要关注音乐艺术的时间性、表演性和情感性特征，并在教学过程中加以强调和体现。

音乐教学的学科综合，包括音乐课程不同教学领域之间的综合；音乐与诗歌、舞蹈、戏剧、影视、美术等不同艺术门类的综合；音乐与艺术之外的其他学科的综合。在教学中，学科综合应突出音乐艺术的特点，通过具体的音乐材料构建起与其他艺术门类及其他学科的有机联系，在综合过程中对不同艺术门类表现形式进行比较，拓展学生艺术视野，深化学生对音乐艺术的理解。

（四）弘扬民族音乐　理解音乐文化多样性

应将我国各民族优秀的传统音乐作为音乐教学的重要内容。通过学习，学生熟悉并热爱祖国的音乐文化，增强民族意识、培养爱国主义情操。随着时代的发展和社会生活的变迁，反映近现代和当代社会生活的优秀中国音乐作品，也应纳入音乐课的教学内容。

世界的和平与发展有赖于对不同民族文化的尊重和理解,应以开阔的视野学习世界其他国家和民族的音乐文化,理解音乐文化的多样性,共享人类文明的一切优秀成果。

(五) 面向全体学生 注重个性发展

义务教育阶段的音乐课,应当面向全体学生,使每一个学生的音乐潜能得到开发并从中受益。音乐课的全部教学活动应以学生为主体,师生互动,将学生对音乐的感受和音乐活动的参与放在重要的位置。

尊重学生的个性,鼓励学生积极参与各种音乐活动,以自己的方式表达情绪。教学中,应把全体学生的普遍参与和发展不同个性有机结合起来,创造生动活泼、灵活多样的教学形式,为学生发展音乐才能提供空间。

三、课程设计思路

(一) 凸显音乐课程的美育功能,以音乐活动方式划分教学领域

在 2001 年以前,我国中小学音乐课堂教学内容,包括唱歌(小学低年级加有"唱游")、欣赏、器乐和识谱四项。随着时代的进步和学科的发展,为了凸显音乐课程的美育功能,强调音乐课程的人文属性和对学生创造性潜能开发的课程价值,本标准将原有音乐课程的教学内容,整合为"感受与欣赏"和"表现"两个教学领域,并将原来隐含在教学中的音乐文化知识和分散的音乐编创活动,加以集中并拓展为"创造"和"音乐与相关文化"两个领域。上述四个教学领域相互关联、相互渗透,组成一个有机的整体。新的教学领域的划分,既体现了本学科 21 世纪的发展趋向及本课程性质和基本理念,有利于促进学生的发展,又在不增加课程实施难度的前提下,与传统的音乐课堂教学内容实现平稳对接。

(二) 设计丰富的音乐实践活动,引导学生主动参与

音乐艺术的审美体验和文化认知,是在生动、多样的音乐实践活动中,通过学生的亲身参与生成和实现的。为此,音乐课程对包含音乐聆听、音乐表演和音乐创作这三个具有很强实践性的教学领域,提出了相对明确而具体的课程内容,并从音乐学习的特点出发,设计生动活泼的教学形式,激发学生的学习兴趣,增进学生对音乐的喜爱,引导学生主动参与各项音乐实践活动,以获得对音乐的亲身体验。在不断实践的过程中,逐步培养和提高有利于学生终身发展的音乐能力。

(三) 正确处理音乐知识、技能的学习与审美体验和文化认知的关系

音乐的音响材料、创作过程和表演形式具有特殊性,这些艺术特征决定了音乐聆听、表演和创作教学,必然含有特定的知识和技能要求。音乐课程的设计,应正视这一客观的学科规定性,正确处理课程中音乐知识、技能的学习与发展审美体验和文化认知能力的关系。强调音乐知识、技能的学习和所应达到的标准,是发展学生审美体验、艺术表达和文化认知的基础,其本身就是学生音乐素养的组成部分。

（四）根据学生不同年龄段的心理发展水平和音乐认知特点，分学段设计梯度渐进的课程学段目标及相应的课程内容

义务教育阶段，是儿童和青少年生理、心理的快速发展期，也是人生接受音乐教育、增进音乐素养、促进身心健康发展的重要时期。为了使音乐课程与学生心理发展水平和音乐认知特点相适应，音乐课程将义务教育阶段的 9 学年分成 3 个学段，即小学低年级（1～2 年级）、小学中、高年级（3～6 年级）和初中各年级（7～9 年级）。在剖析不同学段学生生理、心理发展差异和音乐学习认知特点的基础上，在课程总目标统领下，明确各学段目标，以此作为不同学段、不同教学领域课程内容设计的基本依据。3 个学段不同层次的课程内容，呈现前后衔接、逐段递进、完整有序的内在联系。

（五）课程内容的设计，在明确的规定性和适度的弹性之间寻求平衡，给教师教学和地方音乐课程资源开发留有创造和选择运用的空间

我国广大城乡不同区域经济、文化环境和发展水平的差异，客观上影响着学校音乐教育的实施状况和教学水平。基于这一现实，为使音乐课程具有广泛适应性和普遍实施的可能性，对课程内容和标准的设计，注意既要有明确的规定性，又要有适度的弹性和一定的可选择性，使不同区域、不同学校的音乐课程，在相同或相近的内容和水平要求上得以普遍实施，推动音乐教育的普及和均衡发展。

第二部分 课程目标

一、总 目 标

学生通过音乐课程学习和参与丰富多样的艺术实践活动,探究、发现、领略音乐的艺术魅力,培养学生对音乐的持久兴趣,涵养美感,和谐身心,陶冶情操,健全人格。学习并掌握必要的音乐基础知识和基本技能,拓展文化视野,发展音乐听觉与欣赏能力、表现能力和创造能力,形成基本的音乐素养。丰富情感体验,培养良好的审美情趣和积极乐观的生活态度,促进身心的健康发展。上述课程目标以下列三个维度表述。

(一)情感·态度·价值观

1. 丰富情感体验,培养对生活的积极乐观态度

音乐学习可以丰富学生的情感体验,使其情感世界受到潜移默化的感染和熏陶,建立起对人类、对自然、对一切美好事物的关爱之情,进而养成对生活的积极乐观态度和对美好未来的向往与追求。

2. 培养音乐兴趣,树立终身学习的愿望

通过各种有效的途径和方式引导学生走进音乐,在亲身参与音乐活动的过程中喜爱音乐,掌握音乐的基本知识和基本技能,逐步养成欣赏音乐的良好习惯,为终身喜爱音乐奠定基础。

3. 提高音乐审美能力,陶冶高尚情操

通过训练学生对音乐作品情绪、格调、人文内涵的感受和理解,培养学生音乐的欣赏能力,养成健康向上的审美情趣,使其在真善美的艺术世界里受到高尚情操的陶冶。

4. 培养爱国主义情感,增强集体主义精神

通过音乐作品中所表现的对祖国山河、人民、历史、文化和社会发展的赞美和歌颂,培养学生的爱国主义情感;在音乐实践活动中,培养学生良好的行为习惯和宽容理解、互相尊重、共同合作的意识,增强集体主义精神。

5. 尊重艺术,理解世界文化的多样性

尊重艺术家的创造劳动,尊重艺术作品,养成良好的欣赏音乐艺术的习惯。通过系统地学习母语音乐文化和不同民族、不同国家、不同时代的作品,感知音乐中的民族风格和情感,了解不同民族的音乐传统,热爱中华民族音乐文化,学习世界其他民族的音乐,理解音乐文化的多样性。

(二)过程与方法

1. 体验

完整而充分地聆听音乐作品,在音乐体验与感受中,享受音乐审美过程的愉悦;体验与理解音乐的感性特征与精神内涵。

2. 模仿

通过亲身参与演唱、演奏、编创等艺术实践活动,并适当地运用观察、比较和练习等方法进行模仿,积累感性经验,为音乐表现和创造能力的进一步发展奠定基础。

3. 探究

培养学生对音乐的好奇心和探究愿望,重视自主学习的探究过程,使学生能够积极参与以即兴式自由发挥为主要特点的探究与创作活动。

4. 合作

在音乐艺术的集体表演形式和实践过程中,能够与他人充分交流、密切合作,不断增强集体意识和协调能力。

5. 综合

通过以音乐为主线的艺术实践,渗透和运用其他艺术表现形式和相关学科的知识,更好地理解音乐的意义及其在人类艺术活动中的特殊表现形式和独特的价值。

(三) 知识与技能

1. 音乐基础知识

学习并掌握音乐基本要素(如力度、速度、音色、节奏、节拍、旋律、调式、和声等)、常见结构、体裁形式、风格流派和演唱、演奏、识谱、编创等基础知识。

2. 音乐基本技能

学习演唱、演奏、创作的初步技能,能够自信、自然、有表情地演唱歌曲和演奏课堂乐器,了解音乐创作的基本方法。在音乐听觉感知基础上识读乐谱,在音乐实践活动中运用乐谱。

3. 音乐历史与相关文化知识

了解中外音乐发展的简要历史和有代表性的音乐家,初步识别不同时代、不同民族的音乐。认识音乐与姊妹艺术的联系,感知不同艺术门类的主要表现手段和艺术形式特征。了解音乐与艺术之外其他学科的联系,扩展音乐文化视野。根据自己的生活经验和已学过的知识,认识音乐的社会功能,理解音乐与社会生活的关系。

二、学段目标

义务教育阶段的 9 学年分为 3 个学段,各学段课程目标分别表述如下。

(一) 1～2 年级

充分注意这一学段学生以形象思维为主和好奇、好动、模仿力强的身心特点,善于利用儿童的自然嗓音和灵巧形体,采用歌、舞、图片、游戏等相结合的综合手段,进行直观教学。聆听音乐的材料要短小有趣,形象鲜明。

- 激发和培养对音乐的兴趣。
- 开发音乐的感知力,体验音乐的美感。
- 能自然地、有表情地演唱,参与其他音乐表现和即兴编创活动。
- 培养乐观的态度和友爱精神。

(二) 3~6 年级

随着生活范围和认知领域进一步扩展,学生的体验感受与探索创造的活动能力增强。注意引导学生对音乐的整体感受,丰富教学曲目的体裁、形式,增加合唱、乐器演奏及音乐创造活动的分量,以生动活泼的教学形式和艺术魅力吸引学生。本学段5~6年级部分学生进入变声期,应渗透变声期嗓音保护知识。

- 保持对音乐的兴趣。
- 培养音乐感受与欣赏的能力,初步养成良好的音乐欣赏习惯。
- 能自信地、有表情地演唱,乐于参与演奏及其他音乐表现、创造活动。
- 培养艺术想象力和创造力。
- 培养乐观的态度和友爱精神,增强集体意识,培养合作能力。

(三) 7~9 年级

学生生理、心理渐趋成熟,参与的意识和交往的愿望增强,获得知识和信息的途径增多,在学习上形成了自己的初步经验,表达情感的方式较之1~6年级学生有明显变化。通过多种形式的艺术实践活动,巩固和提高表现音乐的基本技能。扩大音乐欣赏的范围,更有意识地将音乐的人文内涵融入教学中。7~9年级学生正值变声期,应注意嗓音保护。

- 增进对音乐的兴趣。
- 提高音乐感受与评价欣赏的能力,养成良好的音乐欣赏习惯。
- 能自信地、有感情地演唱,积极参与演奏及创造活动,发展表现音乐的能力。
- 丰富和提高艺术想象力和创造力。
- 培养丰富的生活情趣和乐观的态度,增强集体意识,锻炼合作与协调能力。

第三部分 课 程 内 容

课程内容的结构框架

```
                    ┌─ 音乐表现要素
领域一:感受与欣赏  ┤   音乐情绪与情感
                    │   音乐体裁与形式
                    └─ 音乐风格与流派

                    ┌─ 演唱
领域二:表现        ┤   演奏
                    │   综合性艺术表演
                    └─ 识读乐谱

                    ┌─ 探索音响与音乐
领域三:创造        ┤   即兴编创
                    └─ 创作实践

                          ┌─ 音乐与社会生活
领域四:音乐与相关文化 ┤   音乐与姊妹艺术
                          └─ 音乐与艺术之外的其他学科
```

一、感受与欣赏

感受与欣赏是音乐学习的重要领域,是整个音乐学习活动的基础,是培养学生音乐审美能力的有效途径。良好的音乐感受能力与欣赏能力的形成,对于学生丰富情感、提高文化素养、增进身心健康具有重要意义。教学中应激发学生听赏音乐的兴趣,鼓励学生对所听音乐表达独立的感受和见解,养成聆听音乐的习惯,逐步积累欣赏音乐的经验。

(一) 音乐表现要素

【1～2年级】

§ 感受自然界和生活中的各种声音,能够用自己的声音或打击乐器模仿喜欢的音响。

§ 能够听辨歌唱中的童声、女声和男声音色。

§ 感受乐器的声音。能够听辨常见打击乐器的音色,并能用打击乐器奏出强弱、长短不同的声音。

§ 能够感受并描述音乐中力度、速度的变化,并对二拍子、三拍子的音乐做出相应的体态反应。

【3～6年级】

♩ 能发现自然界和生活中的各种音响,能够用自己的声音或乐器模仿喜欢的音响。能哼唱熟悉的歌曲或乐曲。

♩ 能够听辨歌唱中不同类型的女声和男声音色,说出人声的分类。能够认识常见的中国民族乐器和西洋乐器,并能听辨其音色。

♩ 在感知音乐的节奏和旋律的过程中,能够初步辨别节拍的不同,体验二拍子、三拍子、四拍子的律动感。

♩ 能够听辨旋律的高低、快慢、强弱。能够感知音乐主题,区分音乐基本段落,并能够运用体态或线条、色彩做出相应的反应。

【7～9年级】

♩ 探索自然界和生活中的各种音响,能够用不同方式模仿不同的声音。

♩ 加深对人声、乐器声的了解和体验,能够说出各类人声和常见乐器的音色特点。

♩ 能够在感知力度、速度、音色、节奏、节拍、旋律、调式、和声等音乐表现要素的过程中,根据自己的体验说出音乐要素的表现作用。

♩ 感知音乐的结构,能够简单表述所听音乐不同段落的对比与变化。

(二) 音乐情绪与情感

【1～2年级】

♩ 体验不同情绪的音乐,能够自然流露出相应表情或做出体态反应。

♩ 体验并说出音乐情绪的相同与不同。

【3～6年级】

♩ 听辨不同情绪的音乐,能够做简要描述。

♩ 能够体验并简要描述音乐情绪的变化。

【7～9年级】

♩ 能够有意识地体验音乐所表达的各种情感,并能运用音乐术语进行描述。

♩ 能够体验音乐情感的发展变化,并能简要描述或通过多种形式表现出来。

(三) 音乐体裁与形式

【1～2年级】

♩ 聆听儿童歌曲,聆听音乐形象鲜明、结构较为简短的进行曲、舞曲及其他体裁的音乐段落。

♩ 能够通过模唱、打击乐器对所听音乐做出反应。能够随着进行曲、舞曲音乐走步、跳舞。

【3～6年级】

♩ 聆听少年儿童歌曲和颂歌、抒情歌曲、叙事歌曲、艺术歌曲、格调健康的流行歌曲等各种体裁和类别的歌曲,能够随着歌曲轻声哼唱或默唱。

♪ 聆听不同体裁和类别的小型器乐曲,能够随着乐声哼唱短小的音乐主题或主题片段,能够通过律动或打击乐对所听音乐做出反应。

♪ 能够初步分辨小型的音乐体裁与形式。聆听音乐主题并说出曲名。

【7～9年级】

♪ 聆听大合唱、组歌、室内乐、协奏曲、交响曲、歌剧、音乐剧、舞剧音乐及其他体裁的歌曲和乐曲,能够随着乐声哼唱音乐主题,并能运用适当的形式对所听音乐做出反应。

♪ 通过欣赏音乐分辨不同的体裁与形式。聆听音乐主题并说出曲名和作者。

♪ 结合所听音乐,了解音乐体裁与形式在音乐表现中的作用。

(四)音乐风格与流派

【1～2年级】

♪ 聆听不同国家、地区、民族的儿歌、童谣及小型器乐曲或乐曲片段,初步感受其不同的风格。

【3～6年级】

♪ 聆听中国民族民间音乐,了解有代表性的地区和民族的民歌、民间歌舞、民间器乐曲和以京剧为代表的中国戏曲及曲艺音乐,体验其不同的风格。

♪ 聆听世界部分国家的民族民间音乐,感受不同的音乐风格。

【7～9年级】

♪ 聆听中国民族民间音乐,简单描述其不同的地域特点或民族风格,能够说出戏曲、曲艺的主要种类和代表人物。

♪ 聆听世界部分国家的民族民间音乐,能够对其风格特点进行简单描述。

♪ 聆听世界不同国家的优秀音乐作品,能够说出主要音乐流派的代表人物。

二、表　　现

表现是学习音乐的基础性内容,是培养学生音乐审美能力的重要途径。教学中应注意培养学生自信地演唱、演奏的能力,综合性艺术表演能力,以及在发展音乐听觉基础上的读谱能力。通过音乐实践活动促进学生能够用音乐的形式表达个人的情感并与他人沟通、融洽感情。

(一)演唱

【1～2年级】

♪ 学唱儿歌、童谣及其他短小歌曲,参与演唱活动。

♪ 能够用正确的姿势、自然的声音,有表情地独唱或参与齐唱。

♪ 能够对指挥动作做出反应。

♪ 能够采用不同的力度、速度表现歌曲的情绪。

♭ 每学年能够背唱歌曲 4~6 首(其中中国民歌 1~2 首)。

【3~6 年级】

♭ 乐于参与各种演唱活动。

♭ 能够用正确的演唱姿势和呼吸方法唱歌,培养良好的唱歌习惯。

♭ 能够用自然的声音、准确的节奏和音调,有表情地独唱或参与齐唱、轮唱、合唱,并能对指挥动作做出恰当的反应。

♭ 了解变声期嗓音保护的知识,初步懂得嗓音保护的方法。

♭ 能够对自己和他人的演唱做简单评价。

♭ 每学年应能背唱歌曲 4~6 首(其中中国民歌 1~2 首),学唱京剧或地方戏曲唱腔片段。

【7~9 年级】

♭ 能够主动地参与各种演唱活动,养成良好的唱歌习惯。

♭ 能够自信地、有感情地演唱歌曲。在合唱中积累演唱经验,进一步感受合唱的艺术魅力。学习基本的指挥图示,能对指挥的起、止、表情等做出正确的反应。

♭ 学习变声期嗓音保护的知识,懂得嗓音保护的方法。

♭ 能够简单分析歌曲的特点与风格,表现歌曲的音乐情绪与意境。能够对自己、他人或集体的演唱作简单评价。

♭ 每学年能够背唱歌曲 2~4 首(其中中国民歌 1 首),学唱京剧或地方戏曲唱腔 1 段。

(二) 演奏

【1~2 年级】

♭ 学习常见的课堂打击乐器,参与演奏活动。

♭ 能够用打击乐器或其他声音材料合奏或为歌曲伴奏。

【3~6 年级】

♭ 乐于参与各种演奏活动。

♭ 学习竖笛、口琴、口风琴或其他课堂乐器的演奏方法,参与歌曲、乐曲的表现。

♭ 培养良好的演奏习惯。能够对自己和他人的演奏做简单评价。

♭ 每学年能够演奏乐曲 1~2 首。

【7~9 年级】

♭ 能够主动地参与各种演奏活动,养成良好的演奏习惯。

♭ 能够选择某种乐器,运用适当的演奏方法表现乐曲的情绪,力求用优美的音色进行演奏。

♭ 能够对自己、他人或集体的演奏做简单评价。

♭ 每学年能够演奏乐曲 2~3 首。

(三）综合性艺术表演

【1～2年级】

♪ 能够参与综合性艺术表演活动。

♪ 能够配合歌曲、乐曲用身体做动作。

♪ 能够与他人合作,进行律动、集体舞、音乐游戏、儿童歌舞表演等活动。

【3～6年级】

♪ 能够主动地参与综合性艺术表演活动。

♪ 在有情节的音乐表演活动中(如儿童歌舞剧)担当一个角色。

♪ 能够对自己和他人的表演做简单评价。

【7～9年级】

♪ 能够自信地、有表情地参与综合性艺术表演活动。

♪ 能够结合所学的歌曲、乐曲创设简单的表演情境或做形体动作。

♪ 学习表演简单的歌剧、音乐剧、京剧或其他戏曲、曲艺片段,并能对自己与他人的表演做出评价。

(四）识读乐谱

【1～2年级】

♪ 认识简单的节奏符号,能够用声音、语言、身体动作表现简单的节奏。

♪ 能够用唱名模唱简单乐谱。

【3～6年级】

♪ 结合所学歌曲认识音名、音符、休止符及一些常用的音乐记号。

♪ 能够跟随琴声视唱简单乐谱,具有初步的识谱能力。

【7～9年级】

♪ 能够跟随琴声或录音视唱乐谱。

♪ 具备识谱能力,能够比较顺畅地识读乐谱。

三、创　　造

创造是发挥学生想象力和思维潜能的音乐学习领域,是学生进行音乐创作实践和发掘创造性思维能力的过程和手段,对于培养创新人才具有十分重要的意义。音乐创造包括两类学习内容:一是以开发学生潜能为目的的即兴音乐编创活动;二是运用音乐材料进行音乐创作尝试与练习。

(一）探索音响与音乐

【1～2年级】

♪ 能够运用人声、乐器声模仿自然界或生活中的声音。

♮ 能够用打击乐器或寻找发声材料探索声音的强弱、长短和音色。

【3～6年级】

♮ 能够运用人声、乐器声及其他声音材料表现自然界或生活中的声音。

♮ 能够在教师指导下自制简易乐器。

【7～9年级】

♮ 能够运用人声、乐器声或其他声音材料表现一定的情境。

♮ 能够对自己或他人的声音探索活动做出评价。

(二) 即兴编创

【1～2年级】

♮ 能够将儿歌、诗词短句用不同的节奏、速度、力度等加以表现。

♮ 能够在唱歌或聆听音乐时即兴地做动作。

♮ 能够用课堂乐器或其他声音材料即兴配合音乐故事和音乐游戏。

【3～6年级】

♮ 能够即兴编创同歌曲情绪一致的律动或舞蹈,并参与表演。

♮ 能够以各种声音材料及不同的音乐表现形式,即兴编创音乐故事、音乐游戏并参与表演。

【7～9年级】

♮ 能够即兴编唱生活短语或诗词短句。

♮ 能够依据歌曲、乐曲的内容及情绪,进行即兴编创表演活动。

(三) 创作实践

【1～2年级】

♮ 能够运用线条、色块、图形,记录感受到的音乐。

♮ 能够运用人声、乐器或其他声音材料,在教师指导下编创1～2小节的节奏音型。

【3～6年级】

♮ 能够在教师指导下,尝试运用图谱或乐谱记录声音和音乐。

♮ 能够利用教师或教材提供的材料和方法,独立地或与他人合作编创2～4小节的节奏或旋律。

【7～9年级】

♮ 能够利用教师或教材提供的材料和方法,独立地或与他人合作编创4～8小节的旋律短句或短曲,并能用乐谱记录下来。

♮ 尝试用电脑编创音乐(有条件的地区适用)。

四、音乐与相关文化

音乐与相关文化是音乐课人文学科属性的集中体现,是直接增进学生文化素养的学习领域,有助于扩大学生音乐文化视野,促进学生对音乐的体验与感受,提高学生音乐欣赏、表现、创造以及艺术审美的能力。这一教学内容虽然在某些方面有自己的相对独立性,但在更多的情况下,又蕴含在音乐欣赏、表现和创造活动之中。因此,这一领域教学目标的实现,应通过具体的音乐作品和生动的音乐实践活动来完成。

(一) 音乐与社会生活

【1～2年级】

♪ 感受生活中的音乐,乐于与他人共同参与音乐活动。

♪ 能够通过广播、影视、网络、磁带、CD等传播媒体听赏音乐。

♪ 能够参加社区或乡村的音乐活动。

【3～6年级】

♪ 关注日常生活中的音乐。

♪ 喜欢从广播、影视、网络、磁带、CD等传播媒体中收集音乐材料,并经常听赏。

♪ 主动参加社区或乡村音乐活动,并能同他人进行音乐交流。

【7～9年级】

♪ 养成关注音乐的习惯,能够用实例说明音乐在社会生活中的作用。

♪ 喜欢并能够从传播媒体或现场演出中聆听音乐,能够搜集和积累音乐信息,愿与同学交换所搜集到的音乐材料,交流音乐感受。

♪ 乐于参加社区或乡村的音乐活动,并能做出自己的评价。

(二) 音乐与姊妹艺术

【1～2年级】

♪ 能够用简单的形体动作配合音乐节奏。

♪ 能够用简明的表演动作表现音乐情绪。

♪ 能够用色彩或线条表现对音乐的不同感受。

【3～6年级】

♪ 观赏戏剧和舞蹈,初步认识音乐在其中的作用。

♪ 能够结合所熟悉的影视片,初步感受音乐在其中的作用。

【7～9年级】

♪ 通过艺术作品,能够简单比较听觉艺术与视觉艺术在表现材料和表现特点方面的相同与不同。

♪ 能够结合所熟悉的影视片,表述对某些背景音乐或主题音乐的认识。

♪ 能够运用综合艺术表现手段,与他人合作进行班级文艺活动的创意与设计。

（三）音乐与艺术之外的其他学科

【1～2年级】

♩ 列举声音与日常生活现象及自然现象的联系。

♩ 用不同节奏、节拍、情绪的音乐配合简单的韵律操动作。

【3～6年级】

♩ 选用合适的背景音乐，为儿歌、童话故事或诗朗诵配乐。

♩ 说出某些不同历史时期、不同地域和国家的代表性音乐作品。

【7～9年级】

♩ 能够简单表述音乐对于情绪的影响，并能运用合适的音乐进行自我调节。

♩ 理解声音艺术与语言艺术的关系，能够恰当地选用音乐，烘托诗词、散文的意境。

♩ 加深对音乐作品的理解，说出中国和世界部分国家的代表性歌曲或乐曲及相关的风土人情。

第四部分　实施建议

一、教学建议

为保证本标准的实施,教师要深入领会课程的基本理念,以音乐为本,以学生为本,全面实现课程价值和课程目标。

(一)教学中应注意的几个问题

1. 遵循听觉艺术的感知规律,突出音乐学科的特点

音乐是听觉艺术,听觉体验是学习音乐的基础。发展学生的音乐听觉应贯穿于音乐教学的全部活动中。

教师要引导学生喜爱音乐,加深对音乐的理解,充分挖掘作品所蕴含的音乐美,用自己对音乐的感悟激起学生的情感共鸣;要不断提高音乐教学技能,用自己的歌声、琴声、语言和动作,将音乐的美传达给学生;要善于运用生动活泼的形式进行教学,并将思想品德教育内容寓于音乐实践活动之中,让学生在艺术的氛围中获得审美的愉悦,做到以美感人、以美育人。

以音乐审美为核心是中小学音乐教育最基本的理念,应渗透在各个不同的教学领域中。通过音乐感受与欣赏、表现、创造及音乐与相关文化的学习,培养学生的审美感知,丰富审美情感,发展审美想象,深化审美理解,有效地提高学生的音乐审美能力。

2. 重视教学目标的设计与整合

应重视课堂教学目标的设计,并紧密围绕目标来展开音乐教学活动。教学形式的选择应服从于教学目标,无论采用何种教学方法与手段,都应具有明确的针对性和目的性。

音乐教学目标的设计应体现三个维度的整合及有机联系,重视情感、态度与价值观的正确导向,注意过程与方法的教学体现,同时应明确知识与技能的目标达成。

3. 注意音乐教学各领域之间的有机联系

本标准设定的四个音乐教学领域是一个相互联系、相互渗透的整体。教师应全面理解和掌握音乐教学各领域的内容要求及其相互联系,并在教学中将其融合成有机整体,全面提高学生的音乐素养。

例如"感受与欣赏"即包括有"音乐与相关文化",音乐表现的过程同时也是音乐感受和培养、展示创造力的过程。音乐感受与欣赏能力的提高,可以丰富音乐的表现,促进音乐创造力的发展。同理,"音乐与相关文化"也只有在音乐欣赏、表现和创造活动中才能真正得以理解和体现。

4. 正确处理教学中的各种关系

重视教学设计的预设功能,重视教学过程的生成意义;关注教案文本的价值取向,关注课堂环境、资源的客观变化;强调教学过程的学生参与,也应有必要的教师传授;提倡探究式学习方法,也应当有适当的接

受性学习;倡导合作学习,也要注重发挥个体学习的特点与优势。

学生是教学活动的主体,应充分发挥学生学习的主动性。教师作为教学的组织者和指导者,是沟通学生与音乐的桥梁。在教学过程中建立民主、平等的师生关系,突出学生在教学中的主体地位和教师在教学中的主导作用,加强教学过程中的师生互动交流。

5．积极引导学生进行音乐实践活动

在教学中,要积极引导学生参与聆听、演唱、演奏、编创以及综合性艺术表演等实践活动,多听音乐,多唱歌,多演奏乐器,多接触乐谱,不断积累音乐实践经验;并有效利用音乐教科书、音响音像资料及网络资源等,培养学生乐于思考、勤于实践的意识和习惯,有效提升学生的音乐实践能力。

6．合理运用现代教育技术手段

以信息技术为代表的现代教育技术扩展了音乐教学的容量,丰富了教学手段和教学资源,在音乐教育中有着广阔的应用前景。音乐教师应合理利用现代教育技术视听结合、声像一体、资源丰富等优点,为教学服务。要加强对学生在影视、广播、网络上学习音乐的指导。善于利用现代远程教育中的音乐课程资源进行教学,努力提高教学质量。

7．因地制宜地实施本标准

我国是幅员辽阔、人口众多的多民族国家,各地区、各民族和城乡之间存在差别。各学校和教师应结合本地、本民族和本校的具体情况,充分利用当地的课程资源,营造良好的校内外音乐环境,丰富具有区域文化和民族文化特色的教学内容,因地制宜地把握各教学领域课程内容的弹性尺度。

(二)关于教学内容的几点提示

1．感受与欣赏

这一部分内容的教学应注意以音乐为本,从音响出发,以听赏为主。教师的讲解、提示,力求简明、生动,富有启发性。应采用多种形式引导学生积极参与音乐体验,引发他们的联想和想象。要尊重学生的独立感受与见解,鼓励学生勇于表述自己的审美体验,以利于激发学生听赏音乐的兴趣,逐步养成聆听音乐的良好习惯,积累感受与欣赏音乐的经验。

2．演唱

演唱歌曲是中小学音乐教学的基本内容,也是学生最易于接受和乐于参与的表现形式。要重视课程内容中对演唱姿势、呼吸方法、节奏和音准等方面的要求。演唱技能的练习,应结合演唱实践活动进行。创设与歌曲表现内容相适应的教学情境,激发学生富有情感地演唱。注意变声期的嗓音保护,避免喊唱。

要更加重视并着力加强合唱教学,使学生感受多声部音乐的丰富表现力,尽早积累与他人合作演唱的经验,培养集体意识及协调、合作能力。合唱教学可从轮唱开始,逐步过渡到其他多声部合唱形式。

唱歌教学要注意调动每一个学生参与的积极性,培养其演唱的自信心,使他们在演唱表现中享受到美的愉悦,受到美的熏陶。

3. 演奏

器乐演奏对于激发学生学习音乐的兴趣,提高对音乐的理解、表达和创造能力有着十分重要的作用。器乐教学应与唱歌、欣赏、创造等教学内容密切结合。例如,可用乐器为演唱伴奏,演奏欣赏曲的主题音调等。可采用各种演奏形式,以学生普遍学习的乐器合奏为主,鼓励学生从实际条件和各自的兴趣爱好出发,在普遍参与中发展自己的特长。

课堂乐器应使用易于学习、易于演奏、便于集体教学的乐器。课堂教学中使用的吹奏乐器必须符合卫生标准,音质纯正,音高准确。注意避免过大音量和噪音对学生听力和健康的损害。可因地制宜地选择学习本地区、本民族适宜中小学课堂教学的乐器。鼓励和引导学生自制乐器。

4. 识读乐谱

乐谱是记载音乐的符号,是学习音乐的基本工具。要求学生具有一定的识谱能力,有利于参与音乐欣赏、音乐表演和音乐创作等实践活动。识谱要和演唱、演奏、创造、欣赏等教学内容密切结合,要以音乐为载体,在学生感性积累和认知的基础上进行。可以通过学生熟悉的歌曲或乐曲识读乐谱,也可以借助乐器演奏来学习。

简谱和五线谱是我国现行的两种主要乐谱形式,各地、各校在教学中可根据实际情况自行选择。五线谱教学建议采用首调唱名法。

5. 创造

教师应将学生创造力的培养,贯穿于不同的教学领域。音乐教学的各种实践活动,提供了开发学生创造性潜能的空间。不同的学生聆听同一首乐曲,可能会产生不同的理解;演唱同一首歌曲,可能会有多种处理方式;完成同一个练习,可能会有多种途径或不同答案。应重视音乐实践中的创造过程,充分发挥学生的想象力和创造力,不要用"标准答案"或"统一模式"束缚学生。

二、评 价 建 议

音乐课程评价应充分体现全面推进素质教育的精神,贯彻本标准所阐述的课程理念,着眼于评价的诊断、激励与改善的功能。科学的课程评价,有利于学生了解自己的进步,增强学习的信心和动力,促进课程教学质量的不断提高。

(一) 评价内容

对学生的评价是课程评价的主要方面,应以本标准中各教学领域的课程内容为基本依据,全面考察课程内容所涉及的情感态度与价值观、过程与方法、知识与技能方面的要求。如学生对音乐的兴趣爱好与情感反应,学生在音乐实践活动中的参与态度、参与程度、合作愿望及协调能力,音乐学习的方法与成效,音乐的体验与感受能力,音乐的表现与编创能力,对音乐与相关文化的认识、理解,审美情趣的形成以及掌握知识、技能的实际水平等。

(二) 评价的方式与方法

1. 形成性评价与终结性评价相结合

形成性评价是对学生在学习过程中的情感、态度、方法、知识、技能发展变化的评价，在日常教学中可采用观察、谈话、提问、讨论、演唱、演奏等方式进行。终结性评价是对学生阶段性学习结果的评价，在学期、学年末进行，主要采用聆听、演唱、演奏、综合性艺术表演等方式。

2. 定性述评与定量测评相结合

定性述评是一种描述性的质的评价。主要适用于学生在音乐学习中情感态度与价值观、过程与方法，以及知识与技能维度，难以具体量化的一些内容。如对音乐的兴趣爱好、情感反应，对实践活动的参与及与他人的合作交流，音乐的听赏感知，集体合作完成的演唱演奏及编创活动等，可以用较为准确的评述性文字进行定性评价。

定量测评是对不同教学领域课程内容中的水平要求进行的量化评价。如对音乐表现要素认知和掌握程度，对音乐体裁形式、风格流派的分辨，聆听音乐主题说出曲名，背唱歌曲及演奏乐曲的数量，识读乐谱的程度等，皆可做定量测评。

3. 自评、互评及他评相结合

学生的自评以描述性评价为主，重点应放在自我发展的纵向比较上，可运用"音乐成长记录册"形式记载学生的自评，从不同阶段的回顾和比较中看到自己的进步。同学间的互评可采用分组演唱或演奏会、音乐才艺或创意展示等形式，在观摩交流中相互点评。教师对学生在不同学习阶段"音乐成长记录册"上的评语，以及通过音乐聆听分辨、现场演唱演奏等形式所作的评价，是进行他评可以选用的有效形式。

"班级音乐会"是音乐课程特有的一种生动活泼的评价方式，能充分体现音乐课程的特点和课程评价的民主性，营造和谐、团结的评价氛围。通过"班级音乐会"或其他活动，展示学生的演唱、演奏、音乐作品、音乐小评论、演出照片、录音录像等，达到相互交流和相互激励的目的。

以上各种形式的评价，都应该既充分肯定学生的进步和成绩，又要找出学生在学习中的问题和不足及改进方法，以利于促进学生的发展。

三、教材编写建议

编写教材应以本标准为依据。音乐教材包括学生用教科书和与之相匹配的音响、音像教材以及教师用教学参考资料。

(一) 教材编写原则

1. 学生为本原则

从学生的兴趣、能力和需要出发，结合学生的生活经验，遵循学生的生理、心理及审美认知规律，以学习为中心，提供感受音乐、表现音乐、创造音乐及学习音乐文化知识的机会，为学生终身学习音乐及提高音乐审美素质奠定基础。

2．教育性原则

教材应将思想性与艺术性有机地结合，体现音乐教育的规律，渗透思想品德教育。

3．科学性原则

注意音乐知识、技能的准确性、严谨性；符合学生音乐学习的认知规律。

4．实践性原则

教材应重视实践活动的设计。教材的难度、分量要适应多数地区的音乐教育水平，以利于全体学生参与实践活动。

5．综合性原则

教材要注意发掘音乐文化的内涵，加强音乐文化与姊妹艺术及其他相关文化的联系。

6．开放性原则

正确处理传统与现代、中华音乐文化与世界多元文化的关系，注意吸收具有时代感、富有现代气息的优秀作品，密切联系社会生活，丰富教材内容，开阔学生的音乐视野。

（二）教材内容编写建议

1．在教材所选曲目中，传统音乐、专业创作的经典作品、优秀的新作品等均应占有一定比例。中外作品的比例要适当。选择教材要有利于欣赏、演唱、演奏、创造性活动等内容的综合运用，使音乐与相关文化相互渗透。

2．音乐基础知识和基本技能的教学内容应与音乐审美有机结合。音响教材应包括歌曲示范演唱、歌曲伴奏、欣赏曲、实践范例及供教师选用的一定数量的备用曲目。

3．所选教材的难度、分量要适度。

4．教师用参考书应包括教学目标、教材分析、教学建议及有关参考书目等。编写内容既要有利于教学的规范性，也要有利于发挥教师的主动性和创造性。

（三）教材呈现形式的建议

1．学生用教科书要图文并茂、生动活泼；文字要简明、富有趣味性和可读性。

2．教师用参考资料除了文字表述的教师用书之外，提倡开发多媒体教学辅助软件。

3．音响、音像教材要紧密配合教科书的内容，运用多种载体（如录音带、录像带、CD、VCD、MP3、MP4等）呈现。演唱、演奏与录音效果要具有良好品质。

四、课程资源开发与利用建议

1．本标准和据此编写的教材是音乐课程最重要的基本资源。学校应组织教师认真学习本标准，选择经国家教育主管部门审查通过的教材（包括学生用教科书，音响、音像教材及教师用参考书），依据本标准和教材精心地、创造性地实施音乐教学。

2. 地方和学校应结合当地人文地理环境和民族文化传统，开发具有地区、民族和学校特色的音乐课程资源。要善于将本地区民族民间音乐(尤其是非物质文化遗产中的音乐项目)运用到音乐课程中来，使学生从小受到民族音乐文化熏陶，树立传承民族音乐文化的意识。

3. 音乐教学设施是实现课程目标的保证。应按不同学段的教学需要，配置音乐专用教室、专用设备和实施集体演奏教学所需的课堂乐器，如钢琴、风琴、手风琴、电子琴、音像器材、常用的打击乐器、民族乐器、西洋乐器及多媒体教学设备等。

学校图书馆及教研组应购置音乐书籍、杂志、音像资料等，供教师备课、进修和研究使用；学校的学生阅览室也应配备音乐读物、杂志和音像资料，供学生收集、查阅资料使用。

4. 学校的广播站、电视台、网站是音乐教育的重要资源之一，要配合课堂教学，播放健康向上的音乐，拓宽学生的音乐文化视野，形成良好的校园文化氛围。应重视家庭和包括网络在内的社会音乐资源对学生音乐爱好、审美情趣的影响。为此，一方面要对学生健康向上的音乐文化生活进行积极引导；另一方面要防止低俗、不健康的负面信息对学生的消极影响。

5. 学生课外艺术活动是音乐课程资源的重要组成部分，音乐教师有责任协助学校组织学生课余艺术社团，利用各种节日、纪念日、少先队及共青团活动日，组织歌咏比赛、文艺汇演、师生音乐会或音乐讲座等，引导学生弘扬民族精神，增进集体意识，提高道德素养。学校要将此类活动纳入工作计划，计入教师工作量，并在场地、设备、经费等方面提供支持和保证。

6. 各种形式的音乐和音乐教学交流活动(包括教师培训)能有效地促进课程资源和信息的沟通。学校要支持教师参与这些活动，同时应积极开发和利用现代信息技术(如网络)丰富课程资源。

附录二：美国《艺术教育国家标准》(节选)

绪论　人类自我的发现

　　艺术是人类有史以来不可分割的组成部分。自从游牧民族祭奠祖先的原始歌舞、猎手在石窟墙壁留下的原始猎物绘画以及成人为儿童编演的原始英雄史诗以来，艺术始终描述、界定并深化着人类的经验。全世界各个民族都有一种追求意义的永恒需求——追求空间与时间、经验与事件、身体与灵魂以及智慧与感情之间的联系。一个没有艺术的社会和民族是不可想象的。正如没有空气便没有呼吸，没有艺术的社会和民族无法生存。

　　艺术是体现人性渊源的最深长河之一，它连接着人类的世代传承。新生一代在人生追求中，总会在艺术中寻觅前人留下的永恒问题的答案：人的本质是什么？人类的宗旨是什么？人类的出路在哪里？同时，艺术往往是时代变迁的动力，它以新颖的视角向旧的观念发起挑战，或者对人们熟悉的观念做出独创的阐释。艺术学科有其自身的思维方式和思维习惯。各门艺术学科之间差异之遥远，足以同生物学与哲学之间的差异相比拟。从另一层意义上看，艺术是社会对其本身的馈赠。它给人们的记忆里留下希望，激发着人们的勇气，丰富着各类庆典、礼仪，使人们勇于承受悲伤。艺术又是一种使人们愉快和轻松的独特的源泉。它为人们提供发现过程中的"Aha"，促使我们用新的方式看待自己，在更深的层次把握对事物的领悟，发现并更新着我们的想象。艺术在人类的世世代代中一直占据着优先的地位，这正是由于它善于联结人类，使我们更好地体会意义深远之事物。

　　艺术，深深地植根于我们的日常生活。艺术在生活中存在之深、存在之微妙，使我们往往意识不到它的存在。一位办公室管理人员可能从不习画，从不光顾博物馆，但是，在为厅室购置一幅美术作品时，他却会细致地表露出对作品艺术性的评鉴；一位母亲可能从未参加过合唱表演，但是她也会用温存的歌声陪伴婴儿入睡；不懂戏剧的青少年可以为电视剧的情节所感动；没有上过芭蕾课的夫妻却可以热衷于方舞。在我们的生活中，艺术无处不在。它深化着生活，丰富着环境，改造着我们的生活经验。另外，艺术还是一种强大的经济力量。从时装到每种产品的创意和设计，从建筑到表演业和娱乐业，艺术已经成为身价亿万的产业。没有艺术，我们就无法生活——我们也绝不愿意过着没有艺术的生活。

　　出于上述及更多难以计数的原因，艺术成为人类旅程中不可分离的组成部分。艺术，使人得以充实和完美，使人懂得珍惜艺术本身的价值。正因如此，我们坚信，懂得和实践艺术是我们儿童的思维和心灵健康发展的基础。正因如此，在包括我们自己在内的任何一种文明中，艺术与"教育"一词的根本含义是密不可分的。长期的经验告诉我们，缺乏基本的艺术知识和技能的教育绝不能称为真正的教育。

　　如果我们的文明要保持长久的动力和养分，它最终要依赖于我们儿童能力发展的程度。这不仅意味着他们能在这个庞杂的世界中求得生计,更重要的是他们能够过上有意义的、丰富的生活。本文件所持的观点断言,一个有价值的未来,有赖于对生机勃勃的艺术社会的建设。要实现这一点,除了通过正规的教育,别无其他选择。

《标准》明确了,我们的儿童必须知道和能够做什么。《标准》坚持认为,那种与艺术仅仅是一面之交的水平,不可能维持我们的儿童对艺术的兴趣和参与。《标准》必须把一代新人引向参与艺术的道路,沿着这条道路走向终身的艺术学习和发展。在这条道路上,我们的儿童将发现他们个人的方向,并做出他们独特的贡献。在这条道路上,他们将发现人类自身的奥秘和人类的前景。

艺术教育的益处

《标准》用可操作的术语,对艺术在我们的年轻一代和我们国家的完美教育中的价值和重要性做出了尝试性描述。艺术的益处,一在学生,二在社会。

它有益于学生,因为它能够培养完整的人,在发展直觉、推理、想象、技巧以及表达和交流的独特形式和过程中,逐渐形成丰厚的文化修养。这种过程不仅需要灵活的大脑,而且要求训练有素的思维。艺术教育还有助于学生激发多种感知和思维方式。由于儿童教育在早期重在语言和数学技能的获得,儿童逐渐无意识地学会,"正常的"思维方式只能是线性的和序列的,理解的路径只能是从始到终,从因至果。在这种占统治地位的早期教育模式作用下,学生学会的主要是对那些符号体系的信仰。这些符号是词语、数字和抽象概念。这样,一个在经验中发展成长的人却与其实际经验生硬地割裂开来。而艺术教育则不然。有时,艺术行走的也是与上述相似的道路。不过,在更多的情形下,它们是以另一种位置为起点的。艺术培养的是直接的感觉经验,知识的合理来源在艺术看来是非冥想的闪念和顿悟。艺术的目标,旨在直接联系人与经验,架起词语和非词语之间以及严密逻辑和情感之间的桥梁,以便更完美地理解整个世界。这两种方式都是有力的和必需的,否认其中的任何一种学习都会导致学生的无能。

艺术教育还有益于社会,因为学生学习艺术能够获得有力的工具。它有助于:

① 理解人类的古今经验;

② 学会借鉴、尊重其他人(往往是很不同)的思维方式、工作方式和表达方式;

③ 学会解决问题的艺术方式,为各种人类的环境提供表达、分析和发展的工具(例如人们常说的教学"艺术",政治"艺术"等);

④ 理解艺术的影响,例如,艺术在形成和反映各种文化中的力量,对我们日常生活中实际上所有方面的影响,以及艺术对更广范围中观念和行为的作用;

⑤ 在没有标准答案的情境中做出决策;

⑥ 分析非词语的交流,并对有关文化的产物和问题做出有见识的判断;

⑦ 用各种方式交流他们的思想和感情,有力地增强自我表达的内涵。

在充满令人困惑的信息的世界里,艺术教育还有助于年轻人探索、理解、接受和运用模糊性和主观性的事物。如同生活,艺术中往往不存在明确的或"正确"的答案,而这一点正是艺术追求的价值所在。(例如:"这幅画中树的绿色是否应该再暗一些?")同时,艺术为学习注入激情。学习和能力是相互强化的:学生渐浓的学习兴趣为他们的认知增添新的维度,强化和提高他们对学习的期待。而学习的欢乐则成为可触及的和强有力的现实。

或许,更重要的是艺术内部的本质价值,其学习价值在于艺术本身,即其他学科和途径所不能提供的益处。例如,阅读席勒的《欢乐颂》是一种审美的认识,而聆听贝多芬《第九交响曲》中辉煌的合唱,则是全然不同的一种审美体验。由于这些经验开启着美的超然维度,在教育中,艺术有着不可替代的地位和作用。它是连接世间难以描述的和蕴含情感深刻的各种事物的桥梁。用最简单的话说:没有艺术的教育是不完整的教育。

艺术对教育的贡献还超出其内部的价值。因为每一门艺术学科通过不同的媒体诉诸不同的感官,实现其表现,所以,每一门艺术学科都以其特殊的方式丰富着学习的环境。艺术教育有助于学生识别、欣赏和参与他们自己社区中传统的艺术形式。学生在想象、创造和反应的过程中,发展着受教育过程中必需的词语和非词语的能力。同时,艺术对学生在智力上的要求,有助于他们发展解决问题的能力和诸如分析、综合和评价的技能。另外,大量研究表明,在充分的艺术教育与学生其他学科成绩及标准化测验之间,存在着稳定的正相关。在综合的、目的明确的艺术教育方案中,学生的艺术参与过程有助于发展他们的自尊、自律、合作、动机和自我激励,这些品质是生活中取得成功所必需的。

艺术教育是为全体学生的

全体学生,不论其背景、天赋如何或残疾与否,都有权享受艺术教育及其提供的丰富内容。在一个科技日益先进、感官信息日趋复杂的环境中,对这类刺激的感知、阐释、理解和评价的能力便成为关键。艺术有助于全体学生发展理解和辨别这种充满形象与符号的世界的多种潜力。尤其要指出的是,在艺术方面无能的学生被剥夺在艺术中的受益,而这一点往往是由于他们被艺术教育方案拒之门外造成的。相反,学习艺术的学生则在艺术中获益匪浅。诚如许多教师所证实,艺术可以是接近、激励和教导学生的强有力的渠道,有时是最好的渠道。同时,为了全体学生的成功,也必须保证每个学生的学习资源和学习条件。这样,在课程的任何领域,艺术教育质量在很大程度上有赖于保证学生的学习条件和资源。

就上述而论,那种艺术教育仅仅是面向少数"天才"而不是为"普通学生"或残疾学生的观念是极为有害的。那些把艺术降格为多数人的被动经验,缺乏"真正天才"的大多数人没有资格学习绘画、乐器、舞蹈或戏剧之类的观念也纯属误导。显然,学生在各种艺术中有能力倾向和能力的差异,但是,差异不等于没有资格。这里举一类比:我们对所有的学生在数学能力上抱有极高的期望,因为数学知识对改造和促进我们的社会、经济和文明是关键的。然而,绝对无人赞成只有具备足够数学"天才"的人才应该学习乘除法或代数。同理,在每个人的基础教育中,天分绝不应该成为决定艺术的位置或价值的因素。

艺术是生活和学习的重要组成部分

如果艺术教育要实现其应有的功能,每个学生就必须理解诸如以下问题:什么是艺术?艺术家如何工作,他们运用什么工具?传统的、通俗的和古典的艺术形式是怎样互相影响的?艺术对自己、对社会的重要性何在?在寻找这些答案的过程中,学生逐步理解每门艺术的本质,并赋予每门艺术生命力的知识和技能。《标准》的内容以及这些内容之间的联系特别注重于这种深远理解的形成。当然,实现《标准》并不可能也不应该意味着每个学生都获得一种共同的艺术价值体系。学生的艺术价值观的形成最终还是要靠学生自己。《标准》所能做的,是为教育者提供一种积极的和实在的框架,它有助于使年轻一代认识到,作为一种共享文化中的一员和参与者,艺术对他们有什么价值,艺术怎样实现这些价值。

下述有关艺术价值的论断,只有在《标准》、学生和教师形成真正的合力时方能实现。《标准》对艺术所抱的这些期待,要求在艺术、学生生活和整个世界之间寻求广义的联系。

艺术具有两类价值——内在价值和工具性价值。艺术可以被用来实现多种宗旨(例如:展示问题、表达观念、教育、追求、娱乐、设计、计划和美化等)。

艺术在创造文化和建设文明中扮演着一种极有价值的角色。每门艺术对文化、社会和人的生活做出各自独特的贡献,这些艺术学科的联合更能产生其中任何一门艺术都不能单独产生的作用。

艺术是求知的一种方式。学生在学习艺术的过程中发展着他们理解和欣赏周围世界的能力,在创造舞蹈、音乐、戏剧作品和视觉艺术品的同时,他们学会如何进行自我表达,如何与他人进行交流。

艺术具备日常生活中的价值和意义。不论是在职业的情境中,还是在非职业的或娱乐性的情境中,艺术使个体达到自我实现。

对艺术的终身参与是完整的生活的一个有价值的部分,应该提倡人的这种素养。

欣赏艺术意味着理解各种职业之间的相互关系和作用,意味着理解艺术的创作、表演、研究、教学、展示和赞助工作中的各种角色,以及对这些工作的性质的理解和赞赏。

领悟民间艺术以及民间艺术对其他艺术的影响,能够加深学生对自己的民族和社会的尊重。

对艺术的开放意识,对艺术劳动的尊重以及对艺术的思考,是作为观众参与艺术时的应具备良好态度,它能够加强学生对艺术的欣赏,应该使之得到发展。

艺术是探究自由和表现自由所必需的。

由于艺术往往向学生提出挑战性的学习情境,学生在艺术中面临的问题常常没有标准化答案,因而学习艺术的学生熟悉并善于用多种角度来审视"价值"的意义。

在需要创造性地解决问题的其他学科情境中,艺术学科的思维方式和方法可以用来启迪学生的智慧。

从事和学习艺术所必需的自律、合作精神和坚韧的品格,可以对生活的其他方面产生迁移作用。

艺术提供的非词语交流形式,可以强化观念和情绪的表达。

每一个人都肩负着促进文明的责任,艺术鼓励承担这种责任,并为实现这种责任提供技能和观点。

随着学生对艺术所提出的上述挑战和前景的理解的深化,他们便为国家的文化宝库的贡献做了充分的准备。学生的生活与这些高水准的期待愈接近,我们的文明建设就愈有力度。由此可见,帮助学生实现这些标准,不仅是对我们儿童的未来而且可能是对我们国家和文明的未来的最佳投资之一。

有无标准,有何不同

有无标准,大为不同。艺术教育标准所涉及的,说到底,是整个教育中的两个基本问题——质量和成绩责任制(accountability)。标准有助于保证艺术学习严密的组织,并有助于保证艺术教学的评估具备一种参照点。《标准》在考虑这些问题时,坚持以下几点:

艺术教育不是一件可有可无的事情,而是一种有序的、综合的、包含四门艺术学科的教育事业。确立这种认识,才能保证美国人基本的艺术修养是美国教育的产物。

艺术教学须坚持动手导向。(例如:学生要不断地涉入实践、练习和研究,以保证四门艺术学科所要求的有效的和创造性的参与)。

学生要学习多种文化和历史的艺术遗产。《标准》强调文化和艺术的全球性和普遍性,而不仅仅限于地方性和特殊性。

艺术教育能够形成跨学科的学习。要实现《标准》,必然要求在各门艺术之间以及在艺术与其他学科之间寻求合理的联系。

科技不仅是改造经济的一种力量,而且是推动艺术的动力。艺术能启发学生认识运用科技手段与到达预想目的之间的关系。艺术的心智形成过程恰恰与从科学发现到技术开发的思维过程相仿。

从广义的教育和教学的焦点角度看,学生解决问题能力的发展和高层次思维技能的发展是生活和工作中取得成功所必需的,因而在教学中必须受到严肃的关注。

最后,作为美国艺术教育的第一套国家标准,这些标准给以每个学生为对象的教育评估奠定了基础。

《标准》的上述特征,将把教育质量和成绩责任制推向学生、学校和纳税者应得的水平。《标准》将帮助我们的国家在这个以是否具备不断生产创造性解决问题能力为成败关键的世界中,占据有利的竞争地位。

采纳《标准》的另一副产品是,《标准》的施行实际上意味着,教师和有关人士将能够减少为争取艺术教育地位奔走呼吁所花费的时间,而把更多的时间投入儿童的教育,促进他们的能力和智力的发展以及由此所带来的欢乐。

《标准》的成功实现将包含着其他一些意味。我们展望未来之际,须牢记两点:一旦学生成功地实现了《标准》所提出的水平,《标准》还会把期待提升到更高的程度。同时,即使每门艺术学科实际上将基本保持恒定的水平,科技、新的文化趋势和教育的进步所形成的变迁还会要求《标准》做出变更。

背景和问题

《标准》是教育改革的核心

《2000年目标：美国教育法》通过立法程序，艺术被写进联邦法律。这一法令承认，艺术是一门核心学科，在教育中具有与英语、数学、历史、公民与政治、地理、科学和外语同样重要的地位。该法令第二款论及教育标准问题。按照法令的要求，国家教育标准和改进理事会成立。该会的职责之一是与相应学科的国家级组织合作，编制各学科标准。这个标准遵循三个目标：① 保证标准具备国际竞争力；② 保证标准反映出最高水平的教育科学理论；③ 保证标准的制定具备广泛的基础和公开的认可程序。1992年，全国艺术教育协会联盟在期待教育标准成为这次教育改革立法焦点的同时，成功地从美国教育部、全国艺术基金会和全国人文科学基金会获得一项资助，用于确定全国的学生在艺术学科中应该知道什么和能够做什么。

本文件是在尽可能广泛的范围内征求和协商专家和参与者意见基础上形成的，其过程包括对各州艺术教育文件和各国标准的考察，以及一系列全国性研讨会的研讨、论证。

《标准》提供了决定性的基础

20世纪80年代以来，在以世界级水平的教育为目标的旷日持久的教育改革运动中，艺术成为改革运动的重要伙伴。现在，《标准》成为这项宏伟事业的决定性因素。

在这个工业化世界中，美国几乎是唯一没有国家级课程的国家。不过，国家标准是从不同的角度来实现教育任务的。它们论述的是能力，而不是预定的大纲。需求标准呼声的部分起因，来自这样一个共识：没有某种对教育结果的统一意见，我们对学校教育的好坏就绝不可能有清楚的认识。我们认识到，我们的职责是为我们的儿童提供知识和技能，使他们能够走入社会，具备生产能力，并做出公民应有的贡献。简而言之，我们需要一种明了的和令人信服的说法：这就是"一个学生应该知道和做到什么"。同时，尽管我们的教育管理是松散的，美国人在思想的核心上仍然清楚，我们是一个国家。正因如此，这场教育改革运动从一开始就认识到，我们需要国家目标，为各州和地方的决策提供一种广义的框架。

然而，制定标准的更重要的贡献还在于其本身的制定过程。在构思标准的过程中，我们不得不对我们的信仰及其理由进行一次彻底的思考。这一过程更新着我们对整体教育的兴趣和承诺，以及在所有学科中何为重要的认识。

艺术教育标准的重要性在于两点根本原因。其一，《标准》有助于界定，良好的艺术教育应该提供：艺术学科的理解及运用所要求的基本知识和基本技能体系的透彻而坚实的基础。其二，各州和各学区在采纳这些标准时，这些标准便成为目的明确、描述严谨的证词。这套文件指出："艺术教育意味着，学生应该明确认识标准制定的艺术的学科内容和具体的成就水平，并在他们的教育中在这两者上达到明确界定的水平。"换句话说,这些标准提供了教育在竞争力和效率上的视野。然而,它们不是对所有学校艺术方案的一刀切式的要求。这些标准关注的是,基础教育的结果(以学生的学习为形式)的特征有哪些,而不是怎样产生这些结果。《标准》不提供大纲,但是它们有助于改善较弱的艺术教学和方案,使较强的方案办得更好。

艺术教育标准的表述是广义的。这种表述方式是为了鼓励地方制定课程目标,为课堂教学的灵活性留下余地。这些标准还提出了内容的领域,对学生能力的期待以及学生成就的水平,但不表露对具体的教育哲学、特定的教学方法或美学观点的认同或导向。这些是各州、各地和课堂教师的事务。

《标准》是通往各门艺术学科大门的钥匙

艺术学科中的每一门类,有其自身庞大的学科材料体系——系统的技能、知识和技术。它们为学生提供交流的手段和思维及行动的方式。每门学科还提供着有关世界和人类经验的丰富多彩的观点。它们提供分析的和理论的观点,各具特点的历史,艺术阐释的各种流派,以及各门艺术与所有人类活动之间的无穷联系。在这些人类财富之中,《标准》提出的是进入艺术学科学习的基本要点。当学生取得了《标准》对某艺术学科的内容和成就表述,这就意味着艺术大门的敞开,学生就可以用这一成就作为起点奔向更高的目标。以舞蹈为例,当一个孩子学会运用基本的动作创造一种动作主题并对之做出变形,一种新的创造便可能随之诞生。这时,这个孩子便懂得,把耳朵听到的节奏转换为身体的表现的过程中,其含义是什么。儿童做到这一点,就不仅仅达到了一种标准,而且还学会了一种"新的语法"——身体运动的语法。随着学生能力的成长,他们的学习进程与上行的螺旋式阶梯相仿。在每一水平上,一扇新的大门通往挑战,并回报更强的经验。《标准》在于能够强化这种持续进步和探索的力度,通过这种过程不断地形成更强的能力。当学生达到了这些标准,他们还将学会在解决艺术或智力问题时,对解决问题的多种途径进行选择,而创造性思维没有这种选择能力是不可能发生的。

这些标准不仅仅是舞蹈、音乐、视觉艺术和戏剧王国中开启能力和发现之门的钥匙,它们还是联系艺术与其他课程领域的基础。

《标准》是形成课程相关和综合的关键

《标准》的基本宗旨之一是,艺术学科要为其内部价值而教。此外,《标准》要达到的最重要的目标之一,还要帮助学生在各学科之间形成它们之间的各种联系。为了实现这个目标,每门艺术学科标准反映出不同类型的学习任务。通过这些任务的学习,学生就能够在每一门具体的艺术学科内部,就其学科本身进行充分的探索,并能用这些任务作为构建各门艺术学科的桥梁。最后,将其作为从艺术通向其他学习领域的通道。不过,《标准》并不能自动地形成这些联系。建构和形成这些联系,永远是教学的任务。

各门艺术之间、艺术与其他学科之间的联系,有两种类型。这两种类型之间的界限不应混淆。其一,是"相关"(correlations)。相关指学科之间具体的异同。举一简单例子说明音乐与数学的相关:这两门学科的结构中明显的例证,是计数、距离和恒定的数值。再举一复杂例子来看:我们可以就诸如美学、社会学、历史时期等课题,在两门或更多的艺术形式之间,比较、对照其文本的阐释和分析。其二是"综合"(integration)。它与相关不同。综合不像相关那样把不同的学科并置,进行比较和对照。综合在使用两种或更多学科的资源时,其方法是学科之间的相互强化,并往往表现为多种学科之间的统一。在艺术中,综合的简单例子,可以是视觉效果和词语的结合,以创造一种戏剧性的情绪。更为复杂的情形可举历史为例:1900—1975年美国的戏剧怎样反映出此间美国社会意识的变迁?或,美籍非洲后裔的宗教音乐和世俗音乐对民权运动的贡献如何?

因为艺术在沟通和形成各学科之间的各种联系方面具有其他学科无法相比的优势,所以,艺术的教学能够并且应该利用这一优势,注重各门艺术之间以及艺术与其他学科之间的联系。用这种方法建构学科之间联系的重要意义,在于它有助于学生认识整体、部分及其相互关系。对日本视觉艺术有所了解的高中学生,就能很好地理解德川时代的政治。因为,日本的美术恰好反映着这个国家的核心价值。但是,要注意一个根本点:在学习中,无论是相关、综合还是其他类似的方法,它们的基础首先是各门艺术学科本身的知识和能力。艺术学科本身的知识和能力的教学必须充分、完整、透彻。《标准》对这一点的要求,是最为得力的。

《标准》强调文化多样性的融合

美国的文化,是由来自许多文化、传统和背景的民族和观念所组成的丰富的融合体。这种多样性为美国学生提供了独特的学习优势。他们可以把各民族文化传统中的各种独特因素与业已融合、形成的一种共享文化中的各种因素进行并置比较。通过这种学习过程,他们认识到,多样的文化遗产是人类共同的和共享的财富。

美国的文化多样性是艺术教育的巨大资源,应该充分加以利用,以帮助学生理解他们自己和其他人。视觉艺术、传统艺术和表演艺术为考察美国和世界各国文化和艺术的贡献提供了多样的视角。学生应该学习,每一种艺术形式有其自身的特征和独特的贡献,有其自身的历史和英雄人物。学生需要学习各种艺术之间的深远联系,以及特定艺术风格与世界各文化的历史发展之间的联系。另外,学生还需要理解,艺术是世界人民日常生活中的一种重要力量,艺术品是世界人民创造、为世界人民所享用的。因而,艺术课程建设的一条关键原则,是要注意民族、民俗、传统、宗教、性别等问题,以及各种艺术要素和审美反应中的共性与个性问题。美洲土著舞蹈中的繁复节奏,杰西·诺曼(Jessy Norman,1945—2019)不可比拟的歌唱艺术,爱德华·奥莫斯(Edward James Olmos,1947—)细腻的戏剧表演,日本书法和阿拉伯艺术等,都不能仅仅被看作是文化的简单制品。它们是人类表现和理解的世界宝库的一部分,它们属于世界上的每一个人。

《标准》把有关时间、空间和遗产的这些思考视为课程研制的根本。各门艺术学科的学科材料应取自多样的历史时期、风格、形式和文化,把它们作为各门艺术学科的基本知识和技能。

《标准》强调恰当的技术

在艺术发展史中,艺术学科与其技艺和技术之间,形成了很强的关系。今天,它们之间仍然是相互改造、相互激励的关系。现存的和不断出新的技术将永远成为艺术学科的创造、审美和教学的变迁的组成部分。这类例证是无穷的。在古代,雕刻家使用硬金属雕琢木块和大理石;今天,他们则使用乙炔喷枪来处理金属材料。斯特拉迪瓦里(A. Stradivari,1644—1737)在当时只能用炭笔和纸张来设计小提琴;今天,乐器厂家则使用电脑来设计电声乐器。戏剧在过去只能在方寸舞台上演;如今,广播、电视、电影和其他电子媒体等技术都成为戏剧产品制作的重要资源。

对于艺术来说,技术提供着实现艺术产品和表演目标的多种手段。然而,仅有技术并不能确保具体的艺术成果,小学生手中的铅笔本身既不保证绘画能力也不保证有能力的绘画。同理,用喷枪或电脑制图程序来代替铅笔,其本身也不能自动增强学生的创造力。这些技术所能产生的效应,是它的趣味性和参与性能够吸引和激励学生更好地投入艺术。归根到底,技术在艺术教学中的运用,只有在对学生能力有所贡献时才具备意义,而这种贡献是通过教与学产生的。技术,在恰当地运用中可以延伸艺术形式和艺术学习者的视野。

这些思考是特别重要的。因为,技术的力量拓宽着今天学生对信息的获取,对各种条件的利用以及选择的范围。新的技术使学生能够尝试解决问题的大量新的可能和途径;发展中的教学技术在艺术教学中显露出日益重要的作用。电脑在教学实验中可以创造出无法想象的效率和机会。这些技术应该立即投入使用。人机声像对话如果得以恰当运用,可以对创造性思维技巧的发展产生重大的影响。教育上的这种挑战是,由于技术扩展着选择的范围,学生在对教学材料进行选择、编辑和改制时,必须受到良好的指导,使技术的应用恰当地实现特定的艺术目标。

《标准》应该被看作是沟通和优化技术在艺术教育中应用的催化剂。然而,我们应当记住,许多技术在艺术教育中的应用形式和途径是多种多样的,《标准》本身并不指定具体的技术。要达到《标准》对技术提出的应用要求,可以在不同水平上使用各种各样的技术。《标准》在操作上的前提是,无论何种技术,其应用不应该是为技术而技术,而应该以促进艺术学习成功与否,以学生达到艺术的和智慧的目标如何来衡量。技术的目标不在于学生使用某种特定技术的程度如何,而应该以增强学生在丰富的新资源和新信息中融会贯通和建构新意义的能力为宗旨。其有效的成果应该表现在学生对技术手段、艺术技法和艺术追求之间关系的透彻理解。

《标准》为学生的评估奠定了基础

由于艺术教育在个体的领导、个体的成就和集体的表现中占有很高的价值,教育者必须能够对这些成就进行评估,否则,就不可能知道学生是否达到了《标准》。由于《标准》是有关艺术教育内涵的共同认可的表述,它能够为学生的评估提供一种基础,供全国、各州和地方各级评估方案使用。在对某特定标准是否达到的评估中,可以使用广泛的测量手段。如同课程的任何一个领域,测验和其他测量方法在用于学生艺术学习的评估时,应该合乎效度和信度在统计上的要求,并充分考虑到学生不同学习背景的因素。

这套综合性的艺术教育标准所提供的另一个巨大优势还在于,它反对那种视艺术为"软学术"学科的无知观念。不熟悉艺术的人们往往错误地认为,艺术教育的优异和质量仅仅是一种观点问题("我知道我所喜欢的"),观点的相异与质量的高低无关。而《标准》则规定,艺术有其"学术"准绳。《标准》规定着具体的知识和技能,并把它们作为严肃的成就衡量尺度。换言之,仅有参与艺术的意愿同教育是根本不同的。这些《标准》断言,通往成就的道路是严格的训练,别无其他选择。《标准》还强调指出,这些成就是可以通过某种方式得以测量的,即便不全是量化的测量工具,它们也应能够得到有见识的批判性的判断。

艺术教育者值得自豪的是,其他学科领域在评估技术方面,已经借鉴了不少艺术教育评估长期使用着的技术,例如,视觉艺术中的 Portfolio Review 的做法,以及舞蹈、音乐和戏剧教育中对表演技能的面试评估技术。值得注意的是,《标准》的内容充分体现了美国全国教育进步评估的观点,即对"创造、表演(表现)和反应"的关注。这恰恰是艺术教育标准在内容分类上的特点。尽管艺术学习的某些方面是可以通过传统的纸笔测量技术和外显表现的方法得以测量的,但是,艺术中还有许多技巧和能力若要得到恰当的评估,还需要使用更为复杂、细腻、精当的方法和衡量尺度。艺术教育的评估除了要使用这些精密的技术外,还要使用其他广泛的表现任务。

《标准》要求超过一般的"接触"

所有的基础学科,包括艺术在内,要求超过一般的"接触"。它们需要集中的时间,用于学习、练习和思考。专业艺术工作者对课堂每月一次的访问,学生对职业艺术家的观摩,专门面向有特殊艺术禀赋学生而设的艺术课程等,都不足以作为充分的、基础的艺术教学。它们肯定不能使学生达到这里所表述的标准。这些标准的前提是,所有年级的全体学生都必须积极地投入综合的、有序的艺术教育方案。这些方案既包含创造、表现和制作,又包括研究、分析和思考。这些方面的活动,对全面的艺术教育来说,都是不可缺少的因素。

这些标准的要求是广泛、全面的,然而,它并不要求以牺牲其他学科为代价,过分地偏于艺术。艺术教育的各领导组织以及全国艺术基金会建议,在小学和中学水平,15%的教学时间可用于正规的艺术学习。到高中阶段,要达到《标准》所提出的基本能力,意味着艺术是高中的必修课,而不仅是选修课。

因此,当儿童在一门艺术学科中从"接触"水平跨进能力形成阶段时,迎接他们的是与此前学习情形不同的基础的创造、表演、制作、思维、感知和反应过程。儿童在掌握了读、写、算后,就能用这些基本技能去征服新的世界。同样,儿童在学会用美术家的眼去看,用音乐家的耳去听,用剧作家的视野去处理戏剧情节,或用身体的动作去讲述故事时,他们就获得了为艺术及其他学习注入生命力的一种工具。

为了确保学生接受的艺术学习不仅仅是"接触"的水平,对社区资源的创造性和经常性的利用便成为重要的因素。地方管弦乐团和合唱团、戏剧团体和舞剧院、个体职业艺术家、美术馆、博物馆、音乐会和其他各种表演活动等,可以为学生提供学校难以相比的丰富的艺术经验。各州和各地的艺术代理机构和艺术理事会,以及全国艺术和艺术教育组织的地方分支机构,都可以为学校艺术教育做出重大贡献。所有这些,都可以作为学生艺术学习的宽广的资源。教师、教育行政人员、家长和地方艺术组织可以通过伙伴式的工作关系，在所有艺术学科的教育中营造出专为延续、扩展和深化学生能力的环境。

《标准》的出台仅仅是第一步

我们在现代世界中的生活方式，以及我们的儿童在这个世界里的成功，有赖于形成一种既文明又富于想象、既竞争又富于创造的社会。在当今信息和经验爆炸的世界里，各种媒体以其强大的形象和讯息，在各个角落里淹没着我们的文化。这时，教育的关键任务就是向年轻一代提供有力的工具，使他们不仅能够理解这个世界，并能用他们自己创造性的方式为这个世界做出贡献。没有艺术来帮助学生促进他们的感知和想象，年轻一代就极有可能带着文化上的残疾步入成人社会。我们绝不能允许这样的事情发生。

如果我们的年轻一代要受到完整、充分的教育，他们的艺术教学方案就需要准确地反映和忠实地传递艺术所特有的多元宗旨、技能和经验——一种能够深化和丰富普通教育的遗产。学校艺术教育要求艺术组织、艺术工商界、专业团体、教育组织、表演家和职业艺术家的支持。毫无疑问，这里的《标准》将需要支持者和同盟，以达到改进和改变艺术教育的组织和实施的目的。但是，《标准》本身所包含的潜在行动力量，可作为公众意识和教师的准备，成为改变各级教育政策以及向整个教育界注入巨大影响的杠杆。

问题在于贯彻

发展艺术学习所需要的身心能力，必须使个体与学科材料发生相互作用，掌握各种工具，适应身心的挑战，并按照艺术的要求，与其他的艺术学习者保持联系。

这种交往性的过程，是在教师的激励和引导下实现的。由于教师不可能教授他不了解的东西，这样，把《标准》带入学生的生活就要求许多教师发展自己的专业水平，并要求艺术师资教育方案做出相应的变化。在许多地方，艺术教育需要更多的合格教师。师资的职前训练的结构必须予以调整，使之包括艺术或加强已有艺术训练的内容。在职的许多教师需要补充他们的知识和技能，获得新的能力，并与艺术专家形成教学联盟。所有这些，做起来是不容易的，然而，这样做是必需的、有价值的。

地方管理部门、学校委员会、各州教育机关、各州和地方艺术机构、师资教育机构以及地方在职教育方案都要为此担负起一定的责任，还要充分利用各类其他教师、地方艺术家和社区的全体成员。

完成一套《标准》的编写工作仅仅是第一步。仅仅"采纳"这套标准并不足以改变学生的成就本身。艺术教育需要新的政策，需要对教育资源进行再分配。师资教育和教师的职业发展必须跟上艺术教育发展的步伐。所有关心艺术和艺术教育的人们都必须对之做出广泛的合作和不懈的努力，只有这样，《标准》的贯彻才能是成功的。

说到底，《标准》的贯彻是否真正成功取决于它是否能够落到学生的实处，是否以学生的学习为中心。这意味着要激励学生并使学生达到标准。只有紧紧盯住这个瞄靶，这些标准才能使美国的学校产生与我们预见中的儿童和社会相一致的最佳变化。

关于《标准》

《标准》是怎样组织的

教师、决策者和学生对艺术教育所应产生的结果,都需要明确的表述。这不仅出于教学上的原因,它还能分配教学资源,并为评估学生的成就和过程奠定基础。由于使用《标准》的最大群体是教师和教育管理者,所以《标准》最恰当的陈述顺序是按以下年级阶段排列的:幼儿园至四年级、五年级至八年级、九年级至十二年级。《标准》中的每项表述应被理解为学生应该知道和能够做什么。当然,他们可能在特定阶段中的任何一个时间上获得某种能力。《标准》要求的是,他们在进入下一阶段前,必须获得本阶段的能力。

在每一年级阶段中,《标准》按照艺术学科的门类予以组织:舞蹈、音乐、戏剧和视觉艺术。每门学科都表述了具体的能力。对每个学生来说,这些能力是全国艺术教育界所公认的艺术教育的精髓。虽然每一门艺术学科中任何一种具体的能力不可避免地会着重于该学科的某一部分,但《标准》强调,所有的能力都是相互依存的。

《标准》对各项具体能力的划分,并不表示在幼儿园到十二年级序列的某一点上,或在学生整个学校学习过程中,要给予或应该给予各项能力同样的分量和时间。这些能力的融合与平衡在不同的科目、教学单元和不同的学校中,因不同的年级水平而不同是正常的。

《标准》鼓励处理好广度和深度之间的关系,避免二者之间的失衡。另外,《标准》意在为学习创造一种视野,它本身不是一种标准化的教学体系。

每一能力领域中的两类标准,用于指导对学生的评估:

内容标准具体地表述学生在艺术学科中应该知道和能够做什么。

成就标准具体地表述学生在完成四年级、八年级和十二年级的学习时,在每门艺术中的各项能力上应该获得的理解和成就水平。

在这套文件中,每一内容标准之下都有一些成就标准的描述。在九年级至十二年级阶段,每门艺术学科都设有"熟练"和"高级"两种水平的成就标准。这两种水平中可以包含若干条标准。在九至十二年级阶段,能够达到"高级"成就水平的,可能是那些在某特定艺术学科中选修某特定科目的学生。然而,《标准》要求全体学生在至少一门艺术学科上达到"熟练"水平的成就。

学生在艺术学科中应该知道和能够做什么

在艺术学科中,能力的形成有许多途径。学生可以在不同时间中学习不同的艺术。他们的学习可以采取多种多样的方法。他们的能力可以以不同的进度发展。能力意味着能够运用一整套知识和技能体系,其中通常包括创造、表演(表现)、制作、历史、文化、感知、分析、批判、审美、技术和欣赏。能力意味着这些因素的综合,以及对它们之间关系的理解;同时还意味着能够综合利用与多种因素相联系的内容、视野和技术,以达到具体的艺术和分析的目标。学生的学习,从最初就应定向于综合的能力。较低年级应做好充分的准备,随着学年的增长逐步向更为深刻和严格的学习过渡。其学习结果,应该通过学习的丰富、学科学习的成就和伴随的自豪感,达到艺术体验的愉悦。从根本上讲,《标准》要求学生在完成中等教育时,应该知道和能够做到下面五个方面。

1. 他们应该在四门艺术学科(音乐、舞蹈、戏剧和视觉艺术)中进行基本水平的交流,包括每门艺术学科基本语汇、材料、工具、技术和心智活动方法的运用的知识和技能。

2. 他们应该能够在至少一门艺术形式中进行熟练的交流,包括能用领悟、推理和技术能力来界定和解决艺术问题。

3. 他们应该能够从结构的、历史的和文化的观点以及从这些观点的结合来形成和表述对艺术作品的基本分析。

4. 他们应该有见识地熟悉多种文化和历史时期的艺术作品典范,基本理解艺术学科在总体上和各种文化中的历史发展。

5. 他们应该能够在各门艺术学科之中及之间,将多种艺术类型的知识和技能予以联系。包括在任何与艺术相关的工作中对艺术的创作、历史、文化和分析进行融会贯通与比较的能力。

当学生发展了以上能力后,就能够形成个人艺术决策所需要的自己的知识、信仰和价值。换言之,他们就能够对艺术的本质、价值、及对他们自己的人性的意义形成广义的和完美的理解。

艺术教育国家标准

五年级至八年级

下列标准,是对八年级全体学生应该积累的技能和知识的描述。五至七年级的学生应该参与和他们发展相适应的学习经验,为达到八年级的标准做好准备。这些标准的前提是,学生已经达到幼儿园至四年级的标准;学生应该表现出比标准中的要求更高的技能和知识水平,能够处理趋于复杂的艺术作品,能够对艺术作品做出更为深刻的反应。确定达到这些标准所必需的课程和具体教学活动是各州、地方学区和教师的责任。

音乐

五至八年级是学生音乐发展中特别关键的时期。他们表演或学习的音乐通常会成为他们个人音乐文库的有机组成部分。作曲和即兴为学生提供对音乐曲式和结构独特的领悟力,同时有助于发展他们的创造力。广泛、多样的音乐经验是必需的,它们可以使学生做出有见识的音乐判断。同样,这种广泛的背景知识使他们能够开始理解音乐和其他学科之间的各种联系和关系。通过对形成社会态度和社会行为的文化和历史动力的理解,学生将为在多元文化日益增强的社会中的生活和工作做好准备。音乐在学生生活中扮演的角色,在很大程度上有赖于他们在音乐创造、表演和听赏中取得的技能水平。

音乐的所有科目,包括各种表演科目,除了注重其科目本身的学科材料外,都应该提供音乐创造、表演、听赏和分析的教学。

1. 内容标准:

独立地和与他人合作演唱一套各类曲目。

成就标准:

学生能够

a. 在独唱和小型及大型集体演唱中,做到在他们的音域内准确地歌唱,以及良好地控制呼吸。

b. 演唱一套各类声乐文献的曲目,要求有表情、技术准确,难度水平为Ⅱ级,音阶Ⅰ至Ⅲ级,其中包括一些能够背谱演唱的歌曲。

c. 演唱代表各种体裁和文化的音乐,演奏的表情与作品要求相适宜。

d. 演唱二声部和三声部的音乐。

参加合唱课的学生能够

e. 演唱一套各类声乐文献的曲目,要求有表情、技术准确,难度水平为Ⅲ级,音阶Ⅰ至Ⅵ级,其中包括一些能够背谱演唱的歌曲。

2. 内容标准:

独立地和与他人合作用乐器演奏一套各类曲目。

成就标准:

学生能够

a. 在独奏和大、小合奏中准确和自信地演奏至少一件乐器。演奏姿态、呼吸、弓法或槌法良好。

b. 在至少一件弦乐、管乐、打击乐或课堂乐器上演奏一套器乐文献的曲目,要求有表情、技术准确,难度水平为Ⅱ级,音阶Ⅰ至Ⅵ级。

c. 演奏代表各种体裁和文化的音乐,演奏的表情与作品的要求相适宜。

d. 依靠听觉,在旋律乐器上演奏简单的旋律,在和声乐器上演奏简单的伴奏。

参加器乐课或乐队课的学生能够

e. 演奏一套各类器乐文献的曲目,要求有表情、技术准确,难度水平为Ⅲ级,音阶Ⅰ至Ⅵ级,其中包括一些能够背谱演奏的独奏曲目。

3. 内容标准:

即兴创作旋律、变奏和伴奏。

成就标准:

学生能够

a. 即兴创作简单的和声伴奏。

b. 为所给的五声旋律和大调旋律即兴创作旋律加花及简单的节奏变奏和旋律变奏。

c. 即兴创作无伴奏短小旋律,或为所给的节奏伴奏即兴创作短小旋律,要求风格、节拍和调性的统一。

4. 内容标准:

在具体的指导下作曲和改编。

成就标准:

学生能够

a. 按照具体的指导创作短小作品,并表现出运用音乐基本要素获得统一与变化、张弛和平衡的能力。

b. 改编简单的声乐或器乐作品,以便作品由其他人声或乐器表演。

c. 在作曲和改编中使用各种传统的和非传统的声源以及电声媒体。

5. 内容标准:

读写乐谱。

成就标准:

学生能够

a. 在四二拍、四三拍、四四拍、八六拍、八三拍和二二拍的拍号条件下,识读全音符、二分音符、四分音符、八分音符、十六分音符、附点音符和全休止符、二分休止符、四分休止符、八分休止符、十六分休止符、附点休止符。

b. 用高音谱表和低音谱表视唱简单的旋律。

c. 识别并界定标准记谱法中音高、节奏、力度、速度、发声和表情的符号。

d. 使用标准乐谱来记载自己的和他人的音乐思想。

参加合唱课和乐队课的学生能够

e. 准确地、有表情地视唱乐谱,难度水平为Ⅱ级,音阶Ⅰ至Ⅵ级。

6. 内容标准:

音乐听赏、分析和描述。

成就标准:

学生能够

a. 用恰当的术语描述所给听赏范例中具体的音乐事件。

b. 分析代表各种体裁和文化的听赏范例中音乐基本要素的运用。

c. 在他们的音乐分析中表现出有关节拍、节奏、调性、音程、和弦及和声进行的基本原理的知识。

7. 内容标准：

评价音乐和音乐表演。

成就标准：

学生能够

a. 建立起对音乐表演和音乐作品的质量和效果进行评价的衡量标准，并能在他们个人的听赏和表演中应用这些衡量标准。

b. 运用与音乐风格相适宜的具体衡量标准，评价他们自己和他人的表演、作品、改编和即兴创作的质量及效果，并能提出建设性的改进意见。

8. 内容标准：

理解音乐与其他艺术和艺术以外的其他学科之间的关系。

成就标准：

学生能够

a. 在两门或更多门艺术中，比较各门艺术的特性材料（即：音乐的声音、视觉艺术的视觉刺激、舞蹈的动态、戏剧的人际关系）在艺术作品中如何表达相似的事件、景象、情绪或观念。

b. 描述学校中所教的其他学科的原理，以及学科材料与音乐的原理，以及学科材料之间相互联系的方式。

9. 内容标准：

理解音乐与文化和历史的关系。

成就标准：

学生能够

a. 描述各种文化的代表性音乐体裁和风格的区分特征。

b. 根据体裁和风格（如果可行，还可以根据历史时期、作曲家和标题）对各类音乐作品范例（即：高质量、有特点）给予分类，并解释它们何以作为范例的特征。

c. 比较世界几种文化中音乐的功能，音乐家的角色，以及这些音乐在表演时的典型条件。

（刘沛 译）

主要参考文献

中华人民共和国教育部.义务教育音乐课程标准[M].北京:北京师范大学出版社,2011.

肖川.义务教育音乐课程标准(2011年版)解读[M].武汉:湖北教育出版社,2012.

中华人民共和国教育部.全日制义务教育音乐课程标准(实验稿)[M].北京:北京师范大学出版社,2001.

王安国,吴斌.音乐课程标准解读[M].北京:北京师范大学出版社,2002.

钟启泉,崔允漷,张华.基础教育课程改革纲要(试行)解读[M].上海:华东师范大学出版社,2001.

金娣,王钢.教育评价与测量[M].北京:教育科学出版社,2002.

沈玉顺.现代教育评价[M].上海:华东师范大学出版社,2002.

马永霞.教育评价[M].北京:当代世界出版社,2001.

戴定澄.音乐教育展望[M].上海:华东师范大学出版社,2001.

赖志奎.现代教学论[M].杭州:浙江大学出版社,1998.

曹理,等.音乐学科教育学[M].北京:首都师范大学出版社,2000.

曹理,何工.音乐学习与教学心理[M].上海:上海音乐出版社,2000.

高师《中学音乐教学论教程》教材编写组.中学音乐教学论教程[M].北京:人民音乐出版社,2000.

谢嘉幸,郁文武.音乐教育与教学法(修订版)[M].北京:高等教育出版社,2006.

尹爱青.学校音乐教育导论与教材教法[M].北京:人民音乐出版社,2007.

金亚文.小学音乐新课程教学法[M].北京:高等教育出版社,2003.

郑莉.现代音乐教学理论与方法研究[M].北京:中国文联出版社,2004.

陈玉丹.音乐教学论[M].北京:高等教育出版社,2003年.

刘沛.音乐教育的实践与理论研究[M].上海:上海音乐出版社,2004.

李妲娜,修海林,尹爱青.奥尔夫音乐教育思想与实践[M].上海:上海教育出版社,2002.

蔡觉民,杨立梅.达尔克罗兹音乐教育理论与实践[M].上海:上海教育出版社,1999.

王安国. 从实践到决策——我国学校音乐教育的改革与发展[M]. 广州：花城出版社,2005.

吴跃跃. 新版音乐教学论(修订版)[M]. 长沙：湖南文艺出版社,2013.

吴跃跃. 音乐教育协同理论与素质培养[M]. 长沙：湖南教育出版社,1999.

吴跃跃. 实用音乐教学论[M]. 北京：文化艺术出版社,2002.

吴跃跃. 学生音乐学习心理研究[M]. 长沙：湖南大学出版社,2008年.

柳思俭,钱富祥. 实用小学学科课堂教学模式[M]. 济南：山东教育出版社,1998.

郭声健. 琴歌舞笔：音乐教师写论文[M]. 北京：人民音乐出版社,2000.

王道俊,王汉澜. 教育学[M]. 北京：人民教育出版社,1989.

朱慕菊. 走进新课程：与课程实施者对话[M]. 北京：北京师范大学出版社,2001.

朱名燕,彭志修. 音乐教学实施指南[M]. 武汉：华中师范大学出版社,2003.

朱则平,廖应文. 全日制音乐课程标准教师读本[M]. 武汉：华中师范大学出版社,2003.

梁平. 新课程与学习方式的变革[M]. 北京：北京师范大学出版社,2001.

钟启泉,戴定澄. 音乐教育展望[M]. 上海：华东师范大学出版社,2001.

杨九俊. 新课程教学现场与教学细节[M]. 北京：教育科学出版社,2004.

赵宋光. 音乐教育心理学概论[M]. 上海：上海音乐出版社,2003.

顾明远,孟繁华. 国际教育新理念[M]. 海口：海南出版社,2001.

后 记

  本书在撰写过程中，得到了长沙师范学院、湖南师范大学音乐学院、湖南第一师范学院音乐舞蹈学院、衡阳师范学院音乐学院、湖南理工学院音乐学院、湖南文理学院音乐学院、湖南城市学院音乐学院、湖南工业大学音乐学院、湖南邵阳学院音乐舞蹈学院、湖南幼儿师范高等专科学校、广东省湛江师范学院基础教育学院、广东省惠州学院音乐学院、长沙市天心区红卫小学等单位的支持和帮助，在此表示衷心的感谢！本书在撰写过程中参考了大量的文献资料，在此也对相关作者一并表示感谢！此外，经刘沛教授同意，本书附录部分采用了他翻译的美国《艺术教育国家标准》(节选)，也在此表示感谢！

  本书由吴跃跃教授任主编，参加撰写者包括湖南省、广东省部分高等师范院校从事音乐教育、教学的专家、教授，以及吴跃跃教授的部分"音乐教育学"方向的研究生。编委有(按姓氏笔画)：于兰英、龙亚君、许中伟、李平平、阳静、吴修林、吴跃跃、陈伟平、陈瑾、扶丽娟、苏鹏、杨耀华、岳晓云、侯新兰、侯杰、袁茜、涂婷、蒋琴、曾小平。各编委写作分工如下：

  吴跃跃执笔绪论、第一章的第四节、第二章、第三章、第十章的第三节、第十一章的第三节、第四节。

  吴跃跃、杨耀华、袁茜、廉颖华合作执笔第一章的第一节、第二节、第三节。

  吴跃跃、曾小平、李平平合作执笔第四章。

  吴跃跃、涂婷合作执笔第五章第一节。

  吴跃跃、吴海芸、苏鹏合作执笔第五章第二节。

  吴跃跃、陈瑾合作执笔第五章第三节、第四节。

  吴跃跃、许中伟、岳晓云、于兰英、吴修林、蒋琴、侯杰合作执笔第六章。

  龙亚君、吴跃跃合作执笔第七章。

  吴跃跃、于兰英合作执笔第八章。

龙亚君、吴跃跃、扶丽娟合作执笔第九章。

阳静执笔第十章第一节。

阳静、吴跃跃合作执笔第十章第二节。

吴跃跃、陈伟平、侯新兰合作执笔第十一章第一节、第二节。

吴跃跃负责全书的修改与统稿。

由于我们的水平有限，书中难免有不足和挂一漏万之处，敬请音乐教育界的专家、同人们批评指正。

编　者

2021年7月16日

北京大学出版社 教育出版中心 精品图书

21世纪高校广播电视专业系列教材

电视节目策划教程	项仲平
电视导播教程（第二版）	程晋
电视文艺创作教程	王建辉
广播剧创作教程	王国臣
电视导论	李欣
电视纪录片教程	卢炜
电视导演教程	袁立本
电视摄像教程	刘荃
电视节目制作教程	张晓锋
视听语言	宋杰
影视剪辑实务教程	李琳
影视摄制导论	朱怡
电影视听语言——视听元素与场面调度案例分析	李骏
影视照明技术	张兴
影视音乐	陈斌
影视剪辑创作与技巧	张拓
纪录片创作教程	潘志琪
影视拍摄实务	翟臣

21世纪信息传播实验系列教材（徐福荫 黄慕雄 主编）

网络新闻实务	罗昕
多媒体软件设计与开发	张新华
播音与主持艺术（第二版）	黄碧云 睢凌
摄影基础（第二版）	张红 钟日辉 王首农

21世纪数字媒体专业系列教材

视听语言	赵慧英
数字影视剪辑艺术	曾祥民
数字摄像与表现	王以宁
数字摄影基础	王朋娇
数字媒体设计与创意	陈卫东
数字视频创意设计与实现（第二版）	王靖
大学摄影实用教程	朱小阳

21世纪教育技术学精品教材（张景中 主编）

教育技术学导论（第二版）	李芒 金林
远程教育原理与技术	王继新 张屹
教学系统设计理论与实践	杨九民 梁林梅
信息技术教学论	雷体南 叶良明
信息技术与课程整合（第二版）	赵呈领 杨琳 刘清堂
教育技术学研究方法（第三版）	张屹 黄磊

21世纪高校网络与新媒体专业系列教材

文化产业概论	尹章池
网络文化教程	李文明
网络与新媒体评论	杨娟
新媒体概论	尹章池
新媒体视听节目制作（第二版）	周建青
融合新闻学导论（第二版）	石长顺
新媒体网页设计与制作	惠悲荷
网络新媒体实务	张合斌
突发新闻教程	李军
视听新媒体节目制作	邓秀军
视听评论	何志武
出镜记者案例分析	刘静 邓秀军
视听新媒体导论	郭小平
网络与新媒体广告	尚恒志 张合斌
网络与新媒体文学	唐东堰 雷奕
全媒体新闻采访写作教程	李军

21世纪特殊教育创新教材·理论与基础系列

特殊教育的哲学基础	方俊明
特殊教育的医学基础	张婷
融合教育导论（第二版）	雷江华
特殊教育学（第二版）	雷江华 方俊明
特殊儿童心理学（第二版）	方俊明 雷江华
特殊教育史	朱宗顺
特殊教育研究方法（第二版）	杜晓新 宋永宁等
特殊教育发展模式	任颂羔

21世纪特殊教育创新教材·发展与教育系列

视觉障碍儿童的发展与教育	邓猛
听觉障碍儿童的发展与教育（第二版）	贺荟中
智力障碍儿童的发展与教育（第二版）	刘春玲 马红英
学习困难儿童的发展与教育（第二版）	赵徽
自闭症谱系障碍儿童的发展与教育	周念丽
情绪与行为障碍儿童的发展与教育	李闻戈
超常儿童的发展与教育（第二版）	苏雪云 张旭

21世纪特殊教育创新教材·康复与训练系列

特殊儿童应用行为分析（第二版）	李芳 李丹

特殊儿童的游戏治疗	周念丽	**特殊学校教育·康复·职业训练丛书**	（黄建行 雷江华 主编）
特殊儿童的美术治疗	孙 霞	信息技术在特殊教育中的应用	
特殊儿童的音乐治疗	胡世红	智障学生职业教育模式	
特殊儿童的心理治疗（第二版）	杨广学	特殊教育学校学生康复与训练	
特殊教育的辅具与康复	蒋建荣	特殊教育学校校本课程开发	
特殊儿童的感觉统合训练（第二版）	王和平	特殊教育学校特奥运动项目建设	
孤独症儿童课程与教学设计	王 梅		

21世纪特殊教育创新教材·融合教育系列

融合教育本土化实践与发展	邓 猛等
融合教育理论反思与本土化探索	邓 猛
融合教育实践指南	邓 猛
融合教育理论指南	邓 猛
融合教育导论（第二版）	雷江华
学前融合教育	雷江华 刘慧丽

21世纪特殊教育创新教材（第二辑）

特殊儿童心理与教育（第二版）	杨广学 张巧明 王 芳
教育康复学导论	杜晓新 黄昭明
特殊儿童病理学	王和平 杨长江
特殊学校教师教育技能	昝 飞 马红英

自闭谱系障碍儿童早期干预丛书

如何发展自闭谱系障碍儿童的沟通能力	朱晓晨 苏雪云
如何理解自闭谱系障碍和早期干预	苏雪云
如何发展自闭谱系障碍儿童的社会交往能力	吕 梦 杨广学
如何发展自闭谱系障碍儿童的自我照料能力	倪萍萍 周 波
如何在游戏中干预自闭谱系障碍儿童	朱 瑞 周念丽
如何发展自闭谱系障碍儿童的感知和运动能力	韩文娟 徐 芳 王和平
如何发展自闭谱系障碍儿童的认知能力	潘前前 杨福义
自闭症谱系障碍儿童的发展与教育	周念丽
如何通过音乐干预自闭谱系障碍儿童	张正琴
如何通过画画干预自闭谱系障碍儿童	张正琴
如何运用ACC促进自闭谱系障碍儿童的发展	苏雪云
孤独症儿童的关键性技能训练法	李 丹
自闭症儿童家长辅导手册	雷江华
孤独症儿童课程与教学设计	王 梅
融合教育理论反思与本土化探索	邓 猛
自闭症谱系障碍儿童家庭支持系统	孙玉梅
自闭症谱系障碍儿童团体社交游戏干预	李 芳
孤独症儿童的教育与发展	王 梅 梁松梅

21世纪学前教育专业规划教材

学前教育概论	李生兰
学前教育管理学（第二版）	王 雯
幼儿园课程新论	李生兰
幼儿园歌曲钢琴伴奏教程	果旭伟
幼儿园舞蹈教学活动设计与指导	董 丽
实用乐理与视唱	代 苗
学前儿童美术教育	冯婉贞
学前儿童科学教育	洪秀敏
学前儿童游戏	范明丽
学前教育研究方法	郑福明
学前教育史	郭法奇
学前教育政策与法规	魏 真
学前心理学	涂艳国 蔡 艳
学前教育理论与实践教程	王 维 王维娅 孙 岩
学前儿童数学教育	赵振国
学前融合教育	雷江华 刘慧丽

大学之道丛书精装版

美国高等教育通史	[美]亚瑟·科恩
知识社会中的大学	[英]杰勒德·德兰迪
大学之用（第五版）	[美]克拉克·克尔
营利性大学的崛起	[美]理查德·鲁克
学术部落与学术领地：知识探索与学科文化	[英]托尼·比彻 保罗·特罗勒尔
美国现代大学的崛起	[美]劳伦斯·维赛
教育的终结——大学何以放弃了对人生意义的追求	[美]安东尼·T.克龙曼
世界一流大学的管理之道——大学管理研究导论	程 星
后现代大学来临？	[英]安东尼·史密斯 弗兰克·韦伯斯特

大学之道丛书

市场化的底限	[美]大卫·科伯
大学的理念	[英]亨利·纽曼
哈佛：谁说了算	[美]理查德·布瑞德利
麻省理工学院如何追求卓越	[美]查尔斯·维斯特
大学与市场的悖论	[美]罗杰·盖格

高等教育公司：营利性大学的崛起	[美]理查德·鲁克
公司文化中的大学：大学如何应对市场化压力	
	[美]埃里克·古尔德
美国高等教育质量认证与评估	
	[美]美国中部州高等教育委员会
现代大学及其图新	[美]谢尔顿·罗斯布莱特
美国文理学院的兴衰——凯尼恩学院纪实	[美]P.F.克鲁格
教育的终结：大学何以放弃了对人生意义的追求	
	[美]安东尼·T.克龙曼
大学的逻辑（第三版）	张维迎
我的科大十年（续集）	孔令铎
高等教育理念	[英]罗纳德·巴尼特
美国现代大学的崛起	[美]劳伦斯·维赛
美国大学时代的学术自由	[美]沃特·梅兹格
美国高等教育通史	[美]亚瑟·科恩
美国高等教育史	[美]约翰·塞林
哈佛通识教育红皮书	哈佛委员会
高等教育何以为"高"——牛津导师制教学反思	
	[英]大卫·帕尔菲曼
印度理工学院的精英们	[印度]桑迪潘·德布
知识社会中的大学	[英]杰勒德·德兰迪
高等教育的未来：浮言、现实与市场风险	
	[美]弗兰克·纽曼等
后现代大学来临？	[英]安东尼·史密斯等
美国大学之魂	[美]乔治·M.马斯登
大学理念重审：与纽曼对话	[美]雅罗斯拉夫·帕利坎
学术部落及其领地——当代学术界生态揭秘（第二版）	
	[英]托尼·比彻 保罗·特罗勒尔
德国古典大学观及其对中国大学的影响（第二版）	陈洪捷
转变中的大学：传统、议题与前景	郭为藩
学术资本主义：政治、政策和创业型大学	
	[美]希拉·斯劳特 拉里·莱斯利
21世纪的大学	[美]詹姆斯·杜德斯达
美国公立大学的未来	
	[美]詹姆斯·杜德斯达 弗瑞斯·沃马克
东西象牙塔	孔宪铎
理性捍卫大学	眭依凡

学术规范与研究方法系列

社会科学研究方法100问	[美]萨尔金德
如何利用互联网做研究	[爱尔兰]杜恰泰
如何撰写与发表社会科学论文：国际刊物指南	蔡今中
如何为学术刊物撰稿（第三版）	[英]罗薇娜·莫瑞
如何查找文献（第二版）	[英]萨莉·拉姆齐
给研究生的学术建议（第二版）	[英]玛丽安·彼得等
社会科学研究的基本规则（第四版）	[英]朱迪斯·贝尔
做好社会研究的10个关键	[英]马丁·丹斯考姆
如何写好科研项目申请书	[美]安德鲁·弗里德兰德等
教育研究方法（第六版）	[美]梅瑞迪斯·高尔等
高等教育研究：进展与方法	[英]马尔科姆·泰特
如何成为学术论文写作高手	[美]华乐丝
参加国际学术会议必须要做的那些事	[美]华乐丝
如何成为优秀的研究生	[美]布卢姆
结构方程模型及其应用	易丹辉 李静萍
学位论文写作与学术规范（第二版）	李 武 毛远逸 肖东发

21世纪高校教师职业发展读本

如何成为卓越的大学教师	[美]肯·贝恩
给大学新教员的建议	[美]罗伯特·博伊斯
如何提高学生学习质量	[英]迈克尔·普洛瑟等
学术界的生存智慧	[美]约翰·达利等
给研究生导师的建议（第2版）	[英]萨拉·德拉蒙特等

21世纪教师教育系列教材·物理教育系列

中学物理教学设计	王霞
中学物理微格教学教程（第三版）	张军朋 詹伟琴 王恬
中学物理科学探究学习评价与案例	张军朋 许桂清
物理教学论	邢红军
中学物理教学法	邢红军
中学物理教学评价与案例分析	王建中 孟红娟
中学物理课程与教学论	张军朋 许桂清

21世纪教育科学系列教材·学科学习心理学系列

数学学习心理学（第三版）	孔凡哲
语文学习心理学	董蓓菲

21世纪教师教育系列教材

教育心理学（第二版）	李晓东
教育学基础	庞守兴
教育学	余文森 王晞
教育研究方法	刘淑杰
教育心理学	王晓明
心理学导论	杨凤云
教育心理学概论	连榕 罗丽芳
课程与教学论	李允
教师专业发展导论	于胜刚
学校教育概论	李清雁
现代教育评价教程（第二版）	吴钢
教师礼仪实务	刘霄
家庭教育新论	闫旭蕾 杨萍
中学班级管理	张宝书
教育职业道德	刘亭亭

教师心理健康	张怀春
现代教育技术	冯玲玉
青少年发展与教育心理学	张　清
课程与教学论	李　允
课堂与教学艺术（第二版）	孙菊如　陈春荣
教育学原理	靳淑梅　许红花

21世纪教师教育系列教材·初等教育系列

小学教育学	田友谊
小学教育学基础	张永明　曾　碧
小学班级管理	张永明　宋彩琴
初等教育课程与教学论	罗祖兵
小学教育研究方法	王红艳
新理念小学数学教学论	刘京莉
新理念小学音乐教学论（第二版）	吴跃跃

教师资格认定及师范类毕业生上岗考试辅导教材

| 教育学 | 余文森　王　晞 |
| 教育心理学概论 | 连　榕　罗丽芳 |

21世纪教师教育系列教材·学科教育心理学系列

| 语文教育心理学 | 董蓓菲 |
| 生物教育心理学 | 胡继飞 |

21世纪教师教育系列教材·学科教学论系列

新理念化学教学论（第二版）	王后雄
新理念科学教学论（第二版）	崔　鸿　张海珠
新理念生物教学论（第二版）	崔　鸿　郑晓慧
新理念地理教学论（第二版）	李家清
新理念历史教学论（第二版）	杜　芳
新理念思想政治（品德）教学论（第三版）	胡田庚
新理念信息技术教学论（第二版）	吴军其
新理念数学教学论	冯　虹
新理念小学音乐教学论（第二版）	吴跃跃

21世纪教师教育系列教材·语文教育系列

语文文本解读实用教程	荣维东
语文课程教师专业技能训练	张学凯　刘丽丽
语文课程与教学发展简史	武玉鹏　王从华　黄修志
语文课程学与教的心理学基础	韩雪屏　王朝霞
语文课程名师名课案例分析	武玉鹏　郭治锋等
语用性质的语文课程与教学论	王元华
语文课堂教学技能训练教程（第二版）	周小蓬
中外母语教学策略	周小蓬
中学各类作文评价指引	周小蓬

21世纪教师教育系列教材·学科教学技能训练系列

新理念生物教学技能训练（第二版）	崔　鸿
新理念思想政治（品德）教学技能训练（第三版）	胡田庚　赵海山
新理念地理教学技能训练	李家清
新理念化学教学技能训练（第二版）	王后雄
新理念数学教学技能训练	王光明

王后雄教师教育系列教材

教育考试的理论与方法	王后雄
化学教育测量与评价	王后雄
中学化学实验教学研究	王后雄
新理念化学教学诊断学	王后雄

西方心理学名著译丛

儿童的人格形成及其培养	［奥地利］阿德勒
活出生命的意义	［奥地利］阿德勒
生活的科学	［奥地利］阿德勒
理解人生	［奥地利］阿德勒
荣格心理学七讲	［美］卡尔文·霍尔
系统心理学：绪论	［美］爱德华·铁钦纳
社会心理学导论	［美］威廉·麦独孤
思维与语言	［俄］列夫·维果茨基
人类的学习	［美］爱德华·桑代克
基础与应用心理学	［德］雨果·闵斯特伯格
记忆	［德］赫尔曼·艾宾浩斯
实验心理学（上下册）	［美］伍德沃斯　施洛斯贝格
格式塔心理学原理	［美］库尔特·考夫卡

21世纪教师教育系列教材·专业养成系列（赵国栋主编）

| 微课与慕课设计初级教程 |
| 微课与慕课设计高级教程 |
| 微课、翻转课堂和慕课设计实操教程 |
| 网络调查研究方法概论（第二版） |
| PPT云课堂教学法 |